THE GREAT WARMING

뜨거운 지구,
역사를 뒤흔들다

브라이언 페이건 지음

남경태 옮김

씨마스21

"좋아." 체셔 고양이가 말했다.
그러고는 이번엔 천천히 사라졌다.
꼬리부터 사라지기 시작해 마지막엔
이빨을 드러낸 웃음이 사라졌는데,
웃음은 다른 모든 것이 사라지고 나서도
한참 동안 남아 있었다.

루이스 캐럴
「이상한 나라의 앨리스」 (1865)

역사를 움직인 코끼리

특정한 분야를 전문으로 가진 사람은 대개 그 전문성을 바탕으로 다른 모든 것을 설명하려는 경향을 보이게 마련이다. 속된 말로 의사는 모든 사람을 잠재적 환자로 보고, 세일즈맨은 눈에 보이는 모든 것을 팔 수 있는 상품으로 본다.

학문적 용어로 말하면 그런 태도는 다양하고 복잡한 것을 단일하고 확실한 것으로 환원하려는 환원론에 해당한다. 이를테면 세상의 모든 현상을 물리적 작용의 소산으로 분석하려 하는 물리학자나, 욕망의 통제 메커니즘을 기준으로 인류 역사를 분석하려는 야심을 품은 심리학자가 그런 경우다. 이런 환원론의 폐단은 명백하다. 환원론에 빠진 사람은 모든 것을 명확하게 설명할 수 있을 듯싶지만 실은 자신에게 익숙한 분야 이외에 다른 변수를 좀처럼 인정하지 않는 독단에 빠지기 쉽다.

하지만 이 책에서 제시하는 기후와 역사의 상관관계는 설령 환원론의 위험이 있다 해도 부정하기가 대단히 어렵다. 지은이는 우리에게 잘 알려진 역사를 우리에게 낯선 원인으로 설명하는데도 상당한 설득력을 보여주기 때문이다. 그 논리를 따라가다 보면 어떤 의미에서 인류 역사의 진정한 주체는 인간이라기보다 기후가 아니냐는 생각이 들 정도다.

오늘날 서양 문명이 글로벌 문명으로 발전하게 된 데도 역사적 원인보다 기후적 원인이 더 크게 작용했을지 모른다. 기후 환원론에 빠지는 것은 조심해야겠지만, 지은이가 제시하는 증거를 살펴보면 적어도 기후가 역사의 진로를 결정하는 유일한 원인은 아닐지라도 주요한 원인의 하나라는 것을 분명히 알 수 있다.

*

동양과 서양의 역사를 거칠게 비교해보면, 15세기 이전까지 서양은 거의 모든 면에서 동양에 미치지 못했다. 조잡한 상상이지만 만약 그 이전에 동양과 서양이 맞붙었더라면 서양 문명은 살아남지 못했을 것이다. 가장 직접적인 비교 대상인 군사력은 말할 것도 없고, 경제력, 인구, 나아가 문화의 힘에서도 중세 유럽은 한참 뒤처졌다(종이, 인쇄술, 화약, 나침반 등 이른바 세계 4대 발명품은 전부 동양에서 먼저 탄생했다). 그러나 15세기 이후 짧은 기간에 유럽은 군사와 경제, 문화의 모든 면에서 다른 세계를 압도하게 되는데, 이런 대역전에는 역사에 가려 보이지 않는 기후적 요인이 있었다. 그 기후 메커니즘은 전 지구적 현상이었지만, 특히 수천 년 동안 문명의 오지에 가까웠던 서유럽을 이후 글로벌 문명의 선두주자로 만들었다.

포인트는 지은이가 이 책의 주제로 삼은 중세온난기다. 800년부터 1200년까지 약 400년간 지속된 이 온난기는 서유럽 세계에 유리하게 작용했다. 예를 들어 11세기에 바이킹(노르망디 출신의 윌리엄)에게 정복될 정도로 허약했던 영국이 300년 뒤 대륙의 전통적인 강호 프랑스와 백년전쟁을 벌여 무승부를 기록할 만큼 성장한 데는 기후 여건이 큰 몫을 했다. 유럽 전역이 중세온난기에 접어들자 청어 떼가 북해까지 북상해 서민들의 중요한 양식이 된 것이다(이 시기에는 프랑스와 독일 북부보다 위도가 높은 잉글랜드에 포도밭이 있었고 심지어 노르웨이 남부에서도 와인을 생산했다). 이것은 중세 후기에 아메리카에서 중요한 구황작물인 감자가 수입된 것에 버금가는 대변화였다.

중세온난기가 끝난 뒤에도 기후변화는 여전히 영국에 유리했다. 한랭기를 맞아 청어가 남하하자 이번에는 대구가 청어의 역할을 담당했다. 영국과 네덜란드 같은 유럽 북부의 나라들이 세계 무역을 좌지우지하며 제국주의 시대를 열 수 있었던 한 가지 이유는 장거리 무역에 반드시 필요한 저장 식량으로 말린 대구를 이용했기 때문이다.

유럽은 기후변화로 발달의 전기를 맞았을 뿐 아니라 멸망의 위기도 넘길 수 있었다. 1241년 바투가 이끄는 몽골군은 러시아와 동유럽을 정복하고 현재 폴란드에 속한 슐레지엔에서 하인리히가 이끄는 서유럽 연합군을 격파했다. 서유럽 세계의 몰락이 눈앞에 닥쳤을 무렵 뜻하지 않게 본국에서 대칸인 오고타이가 죽었다는 비보를 듣고 바투는 말 머리를 돌린다(몽골은 쿠릴타이라는 회의를 통해 대칸을 선출했는데, 바투는 황족이었으므로 회의에 참석해야 했다).

　바투는 원래 칭기즈칸의 유지를 받들어 쿠릴타이가 끝나고 유럽 전선에 복귀하려는 의도를 가지고 있었다. 서유럽 세계에는 다행히도 그것을 막아준 것이 바로 기후다. 그는 몽골에서 중앙아시아 스텝으로 갔으나 마침 그곳의 기후 여건이 무척 좋았다. 목초지가 많고 서남아시아 지역과의 무역이 활발했으니 바투로서는 굳이 모험적인 정복을 재개할 유인이 없었다.

　그렇게 기후의 균형추가 흔들리지 않았다면, 즉 스텝이 예전처럼 가뭄에 시달리고 있었다면 그 결과는 예상하기 어렵지 않다. 아마 정복 전쟁이 재개되었을 테고 몽골은 서유럽을 손에 넣었을 것이다. 페스트로 죽은 시신을 적의 성 안에 던져 넣어 전염병을 퍼뜨릴 정도로 영리하고 잔혹했던 몽골군을 감안하면, 지금 서유럽에서 보는 아름다운 성들은 대부분 남아나지 못했을 것이다. 바투가 원래의 계획을 추진했다면 5년 만에 동유럽을 정복했던 기세를 몰아 서유럽까지 진출했을 것이며, 1255년 사망하기 전까지 유라시아 전역을 방대한 몽골제국으로 통일했을 것이다.

*

　지은이의 의도는 단지 기후가 과거 인류 역사의 행보에 지대한 영향을 미쳤다는 사실만을 강조하는 데 있지 않다. 지금 우리에게 중요한 것은 첨단 문명을 자랑하는 현대에도 기후변화가 여전히 인류 문명을 좌지우지하는 중대한 변수라는 점이다. 중세 유럽 세계는 다행히도 온난기를 도약의 계기로 맞을 수 있었지만, 앞으로는 기후변화가 지구의 일부분에라도 그런 행운을 가져다줄 가능성은 점점 적어지고 있다. 문명이 글로벌화되면서 이제 과거처럼 기후의 재앙을 국지적으로 모면할 탄력성을 잃었기 때문이다(산업화 이전 시대에 인간은 도시를 버리고 소집단으로 변신해 기후변화에 대처했으나 지금은 그런 기동력을 발휘할 '빈 공간'이 사라졌다).

중세 온난화가 그랬듯이 현재 장기적으로 지속되고 있는 온난화와 가뭄은 국지적 현상이 아니다. 게다가 과거와 달리 자연적 온난화에 인간이 초래한 온난화가 더해지고 있다. 그래서 문명이 발달할수록 기후의 폭격은 더욱 대규모의 피해를 낳는 경향이 있다. 하지만 진정으로 무서운 것은 온난화의 피해가 쉽게 눈에 띄지 않는다는 점이다.

눈에 보이는 홍수와 해수면 상승 같은 기후 현상이 사자나 늑대의 공격이라면 더 무서운 것은 은밀하고 완만하게 닥치는 가뭄이다. 지은이는 그것을 조용히 움직이는 코끼리에 비유한다. "코끼리는 아무런 소리도 없이, 눈에 띄지도 않게 다가올 수 있다. 코끼리가 왔다는 사실을 알고 나면 피하기에는 너무 늦다."

가뭄, 침묵의 살인자

"나의 이름은 오시만디아스, 왕 중 왕이다.
나의 업적을 보라, 너희 강한 자들이여, 그리고 절망하라!"
잔해밖에는 아무것도 없다.
그 거대한 폐허 너머에는
텅 빈 평탄한 사막이 끝없이 황량하게 뻗어 있다.

퍼시 비시 셸리, 「오시만디아스」(1812)

깎아지른 듯한 절벽 아래 푸에블로(푸에블로는 원주민 부락을 뜻한다: 옮긴이) 보니토의 큰 집이 말없이 서 있다. 밀집한 방들이 잿빛 하늘을 향해 열려 있다. 황량한 겨울의 텅 빈 광장에 찬 바람이 불어와 죽은 이파리와 섬세한 눈송이를 흩날린다. 뉴멕시코 차코캐니언의 절벽 위로 낮게 드리운 구름이 1월의 폭풍에 휘말려 소용돌이친다. 완벽한 정적이다.

1천 년 전 푸에블로 보니토는 하지를 맞아 웅장한 춤의 향연이 벌어지던 성지였다. 멀리서부터 손님들이 이곳을 찾아 모여들었다. 아마 남서부 푸에블로들 가운데 최대 규모였을 것이다. 그러다가 1130년 차코캐니언 일대에 50년간의 긴 가뭄이 닥쳤다. 옥수수밭이 폐허로 변했고, 불과 몇 년 만에 푸에블로 보니토는 텅 비어버렸다. 50년 뒤 차코캐니언은 거의 버려졌다. 수세기에 걸쳐 푸에블로족은 일가붙이들을 거느리고 물 사정이 더 나은 곳을 찾아 떠났다.

이 겨울날, 내 상상을 자극하고 정신을 일깨우는 1천 년 전의 유령들은 없다. 과거는 죽어 이미 오래전에 망각 속으로 사라졌다. 나는 셸리의 오시만디아스, 왕 중 왕을 생각한다. 그의 업적은 오래전에 잊혔고 그의 궁궐은 잔해만 남아 있다.

차코캐니언에 대가뭄이 들이닥치기 10년쯤 전인 1118년 동남아시아 캄보디아의 톤레사프에서는 크메르의 신왕(神王)인 수리아바르만 2세가 앙코르의 왕위에 올랐다. 즉위 직후부터 그는 앙코르와트를 축조하기 시작했다. 수천 명의 백성들이 땀 흘려 지은 궁전과 신전은 신성한 산들이 가득한 힌두세계의 방대한 모사였다. 오로지 신왕을 섬기는 것 이외에 아무것도 중요하지 않았다. 수리아바르만과 그의 후계자들은 운하와 저수지로 관개되고 여름 홍수로 영양분이 공급되는 노동집약적 벼농사의 기반 위에 중앙집권적이고 종교적인 유토피아를 건설했다.

지금 앙코르와트에는 금을 입힌 탑도, 밝게 채색된 신전도 없다. 하지만 그 미로 같은 계단, 메아리가 울리는 긴 회랑, 거기에 섬세한 조각으로 장식된 왕의 행차와 군대의 행진, 낙원의 환희를 약속하며 기묘하게 춤을 추는 무희들은 여전히 우리를 매혹한다. 그러나 이내 우리는 그곳에 생명이 없다는 것을 깨닫는다. 그곳은 한창 웅장함을 자랑할 때 건설한 사람들에게서 버림받아 시간 속에 얼어붙은 한 순간이 되었다. 가뭄이 논을 말려버려 사람들이 굶주림에 시달린 것이 한 원인이었다.

다시 오시만디아스가 떠오른다. 앙코르와트는 우리에게 허무와 좌절을 안겨준다.

　　차코캐니언과 앙코르와트는 싫든 좋든 기후가 인간 사회에 어떤 영향을 미치는지를 보여주는 말없는 증거다.

　　수리아바르만의 충성스러운 백성들이 앙코르와트를 건설한 직후 프랑스 북부에서는 샤르트르 대성당이 세워졌다. 1194년 화재로 소실된 이후 불과 66년 뒤에 건축된 이 고딕 대성당은 그 장소에 여섯 번째로 세워진 돌과 유리로 된 경이로운 건축물이다. 앙코르와트나 샤르트르 대성당이나 모두 걸작이지만, 샤르트르 대성당은 현재도 미사가 행해지고 성가가 불리는 등 인간 생활이 이루어지는 장소라는 점에서 다르다. 여기서 이 돌과 유리의 기적은 무한이 된다. 높은 들보와 우아한 아치들 사이로는 온통 창이 가득하고 창으로 들어온 보석 같은 햇빛은 초월적인 분위기를 자아낸다. 샤르트르 대성당은 1천 년 전에 그런 것처럼 하늘을 지상에 옮겨놓고 세속을 영적인 세계와 이어준다. 여기서 과거는 지금도 살아 있다. 샤르트르 대성당이 세워질 무렵 유럽은 기후가 온난했으며, 오랜 기간 연속해서 풍년을 누렸다. 혜택을 입은 사람들은 신에게 감사를 드리고 우주의 무한한 힘을 찬양했다. 대성당은 그 감사의 표시였다.

　　1천 년 전의 세계는 역동적이고 다양했다. 활기찬 문명들과 대영주들이 번영을 누렸고, 전쟁은 국지적으로만 벌어졌다. 낙타 대상(隊商), 실크로드, 계절풍이 구세계의 많은 지역을 연결해 참된 의미에서 최초의 글로벌 경제가 탄생했다. 하지만 많은 사람들은 여전히 작은 사냥 집단을 이루고 살거나, 입에 겨우 풀칠하는 농업으로

근근이 살았다. 우리는 이러한 세계를 고고학으로부터, 고대의 큰
도시·동굴·초라한 조개무덤 들의 발굴로부터, 스칸디나비아의 극
지에 산재한 쇠못으로부터, 역사적 문헌과 구승 전통으로부터 익히
알고 있었다. 그러나 당시의 온난한 기후가 인간에게 얼마나 큰 영
향을 미쳤는지 우리가 알게 된 것은 오늘날에 와서의 일이다.[1] 이
책은 800~1300년까지 5세기에 걸친 기후변화—지구온난화—
와 그것이 1천 년 전의 세계에 미친 영향을 다룬다. 지금처럼 그때
도 기후는 매년 직선적으로 변하지 않았고 장소에 따라서도 다르게
변했다. 하지만 그 정점과 저점의 추이는 지금 명확히 추적할 수 있
다. 이 이야기에서 우리는 기후변화가 장차 우리의 미래에 미치게
될 영향에 관해 많은 것을 알 수 있다.

*

'중세온난기'(Medieval Warm Period)라는 명칭은 50년 전 영국의
기상학자인 휴버트 램(Hubert Lamb)이 처음 사용했다.[2] 그는 800~
1200년까지의 시기를 대상으로 기후와 역사가 뒤얽히는 과정을
연구했다. 비교적 온난했던 이 4~5세기 동안 유럽은 풍년을 누렸
고 북유럽인들은 그린란드와 북아메리카에 갈 수 있었다. 중세온난
기 이후에는 6세기 동안이나 기후 불안이 지속되면서 기온이 서서
히 하강하는 소빙하기가 이어졌다.
      템스강이 얼어붙었던 그 소빙하기는 상세한 자료를 통해 잘 알
려져 있다.[3] 기근과 거센 폭풍우, 한겨울의 혹한이 몇 차례 있었다.

그러나 중세온난기는 최근까지도 기후학적 미스터리였다. 램이 활동하던 때는 고대의 기후를 연구하는 고기후학이 갓 태어났을 무렵, 즉 인간으로 인한 지구온난화가 과학적으로 연구되기 한참 전이었다. 그러므로 오늘날 우리는 중세온난기에 관해 램보다 더 잘 알고 있다. 나이테 조사를 통해 우리는 1천 년간 유럽과 북아메리카 남서부의 계절별 강우량과 기온을 상세히 알 수 있다. 각 장 끝의 '기후 고고학'에서 나는 선사시대 기후를 조사하는 데 사용하는 몇 가지 기법을 소개할 것이다. 그린란드, 안데스 고지의 얼음 표본은 과거 2천 년간의 기온 변화에 관한 중요한 자료를 제공한다. 태평양의 작은 환초에서 발견된 열대 산호의 성장층도 수세기에 걸친 기후변동을 보여주는 증거가 된다. 또한 전 세계에서 확인되는 나이테의 변화도 아직 뼈대만 알려진 중세온난기에 살을 입혀준다.

중세온난기에 유럽인들은 대성당을 세웠고, 북유럽인들은 북아메리카로 항해했다. 하지만 새로운 연구를 통해 밝혀진 온난기의 상은 기후가 선행만이 아니라 악행도 저질렀다는 것을 보여준다. 실제로 온난화 덕분에 많은 지역에서 겨울이 온난하고 여름이 길었으나 기온 차이는 몇 °C에 불과했고, 모든 지역이 온난하지는 않았다. 같은 시기 태평양 동부는 저온건조했다. 갑작스럽고 예측 불가능한 기후변동이 잦았고, 무엇보다도 가뭄이 심했다. 중세에 길어진 건기는 차코캐니언과 앙코르와트를 몰락시켰을 뿐 아니라 마야문명의 붕괴에도 영향을 미쳤고 북중국 농부 수십만 명을 굶어 죽게 했다.

이와 같은 건기의 원인은 1100~1200년경 태평양에 지속적인 라니냐가 발생한 탓이지만 기후변화만이 원흉인 것은 아니다(9장의

'기후 고고학' 참조). 기후가 모든 경제·정치·사회적 변화를 일으킨 '원인'이라고 주장할 수는 없다. 기후가 주요한 역사적 변화를 초래했다고 보는 환경결정론은 이미 70~80년 전에 부정되었다. 기후변동의 영향은 대개 간접적이다.

이 서문을 쓸 무렵 나는 인근의 물가로 산책을 나갔다. 작은 조약돌을 하나 주워 거울처럼 맑은 수면 위로 던지자 돌멩이는 풍덩 하고 사라졌고 돌멩이와 물이 닿은 지점에서부터 물결이 동심원을 이루며 퍼져나가 강둑에 이르렀다. 마지막 물결이 사라지기까지는 한참이나 시간이 걸렸다. 고대의 기후변화도 마찬가지다. 가뭄, 홍수, 엘니뇨와 같은 큰 변화의 직접적인 결과로 정치·사회적 변화가 유발되지는 않는다. 그보다는 그 변화의 잔물결이 사회 전체에 섬세한 영향을 미쳐 차이를 만들어내는 것이다. 이를테면 새로운 저수방법이 고안되고, 곡식의 품종이 가뭄에 더 잘 견디도록 개량되고, 강우를 예측하는 정보를 가진 비밀 집단 같은 새로운 제도가 발달하는 것이다. 이 책은 1천 년 전의 인간 사회가 온난화를 비롯한 여러 가지 기후변화에 어떻게 대처했는지를 설명할 것이다.

인간은 늘 예측 불가능한 환경에서 살았으며, 단기적이거나 장기적인 기후변화에 끊임없이 적응해야 했다. 1천 년 전의 세계에 관해 흥미로운 것은 지금 우리가 그 막후를 있는 그대로 살펴보기에 충분한 기후 정보를 가지고 있다는 점이다. 별로 두드러지지 않은 기후변화의 영향을 받아 앙코르가 붕괴했고 몽골 유목민이 새 목초지를 찾아 이동했다. 이런 변화는 오늘날에도 인류의 식생활에 영향을 주고 있지만, 불과 한 세대 전만 해도 거의 무시되었다.

*

이 책에서 탐구하는 사회들은 역사적으로 잘 알려진 것도 있고 알려지지 않은 것도 있다. 중세온난기를 총체적으로 이해하려면 유럽의 바깥, 온난화가 대단히 긍정적인 역할을 했던 곳도 살펴보아야 한다. 당시 유럽 대륙은 지금 우리가 중세 전성기라고 부르는 문화 번영을 맞고 있었다. 고온과 그에 따른 강우량의 변화는 전 지구적으로 기회와 더불어 재앙을 낳았다.

멀리 떨어진 크게 다른 사회들의 상호연관성이 증대한 것도 그 한 가지 결과다. 북유럽인들은 빙하의 조건이 완화된 틈을 타서 아이슬란드, 그린란드로 이동했고, 배핀섬에서 수렵 채집을 하는 이누이트족과 접촉했다. 태평양에서는 엘니뇨의 활동으로 북동 무역풍의 위력이 이따금 위축되었다. 폴리네시아인들은 북쪽과 동쪽으로 항해해 지구상에서 가장 외딴 섬들로 이주했다. 온난기에는 서아프리카의 금이 낙타를 타고 사하라를 지나 유럽에 전해졌다. 강력한 남서 계절풍이 홍해, 아라비아, 동아프리카에서 인도양을 횡단하는 직행 항해를 가능케 했다. 이 장거리 접촉은 역사를 변화시켰다. 변화하는 인간 사회의 정치적 운명, 기후변동과 함께 빠져나가고 밀려들었던 수많은 다른 상호교류가 그랬던 것처럼 말이다.

그 변화는 기회만이 아니라 불운도 낳았다. 중세에 유럽과 북대서양 너머 강우량을 예측할 수 없는 더 건조한 곳에는 가뭄 주기와 약간의 강우량으로도 삶과 죽음이 결정되는 지역이 많았다. 유럽이 따뜻한 여름 햇볕을 즐기고 북유럽인들이 서쪽 멀리까지 항해하는 동안 인류 대부분은 무더위와 긴 가뭄에 시달렸다. 크게 가름해 북아메리카에서 중앙아메리카와 남아메리카까지, 또 태평양을 거쳐 북중국까지의 지역은 길고 극심한 건기를 겪었다. 사헬(Sahel. 사하라사막 주변 지대; 옮긴이), 나일강 유역, 동아프리카를 덮친 가뭄은 대규모의 파괴를 유발했다. 농부가 굶주리고, 문명이 붕괴하고, 도시가 무너졌다. 고고학과 기후학은 중세온난기에 가뭄이 침묵의 살인자였음을 보여준다. 인간의 재주로 도저히 대처할 수 없는 혹독한 현실이었다.

지구상의 거의 모든 사회들이 중세 온난화의 영향을 받았으나 대부분은 악영향이었다.

*

오늘날은 물론이고 아마 1천 년 뒤까지도 기후는 격변을 거듭할 것이다. 지금까지 지구의 기온은 꾸준히 상승했고, 지진해일에서 허리케인까지 날씨와 관련된 재앙도 많았다. 과학자들이 뒤에서 묵묵히 연구하는 동안 운명의 날을 예언하는 사람들은 인간으로 인한 지구온난화가 재앙을 가져오리라고 소리 높여 외치고 있다. 하지만 예언자를 자처하는 그들은 과거의 기후변화를 찬찬히 되짚어보려 하지 않고, 1천 년 전의 세계가 지금보다 더 온난했는지에 관한 정치적 논쟁에만 열중한다. 과거가 지금보다 더 온난하지는 않았다. 지금은 1860년부터 지속되는 온난기에 속하는 시기인데, 그 원인은 주로 인간 활동에 기인한다. 화석연료에서 나오는 온실가스가 대표적이다.

인간으로 인한 지구온난화의 지루한 논쟁은 끝났다. 인간이 온난화를 조장했다는 것을 입증하는 과학적 증거는 현재 논쟁의 여지가 없이 명백하기 때문이다. 그래서 이제는 논쟁의 초점이 달라져, 어떻게 하면 오염물질을 줄일 수 있는지, 빙하가 녹고 해수면이 상승하는 현상에 어떻게 대처할 것인지와 같은 장기적인 문제를 놓고 씨름한다. 만년설이 녹고 홍수의 위험이 증대하는 것은 결코 사소한 사태가 아니다. 하지만 중세온난기의 경험이 말해주는 바에 따르면, 기후가 온난했던 그 시기에도 침묵의 살인자는 바로 가뭄이었다. 인간으로 인해 온난해진 세계의 가뭄에 관해 컴퓨터 분석을 해보면 13장에서 설명하듯이 충격적인 결과가 나온다. 지금보다 인구가 적었던 19세기에도 가뭄으로 열대 지역의 농부들 2천만~3천만 명이 목숨을 잃었다.[4] 현재는 지속적 온난화로 수백만 명이 위험에 처해 있는 시기다. 농부들은 겨우 경작 가능한 토지에 의존하거나, 미국의 애리조나와 캘리포니아에서처럼 지하수와 강에서 얻은 물로 농사를 짓고 있다.

중세온난기는 인간이 기후 위기에 어떻게 적응하는지 말해주는 동시에 장차 온난화와 더불어 긴 가뭄이 닥칠 것임을 경고하고 있다. 지금 우리 시대에는 극도의 건조함이 과거보다 훨씬 늘어난 세계 인구 대다수에게 영향을 미치고 있으며, 물 부족과 흉년에 적응하기가 어느 때보다도 어려워졌다. 아무쪼록 인류가 특유의 적응성, 독창성, 임기응변으로 불확실하고 까다로운 미래를 헤쳐나가기를 바랄 따름이다.

◀중세온난기의 역사적 대사건들▶

다음은 주요한 역사적 사건들의 개략적이고 선택적인 연표다.

570	마호메트 탄생.
600	고대 마야문명 번영.
618	북중국에서 당나라 건국.
710	이슬람, 에스파냐 정복(알안달루스).
750	아바스 왕조, 바그다드 장악; 이슬람 지배 아래 학문이 크게 융성.
793	스칸디나비아, 잉글랜드의 린디스판 침략.
802	자야바르만 2세, 캄보디아의 앙코르 왕국 건설.
814	프랑크 샤를마뉴 왕의 죽음(742~814).
874	북유럽인, 아이슬란드 이주.
900	시칸 영주들, 페루 북해안 정복; 남부 저지대에서 마야문명 붕괴.
907	당나라 멸망; 거란, 만주와 몽골 정복 개시.
971	아프가니스탄 출신의 가지(Ghazi. 이슬람 전사) 지배자 마호무드, 60년간의 인도 침략 개시.
980년대	붉은 머리 에리크, 그린란드로 이주.
990년대	북유럽인, 북아메리카 발견; 배핀 일대에서 이누이트족과 산발적 무역.
1000	툴레(Thule) 사람들, 베링해에서 동쪽으로 극지를 거쳐 그린란드로 이동.
1066	정복왕 윌리엄, 잉글랜드 침략; 노르만 정복.
1100	뉴멕시코 차코캐니언이 점차 버려짐.
1113	수리아바르만 2세, 캄보디아 앙코르와트 축조 시작.

1181	자야바르만 7세, 캄보디아의 앙코르톰 건설.
1200	치모르, 페루 북해안 지배; 라파누이(이스터섬)에 첫 정착; 뉴질랜드에 첫 정착.
1206	칭기즈칸, 몽골제국의 대칸으로 선출; 이슬람 왕조, 인도 델리 장악.
1207	몽골, 북중국의 금나라 원정 개시.
1215	칭기즈칸, 베이징 점령.
1220	칭기즈칸, 호라즘 왕국 격파.
1227	칭기즈칸의 죽음.
1230	대형 엘니뇨가 페루 북해안을 파괴함.
1241	몽골 장군 수부타이, 슐레지엔(폴란드 서남부)의 레그니차에서 하인리히를 격파하고 스텝 지대로 퇴각.
1258	몽골, 바그다드 점령.
1276	남서아메리카의 대가뭄이 사반세기 동안 지속; 메사베르데가 버려짐.
1279	쿠빌라이칸, 중국 황제가 되어 1294년까지 통치.
1315	서유럽에서 7년 기근 시작.
1324	말리의 만사 무사, 메카 순례를 가는 도중 카이로 방문.
1348~	페스트로 유럽 황폐화.
1398	티무르, 인도 델리 공격하고 유린함.
1431	앙코르 왕국 멸망.
1470	치모르, 잉카에 함락됨.
1492	에스파냐, 이슬람령 에스파냐 정복; 크리스토퍼 콜럼버스의 서인도 항해.
1519	에르난 코르테스, 아스텍 제국 도착.
1532	프란시스코 피사로, 잉카 공격.

차 례

The Great Warming

일러두기

1. 지명의 표기는 상용에 따랐다.
2. 일부 불분명한 장소들은 지도에 누락되었다. 관심을 가진 독자들은 전문적 문헌을 참조하기 바란다.
3. 전문적인 연구를 원하는 독자들은 주에 실린 방대한 문헌을 참조하라. 이 책은 역사적인 이야기에 치중한 것이어서 열대수렴대와 중요한 기후학적 방법 등과 같은 정보는 '기후 고고학'으로 따로 정리했다.
4. 방사성탄소연대는 보정했다.
5. '기원전'은 따로 표기를 하였고, '기원후'는 별도로 표기하지 않았다.
6. 옮긴이와 편집자의 주에는 '옮긴이' '편집자'라고 표기를 하였고, 저자의 주에는 따로 표기하지 않았다.
7. 기온 곡선은 통계적으로 간략히 정리했다.

1

온난화의 시대

고고학적 연구 결과 중세 요크에는…

쐐기풀벌레가 많았다는 사실이 밝혀졌다.

쐐기풀벌레는 오늘날 주로 잉글랜드 남부 햇볕이

따뜻한 곳에서 자라는 쐐기풀에 서식한다.

이는… 그때가 지금보다 기온이 높음을 시사한다.

휴버트 램,
『기후의 역사와 현대 세계』(1982)[1]

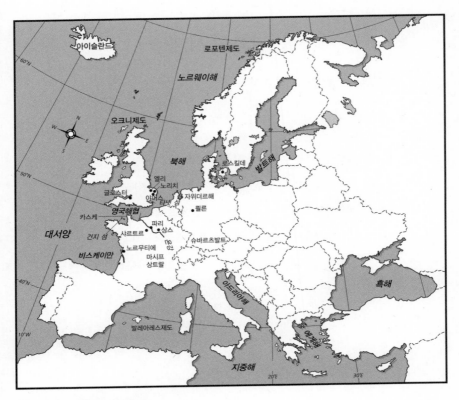

아이슬란드

로포텐제도

노르웨이해

오크니제도

북해

로스킬데

발트해

엘리

노리치

글로스터

야머스

타넷

자위더르해

영국해협

쾰른

카스케

파리

랭스

대서양

건지 섬

샤르트르

슈바르츠발트

비스케이만

노르무티에

마시프

상트랄

아드리아해

흑해

발레아레스제도

에게해

지중해

1장과 2장에 나오는 곳들

1200년••

잉글랜드 남부의 가을. 차가운 안개가 나무 꼭대기 주위를 낮게 맴돌고 부슬비가 흩날리는 가운데 씨앗 자루를 목에 건 농부 두 명이 지친 표정으로 밀의 씨앗을 뿌리고 있다. 들창코에 헝클어진 머리, 맨발에 꾀죄죄한 옷을 입고 밀짚모자를 쓴 두 농부는 힘들이지 않고 앞뒤로 움직이며 얕은 밭고랑에 씨앗을 던지고 있다. 써레를 멘 황소가 그 뒤를 따라가면 나무못이 박힌 사각형 나무틀이 흙을 뒤집어 막 심은 씨앗들을 덮어준다. 한 뙈기에 파종을 마치고 농부들은 서둘러 다음 파종지로 이동한다. 가을비가 흙을 헤집어 씨앗을 쓸어버리기 전에 파종을 마쳐야만 한다.

어릴 때부터 해온 파종은 어느 계절에나 똑같았다. 나이 든 사람들은 양가죽 외투로도 추위를 면치 못했던 춥고 황량한 시절을 기억하고 있었다. 또한 구름 한 점 없는 하늘에서 이글거리는 태양이 들판을 바짝 말려버리던 시절도 있었다. 언제 비가 와 파종이 가능할지 전혀 모르던 때였다. 이따금 시기가 잘 맞을 때도 있었으나 그러지 않을 때가 훨씬 더 많았다. 그럴 때면 이듬해에 굶주림을 피할 수 없었다.

씨앗 자루가 텅 비자 두 농부는 허리를 펴고 새 자루를 어깨에 느슨하게 걸쳐 멘다. 며칠 동안 여름 작물을 수확한 뒤 밭을 갈고 겨울 밀을 파종하느라 고된 일로 지친 상태다. 농경 세계에서는 일이 끊이지 않는다. 모두가 생사의 경계에서 살아간다. 아무도 내색하지 않지만 굶주림의 위협이 상존하고 있다.

잉글랜드 북동부 워럼 퍼시의 발굴을 토대로 재구성한 장면 잉글랜드 중세 농부들이 곡식을 파종한 다음 써레질을 하고 있다(위). 여자들은 곡식을 수확해 단으로 묶는다(아래).

　몇 주일 동안 좋은 날씨가 이어진 덕분에 여름 풍년을 맞아 마을에는 식량이 풍부하다. 행운이 계속되고 있다. 겨울인데 따뜻하고 습도도 알맞다. 1월과 2월에는 서리가 앉고 눈도 약간 내린다. 하지만 늦추위가 없고 봄이 이르게 오는데다 기온이 온난하고 강우량이 적당하다. 낮이 길어지자 마을 주민들은 잡초를 뽑는다. 7월 하순에 들면 곡식이 익어 수확이 시작된다. 뜨거운 태양이 들판을 내리쬐고 푸른 하늘에 솜털 같은 구름이 떠 있다. 밭에서는 사람들이 허리를 굽히고 수확에 여념이 없다. 농부들은 익은 밀 다발을 손으로 잡고 짧은 쇠낫으로 베어내다가 이따금씩 낫의 날을 벼린다. 뒤에서는 치마를 허리춤까지 걷어올리고 머리카락을 밝은색 천으로 감싼 여자들이 베어낸 곡식을 다발로 묶는다. 그 곡식 다발을 집 안으로 옮겨 그대로 저장해 두었다가 날씨가 나빠지면 천막을 치고 도리깨질과 키질을 한다. 아이들은 낟가리 사이를 뛰어다니며 곡식을 베어낸 그루터기에서 낟알을 줍는다. 정오가 되면 모두들 잠시 쉬면서 굳은 등을 펴고 맥주를 마신다. 머리 위에서는 새들이 서로 다투며 곡식을 주워 먹으려 날아든다. 곧 작업이 재개될 것이다. 날이 맑을 때 곡식을 한 톨이라도 더 거둬들이려면 어두워질 때까지 부지런히 일해야 한다.

오늘날의 자급 농부와 비교하면 1200년의 농부들은 아무것도 버리는 법이 없었다. 풍년일 때도 마찬가지였다. 사람들의 얼굴에 깊이 팬 굵은 주름을 보면 금세 알 수 있다. 일이 워낙 고된데다 이따금 굶주림과 영양 부족에 시달린 탓에 이십대의 나이에도 얼굴이 늙어 보였다. 하지만 이 사람들이 살던 세계는 기후학자들이 중세 온난기라고 부르는 수세기 동안의 온난한 시기에 속했다.

*

1천 년 전에 유럽은 오로지 농업에만 의존했다. 영국과 아일랜드에서 중부 유럽까지 인구의 80~90%가 토지의 산출물로만 먹고 살았다(운이 좋으면 잉여식량도 있었다). 유럽은 자급 농경의 대륙이었다. 농부들은 한 해의 수확으로 한 해를 먹고 살았으므로 기온과 강우량의 변덕에 운명을 내맡길 수밖에 없었다.

인구는 매우 적었다. 런던의 인구는 1170년에 처음으로 3만 명을 넘었는데, 당시의 기준으로 치면 대도시였다. 영국 다른 도시들의 인구는 런던에 미치지 못했다. 예를 들어 이스트앵글리아의 노리치는 주민이 7천~1만 명 정도였다. 1200년 프랑스, 독일, 스위스, 오스트리아, 저지대 지방(Low Countries. 지금의 네덜란드, 벨기에, 룩셈부르크가 있는 지역; 옮긴이)의 인구는 모두 합쳐 3600만 명 정도였다. 지금의 2억 5천만 명에 비하면 엄청 적은 수다. 거의 모든 사람들이 작은 마을이나 촌락, 소도시에 살았다. 큰 도시는 유럽에서 아직 중요한 단위가 되지 못했다. 대영주를 포함해 모두가 농기계, 잡종종자, 비료가 없는 농업에 의존했다. 말과 소, 심지어 농부의 아내도 쟁기와 써레를 끌었다. 수확은 인력으로 했으며, 수확물은 달구지나 거룻배를 이용해 시장으로 운송했다.

숲과 삼림, 강 유역, 습지로 이루어진 농촌의 풍경은 인간 활동으로 끊임없이 변화했다. 많은 사람들이 서로 떨어져 있는 작은 주거지에서 살았는데, 그 주거지들은 황야로 에워싸여 있었다. 그러나 주거지들은 점차 규모가 커져 중앙 집중적인 촌락이 되었다. 촌락 인근의 경작지는 큰 묶음으로 분할되고 다시 1인당 0.2헥타르 크기로 세분되었다. 경작자 한 명당 그런 토지를 여러 개씩 소유했다. 그런 토지를 흔히 '펄롱'(furlong. 약 200m에 해당하는 길이; 옮긴이)이라고 불렀는데, 이 토지 전체를 한꺼번에 수확하는 것은 아니었다. 농부들은 경작지에 짐승들을 방목한 뒤에는 한동안 휴경해야만 토질을 회복하고 작물의 질병을 줄일 수 있다는 것을 알고 있었다. 배수가 잘되고 비옥한 토양에서는 곡식의 재배가 가능했다. 가축들은 곡식의 그루터기를 먹이거나 숲과 목초지의 더 거칠고 점토가 많은 땅에서 방목했다. 현대 아프리카의 자급 농부들처럼 중세 유럽 농부들은 가축의 먹이로 쓰는 풀의 종류와 식용이 가능한 계절별 야생식물을 알았고, 토양의 비옥함을 정확하게 판단할 수 있었다. 갑자기 내리는 서리, 폭풍, 가뭄에 대한 유일한 방어책은 곡식에 지나치게 의존하지 않고 다양한 식량자원을 활용하는 것이었다.

중세 유럽의 토양에서 생존하기란 결코 쉽지 않았다. 그러나 사람들은 그 어려운 일을 해냈으며, 특히 온난하고 건조한 여름이 이어질 때는 상당한 성공을 거두었다. 잉글랜드와 프랑스의 농부들은 주로 밀, 보리, 귀리를 재배했다. 전반적으로 토지의 3분의 1에는 밀, 절반에는 보리를 재배했고 나머지에는 완두콩을 비롯해 여러 가지 작물들을 재배했다. 풍년이라 해도 오늘날의 기준에 비하면 수확량은 적었다. 풍년이 들었을 때 밀 생산량은 1헥타르당 700~1000l 정도였는데, 1헥타르당 4천l가 넘는 지금의 생산량에 크게 뒤진다. 더구나 그 생산물 가운데 80l가 종자로 이용되었으므로 아무리 작황이 좋아도 잉여식량을 생산하기란 거의 불가능했다. 맥주의 원료인 보리 생산량은 조금 더 많았으나(1헥타르당 2천l) 종자로 들어가는 양도 더 많았다. 풍년의 경우 곡식의 생산량은 파종한 양의 4배에 조금 못 미쳤다. 그러므로 농업의 다각화를 꾀해야만 생존할 수 있었다.[2]

모두가 채소를 재배했다. 단백질이 풍부한 완두콩과 콩은 이른 봄에 파종해 가을에 수확했다. 콩과 식물은 건기에 파종이 가능했고,

콩꼬투리는 비료로 재활용할 수 있었다. 온갖 종류의 채소와 나물은 기본적으로 육류가 없이 빵과 죽으로 된 식단을 보완해주었다.

가축은 많지 않았다. 농가 하나당 젖소 한두 마리, 돼지, 양, 염소, 닭 몇 마리가 고작이었으며, 일부 유복한 농가에서는 밭을 가는 데 사용할 말 한 마리나 소 몇 마리를 가지고 있었다. 가축은 고기와 우유만이 아니라 가죽과 모직물도 제공했다. 양털 깎는 일은 봄철의 중요 행사였다. 농부들은 따뜻한 서풍이 여름의 조짐을 실어올 무렵 좋은 날을 세심하게 골라 양털을 깎았다. 여자들이 신선한 공기를 집 안에 들이기 위해 열어놓은 창문과 문에서 흘러나오는 나무 타는 연기가 바람에 실려 날아간다. 집 바깥에 잔가지를 엮어 만든 커다란 우리 안에는 양들이 바글거린다. 양털 냄새가 사방에 가득하다. 가죽조끼를 입은 남자들이 양을 한 마리씩 붙잡고 단순한 모양의 쇠가위로 털을 깎는다. 순한 양의 등을 현란하게 가위질하더니 순식간에 작업이 끝난다. 소년들은 털을 다 깎은 뒤 겁에 질려 떨고 있는 양을 인근 축사로 몰고 간다. 주변에서 기다리던 아이들은 양모를 나무 선반에 걸어 햇볕에 말린다.

거의 연중 내내 가축은 방목되었다. 특히 돼지는 가을이면 도토리와 너도밤나무 열매를 양껏 주워 먹었다. 그러나 먹이를 구하기 힘든 겨울에 가축을 건사하기란 쉽지 않았다. 나이가 들어 젖이 나오지 않는 암소는 가을에 미리 팔거나 도살해 중요한 가축에게 먹일 건초를 절약했다. 건초 수확은 매우 중요했다. 풀베기는 6월에 시작해 날씨가 맞으면 7월까지 지속되었다. 건초를 완전히 말리지 않으면 수확한 뒤 썩어버리거나 불이 날 위험이 있었다. 맑은 날이면 사람들은 칼날이 기다란 쇠낫을 들고 풀밭으로 가서 풀을 베어 들판에 널어놓고 햇볕에 말렸다. 건초를 몇 차례 뒤집어 골고루 말린 다음 더미로 쌓아올리면 건초의 윗부분은 비를 막는 초가지붕과 같은 역할을 했다. 건초 수확은 중요한 연중 행사였지만 이를 위해서는 날씨가 맑아야 했다. 강우량이 많은 해에는 겨울에 가축을 잃는 경우가 많아 피해가 컸다. 모든 것이 기후에 달려 있었다는 것을 보여주는 또 다른 사례다.

작황이 좋지 않은 해에도 농부는 식량 비축분으로 세금과 교회 십일조를 부담해야 했다. 아내와 두 아이를 거느린 남자는 2헥타르의 토지만 있으면 생존이 가능했다. 식구들이 전부 나서서 채소를 가꾸고 버섯이나 견과, 장과 등을 채집하면 그럭저럭 꾸려갈 수 있었다. 그러나 서리나 폭풍으로 흉년이 들면 2헥타르의 토지로는 생존을 장담할 수 없었다. 흉년이 연속되면 기근이나 기근으로 인한 질병, 영양실조에 걸리게 되는데, 특히 한겨울의 추위와 곤궁이 더해지면 죽음을 면하지 못하는 사람들도 생겨났다. 식량 비축분이 바닥나고 사순절 금식이 서서히 다가오는 시기였다.

매년 여름에서 가을로 넘어갈 때 모든 공동체는 농작물을 수확하고 신에게 감사를 드렸다. 그만큼 삶이 팍팍했다. 계절의 끝없는 순환이 인간의 생존을 결정했다. 파종, 재배, 수확, 나아가 출생, 삶, 죽음 같은 일상사도 마찬가지였다. 모두들 그저 신의 독단적인 의지를 믿을 수밖에 없었다.

장기적인 날씨 예측이 가능해지기 전에는 왕, 귀족, 장군, 상인, 농부 할 것 없이 누구나 끊임없이 반복되는 폭우와 가뭄, 폭풍과 좋은 여름날에 삶을 맡겨야 했다. 모두가 대기와 바다가 추는 복잡한 기후의 춤에 부지불식간에 장단을 맞추었던 것이다. 그러나 800~1300년에 그 춤은 조금 느려지면서 정확한 박자의 왈츠로 바뀌었다. 따뜻한 여름과 안정적인 기후 상태가 점차 일반화되었고, 기후변화의 속도가 일시적으로 느려졌다. 유럽은 중세온난기라고 불리는 그 500년 동안 중대한 변화를 겪었다.

*

　더 큰 구도에서 보면, 수백 년의 중세온난기는 눈 깜짝할 사이에 불과하다. 이 시기의 온도 변화는 가장 최근의 빙하기 말에 있었던 온도 변화보다 폭이 작다. 약 1만 2천 년 전 세계는 지속적인 지구 온난화의 시기로 접어들었다. 지질학자들이 '충적세'(Holocene, 그리스어로 '전체'를 뜻하는 'holos'와 '새롭다'는 뜻의 'kainos'에서 따온 말로 '완전히 새롭다'는 뜻이다)라고 부르는 이 시기는 오늘날까지 이어지고 있다. 과학자들은 오랫동안 불충분한 자료를 근거로 빙하기 이후 1만여 년에 걸친 온난기에 기후가 거의 변하지 않았다고 생각했다. 하지만 근년 들어 고기후학의 혁명으로 충적세에 관한 우리의 지식이 크게 달라졌다.

　오늘날의 기후학자들은 바다와 호수의 바닥을 파고, 그린란드와 남극 빙상에서 심층 표본을 채취하고, 아주 오래된 나무의 줄기에서 나이테의 배열을 연구한다. 그 결과 충적세의 기후는 끊임없이 변화했다는 사실이 밝혀졌다. 이제 우리는 1천 년 단위로 추위와 더위가 변동한 현상만이 아니라 지난 2천 년간에 있었던 더 짧은 주기들도 확인할 수 있게 되었다. 다소 습한 기후에서 다소 건조한 기후로, 따뜻한 기후에서 서늘한 기후로 오가는 과정이 끊임없이 되풀이되었다. 수십 년이나 한 세기 동안 지속되는 기후변화가 있는가 하면, 엘니뇨 같은 현상은 한두 해 정도 지속되는 데 불과하다. 여러 세대에 걸쳐 기억하는 대규모 기후적 사건은 드물다. 인간의 평균수명이 30년을 겨우 넘었던 시대에는 그 사건이 기억으로 전승되기 어려웠다. 새로운 기후학이 보여주는 바에 따르면 기후시계는 때로 빨라지거나 느려지고, 멈칫하거나 방향을 급격히 전환하고, 심지어 오랜 기간 같은 곳에 머무는 경우는 있어도 결코 완전히 멈추지는 않는다.

기후의 시계추를 움직이는 게 무엇인지는 누구도 정확히 알지 못한다. 일단 가능성이 높은 원인은 기울기가 조금씩 달라지는 지축이다. 조금씩 변하는 태양흑점활동 주기도 가능성이 높다. 예를 들어 17세기에 흑점의 수가 적어졌을 때는 기후가 눈에 띄게 서늘해져 소빙하기의 정점에 달했다. 그 밖에 아이슬란드, 동남아시아 등지의 화산활동도 기후를 변동시키는 요인이다. 1815년 자바의 숨바와섬에서 일어났던 탐보라 화산의 폭발은 화산 윗부분 1300m를 날려버렸다. 거대한 화산재 구름이 대기 속으로 치솟아 햇빛을 가린 탓에 1816년은 유럽의 유명한 '여름 없는 해'로 기록되었다.[3] 하지만 최근 들어 기후학자들은 아직 거의 알려지지 않은 대기와 바다의 복잡한 상호작용이 기후변동에서 중요한 역할을 한다고 믿고 있다. 기후학자 조지 필랜더(George Philander)는 그것을 가리켜 기민한 파트너와 서투른 파트너의 춤이라고 부른다. 그는 이렇게 쓴다. "대기는 빠르고 민첩하며 바다의 조짐에 즉각 반응하는 반면, 바다는 느리고 굼뜨다."⁴ 우리는 이 두 파트너와 함께 춤추면서 좋은 기회를 얻을 때도 있지만 대개는 그렇지 못하다.

또한 우리는 기후의 춤이 인간 사회에 대단히 직접적인 결과를 미친다는 것도 알았다. 6세기의 대형 엘니뇨는 엄청난 폭우를 일으켜 페루 북해안 일대의 강바닥에 몇 세대에 걸쳐 건설해놓은 관개용 수로를 파괴해 버렸다. 1천 년 전 미국 남서부에 주기적으로 닥친 대형 가뭄은 푸에블로족의 대규모 이동을 유발했다. 가뭄의 공격을 받은 푸에블로족이 고향을 등지고 뿔뿔이 흩어질 무렵 유럽의 농부들은 예측 가능한 날씨 조건과 적절한 강우량의 환경에서 등 따습게 지내고 있었다. 조금 더 따뜻해지고 건조해진 환경의 효과는 다양하고 섬세했다. 예를 들면 작황이 나아지고, 인구가 증가하고, 삼림 벌채가 가속되고, 무역과 심해 어업이 비약적으로 성장하고, 성당 건축이 붐을 이루었다. 물론 대온난화가 그 모든 변화의 원인이라고 말할 수는 없다. 흥미로운 것은 우리의 관점이 달라졌다는 사실이다. 언뜻 사소해 보이는 기후변동과 다양한 역사적 사건들을 연관지어 생각하는 것은 한 세대 전만 해도 상상할 수 없는 일이었다. 여기에는 몇 가지 주목할 만한 예외가 있었는데, 오랫동안 포도 수확 날짜를 연구한 스위스의 역사가인 카를 피스터(Karl Pfister)가 그런 경우였다. 대다수 역사가들은 과학자가 아닌 탓에 새로운 기후 자료에 익숙하지 못해 기후변동을 무시하는 경향이 있다. 오늘날 우리는 기후변화가 중세 역사에 중대한 영향을 미친 요인이라고 볼 수 있게 되었다. 기후는 특히 작은 촌락에 사는 평범한 사람들의 생활과 농업, 북해의 어업을 크게 변화시켰다.

*

1120년경 수도사이자 역사가인 맘즈베리의 윌리엄(William of Malmesbury)은 잉글랜드 서부 글로스터 계곡을 여행하면서 풍요한 여름 풍경에 감탄했다. "대로와 길가에는 과일이 잔뜩 달린 나무들이 늘어서 있다. 누가 심은 게 아니라 저절로 자라난 나무들이다. 잉글랜드에서 포도가 가장 달고 많이 열리는 지방이 바로 이곳이다."[5]

윌리엄에 따르면 사람들은 찬 바람을 막아줄 방벽도 없는 트인 곳에 장대를 세우고 포도나무를 심었다. 그 무렵에는 기후 조건이 아주 좋았다. 포도는 봄에 꽃이 피기 전후에 서리를 맞지 않았고, 여름에는 적절한 강우량, 넉넉한 햇빛과 온도 속에서 무럭무럭 자랐다. 가을의 햇빛과 온도는 포도의 당도를 높여주었다. 당시 잉글랜드에는 수많은 포도밭이 있었다. 1960년대 프랑스와 독일의 맨 북부에 위치한 포도밭보다 훨씬 더 북쪽이었다. 12~13세기에 기후가 온화한 덕분에 잉글랜드의 상인들은 포도주를 대량으로 프랑스에 수출했다. 그러자 낭패한 프랑스 농부들은 불만의 목소리를 높였다. 잉글랜드만 포도주를 만든 게 아니었다. 1128~1437년에 포도주는 북위 55도에 해당하는 프로이센은 물론 노르웨이 남부에서도 생산되었다. 슈바르츠발트에는 해수면보다 780m나 높은 지역에도 포도밭이 있었다. 오늘날 독일에서 가장 고지에 위치한 포도밭의 고도는 560m가 고작이다. 그 무렵 중부 유럽의 여름 기온은 반세기 전에 비해 1~1.4℃가량 높았고 잉글랜드의 기온은 조금 더 낮았다.[6]

우리가 그 온난한 시기에 관해 처음으로 알게 된 것은 기후학의 덜 알려진 주역들 가운데 한 사람인 영국의 기상학자이자 기후역사가 휴버트 램의 덕택이다. 그는 1950~1960년대에 지난 2천 년간의 기후변화를 상세히 연구했다. 당시 많은 역사가들은 기온과 강우량이 역사적 사건들의 형성에 영향을 주었다는 것을 부인하고 있었다. 램은 뛰어난 날씨 연구가였으나 나이테와 얼음 표본 같은 현대 기록은 거의 사용하지 못했다. 그 대신 그는 산재한 지질학적 단서와 방대한 역사 기록에 의존했다. 그는 그것들을 가지고 복잡한 조각그림을 맞춰 나가면서 시간을 거슬러 과거 200년에 걸친 유럽 전역의 측정 기록을 조사했다. 그 결과 그는 영국해협과 북해에서 발생한 대형 폭풍들을 상세하게 설명할 수 있었다. 예를 들어 1200년, 1200~1219년, 1287년, 1382년 강력한 해일이 네 차례 발생해 네덜란드와 독일 해안의 주민 10만여 명이 사망한 사건을 재구성했다. 그가 1588년 에스파냐 무적함대를 덮친 거대한 대서양 저기압을 상술한 것은 기후학 연구의 걸작이다.[7] 기후학자들은 지금도 램의 연구를 존중하며 인용하고 있다. 프랑스 역사가 에마뉘엘 르루아 라뒤리(Emmanuel Le Roy Ladurie)의 연구도 마찬가지다. 라뒤리는 수세기—초기에는 온난했으나 나중에는 서늘하고 습했다—에 걸친 포도 수확 날짜를 토대로 삼아 기후학적 관점에서 최초로

유럽 역사를 서술했다.[8]

램의 초기 연구는 충분한 근거가 있는 추리로 이루어졌다. 예를 들어 그는 1432년까지 거슬러 올라가는 기록에서 여름의 습함과 겨울의 온난함을 나타내는 50년간의 평균치를 추출하고 이것을 이용해 중세와 그 이전의 기후를 재구성했다. 그는 800년 이후 4세기 동안 기온이 상당히 따뜻했다는 사실을 확인하고 이것을 중세온난기라고 이름지었다(때로 '중세이상기후기'라고도 했다). 하지만 그는 이시기에 유럽 전체가 따뜻한 햇볕을 쬐었다는 것은 알지 못했다. 그는 동부 지중해 일대를 강추위로 뒤덮은 1010~1011년의 겨울처럼 특별히 추운 겨울이 가져온 주기적 동요기라고만 여겼다.

이후 3세기 동안에는 추운 겨울이 드물었다. 온난기가 지속되자 만년설이 녹고, 산의 수목한계선이 높아지고, 북해의 해수면이 60~80cm나 상승했다. 만조가 해일과 겹칠 경우에는 엄청난 홍수 피해가 발생했다.[9]

폭풍이 아니더라도 해수면의 상승으로 저지대의 해안선이 달라졌다. 잉글랜드 동부의 펜랜드는 과거에 늪, 습지, 불어난 개울물이 있던 빙하지대였다. 워낙 외딴곳이라 사람의 왕래도 거의 없었다. 20세기 초까지도 펜랜드에는 뱀장어잡이가 성행했고, 그곳 습지 주민들은 인근의 농부들과 차단된 채 살았다. 펜랜드에는 식량원이 풍부했으므로 그것을 이용할 줄 아는 사람들은 큰 이득을 취할 수 있었다. 색슨 족장인 헤러워드(Hereward the Wake)는 펜랜드의 한복판에 있는 엘리 대수도원을 근거지로 삼고, 1066년 정복왕 윌리엄이 노르만 정복을 이룬 뒤에도 5년 동안이나 버텼다. 그의 무리는 버드나무들이 빽빽한 미로 같은 섬에 숨었다. 1071년 윌리엄이 엘리를 점령하자 헤러워드는 자취를 감춰 역사에서 사라져버렸다.[10]

북해의 해수면은 1000년 이후에도 계속 상승했다. 대브리튼섬에서는 내륙 멀리 노리치까지 바닷물이 들어왔다. 지금 베컬스는 북해 해안에서 멀리 떨어져 있지만 정복왕 윌리엄의 시대에는 청어잡이 항구로 번영을 누렸다. 정복 이전에 현지 어부들은 인근의 세인트에드먼드 대수도원에 연간 3만 마리의 청어를 공급했다. 정복 이후 윌리엄은 그 수량을 배로 늘렸다. 1251년과 1287년의 대폭풍은 네덜란드의 방대한 토지를 침수시켜 넓은 내해인 자위더르해를 만들었고, 그에 따라 덴마크와 독일 해안 지대의 땅 수천 헥타르도 바다 밑에 잠겼다.[11]

휴버트 램은 지역에 따라 온난기의 정점을 다르게 추산했다. 그린란드는 900년에서 1200년까지 온난기를 맞았으며, 유럽의 기온이 가장 높았던 때는 1100년에서 1300년까지였다. 이 시기에는 여름이 건조하고 겨울이 온난한 것이 일반적이었다.

*

학술권에서 사용하는 개념들이 으레 그렇듯이 중세온난기도 학술문헌에는 유럽이 목가적인 여름날을 즐기던 다섯 세기를 가리키는 의미로 고착되었다. 사실 중세 온난화는 더 큰 역사적 사건들을 배후에서 규정한 요소였으나 아직 기후 자료의 연구가 초창기에 머물렀던 탓에 그 현상을 상세히 논구한 역사가는 드물었다. 유럽의 기후에 관해 잘 알고 있었던 휴버트 램은 중세온난기가 확고한 시기로 구분된다고 생각하지 않았다. 그 뒤 반세기에 걸친 기후학 연구는 그가 옳다는 것을 입증했다. 1100~1200년에 온난화가 있었던 것은 사실이지만 당시의 기후는 늘 그렇듯이 대단히 가변적이었다. 그렇게 기후가 변화무쌍했다면 중세온난기는 하나의 시기로 구분되기 어렵고, 그 뒤 1300년경(출발점은 확실하지 않다)부터 1860년까지 지속된 소빙하기도 마찬가지다. 그럼에도 불구하고 맘즈베리의 윌리엄이 잉글랜드의 포도 수확을 찬양한 것은 평균온도가 1~2°C만 상승해도 풍경이 달라지거나 한 문명이 파멸할 수도 있다는 점을 보여준다.

중세온난기의 기후를 재구성하면, 많은 학자들은 인간이 지구온난화를 초래했다는 정치적으로 민감한 논쟁에 사로잡히게 된다. 인위적 지구온난화의 개념에 반대하는 사람들은 그 온난한 수백 년간의 온도 변화와, 산업혁명이 절정에 달했던 1860년 이후 오늘날까지 거의 직선 방향으로 지속된 온난화를 비교한다.

논쟁의 발단은 마이클 맨(Michael Mann), 레이먼드 브래들리(Raymond Bradley), 맬컴 휴스(Malcolm Hughes)의 세 기후학자가 제공했다. 그들은 지난 600년간의 북반구 온도를 재구성한 다음 나이테, 얼음 표본, 산호 같은 증거와 지난 150년간의 측정 기록을 이용해 1천 년간의 온도 변화를 조사했다.[12] 시소처럼 오르락내리락하다가 1860년부터 꾸준히 상승하는 온도 그래프는 2001년 국제기후변화위원회(Intergovernmental Panel on Climate Change, IPCC)의 보고서에 발표되었을 때 폭넓은 관심을 끌었다.[13] 지난 150년간 기다란 직선 방향의 온난화 현상을 보여주는 맨의 곡선은 흔히 '하키 스틱'으로 불린다. 오늘날의 온난화와 비교할 때 과거 수백 년간의 온도는 거의 평탄하다. 그래서 인간이 초래한 지구온난화를 부인하는 사람들은 그것을 보고 격분한다. 그들은 중세온난기가 지금의 기후보다 더 따뜻했다고 믿고 싶은 것이다.

그 500년 동안 북반구는 얼마나 따뜻했을까? 지금보다 온도가 높았을까? 1861년 이후의 측정 자료는 지금까지 겨울 기온이 0.8°C가량, 여름 기온이 0.4°C가량 상승했음을 보여준다. 그 이전 시기에 관해서는 휴버트 램이 그랬듯이 우리도 일부 증거와 간헐적인 역사 기록에 의존할 수밖에 없다. 1600년 무렵으로 거슬러 올라가는 수많은 증거에 따르면, 17세기는 지금보다 서늘했고 여름 기온이 1961~90년에 비해 0.5°C쯤 낮았다. 그 이전의 기록은 더 부실하지만 대체로 1000년까지 거슬러갈수록 기온이 서서히 낮아졌고 1000~1100년은 1천 년 전체의 평균치보다 0.1°C가 높았다. 1000년 이전은 믿을 만한 증거가 부재하기 때문에 추측 이외에는 방법이 없다.[14] 적어도 유럽에 관한 한 휴버트 램이 옳은 듯하다. 11~12세기, 나아가 그에 앞선 두 세기도 비교적 온난하고 안정된 기후였을 테고 기온은 오늘날보다 약간 더 낮았을 것이다. 현재의 지속적 온난화가 인위적으로 발생한 것이라는 사실을 의심하는 과학자는 거의 없다.

그런데 중세온난기는 전 지구적 현상이었을까? 전 세계의 기후가 온난하고 온화했을까? 소빙하기는 뉴질랜드, 안데스, 그린란드 등 멀고 외딴 지역까지 기후의 중요한 흔적을 남겼지만, 그에 비해

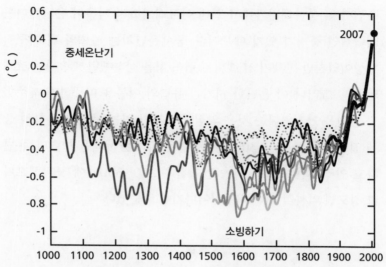

북반구 온도의 재구성 가장 짙은 색의 선은 측정을 통해 얻은 전 지구적 평균 지표면 온도다.[15]

중세온난기는 자취를 찾기가 어렵다. 물론 대기와 바다의 대규모 상호작용이 기후에 큰 영향을 미쳤지만 지금처럼 당시에도 모든 기후는 국지적이었다. 유럽에서는 긴 온난화를 거치면서 식량 공급이 안정되었고, 크고 강력한 왕국들이 성립할 수 있는 여건이 조성되었다. 반면 같은 시기에 이따금 엄청난 폭우와 심한 가뭄이 발생해 건조한 지역의 주민들이 고통을 겪었고, 북아메리카 서부, 인도, 사하라 같은 사막 주변 지역, 유라시아 스텝 등지의 물 공급량이 큰 폭으로 변했다. 태평양 동부는 서늘하고 건조했으며, 북극 지역에는 여름에 얼음이 한결 적었다. '중세온난기'라는 용어는 약간 잘못된 명칭이지만, 많은 사람들은 여전히 그 용어를 사용한다. 그 시기에 관해 많은 것이 알려졌고, 나중에 보겠지만 티베트에서 안데스, 서유럽까지, 북아메리카에서 열대 아프리카까지 기온이 온난했다는 개략적인 증거가 있기 때문이다. 중세온난기는 일종의 전 지구적 현상이었지만 반세기 전 휴버트 램이 처음 상상했던 모습과는 크게 달랐다. 그러나 이 온난한 시기가 유럽의 여름을 따뜻하게 해주었고 풍년을 가져왔다는 것은 의심할 여지가 없는 사실이다. 특히 중세 전성기인 1100~1300년에 유럽은 막대한 혜택을 누렸다. 온난하고 안정적인 기후가 지속된 기간은 200~300년에 불과했으나 그 정도면 역사적 대변화가 일어나기에 충분했다.

*

사방이 온통 시끄럽다. 사람들은 시장에 모여 흥정을 하고, 수다를 떨고, 물건을 사고판다. 상점에는 알록달록한 상추와 당근이 쌓여 있다. 여자들은 잘 익은 사과의 향기를 즐기고, 튜닉과 스타킹 차림의 농부들은 그늘에 앉아서 나무 조끼로 맥주를 들이켠다. 그러더니 갑자기 조용해진다. 인근에 위치한 성의 중기병들이 밝은색의 기장을 차고 영주를 호송해 나온 것이다. 이 행렬이 들이닥치자 군중은 황급히 흩어진다. 영주는 화려한 성장을 하고 멋진 백마를 탔다. 가벼운 갑옷을 입고 강철 투구를 쓴 그는 왼쪽도 오른쪽도 보지 않고 정면만을 응시한다. 사람들은 아무 말 없이 자신의 앞머리를 만지거나 한쪽 무릎을 꿇는다. 영주는 근엄하게 고개를 끄덕이며 지나간다. 종자들과 시종들이 말을 타고 영주를 바짝 뒤따른다. 행렬이 지나간 뒤 다시 시장이 부산해진다.

기원후	유럽	유라시아	사하라/사헬	북극/북아메리카	미국 북서부
1400	소빙하기		↑	1450년경 바이킹이 그린란드를 버림	다습화 ↑
1300	다습, 7년간의 기근 한랭화, 예측 불가능한 상태	온난화	한랭화	북부 빙하 상태의 악화	길어진 가뭄
1200	0.5~1℃가량 온난화		잦은 가뭄		
1100		간헐적 한랭화	한랭화 예측 불가능한 상태	아이슬란드와 그린란드 연해의 우호적인 빙하 상태	가뭄 간헐적 다습화
1000	예측 불가능하면서도 대체로 온난한 여름		길어진 가뭄		
900					가뭄, 호수 수면 하강
800		온난건조 (슬다브)	한랭의 절정		
700	한랭다습화	한랭다습화	한랭화	한랭화	한랭화

기원후	미국	북서부	마야문명	안데스	태평양	중국
1400	다습화 ↑		온난다습화 ↑	온난다습화 ↑		
1300	남서부 북부의 큰 가뭄	다습화, 이따금 가뭄 ↑	켈카야 가뭄	뉴질랜드 온난화	티베트 고원의 가뭄	동남아시아의 가뭄
1200					중국 동부 기온 장기간 평균 이상	강하고 습한 계절풍
1100	'차코캐니언 가뭄' 간헐적 다습화		한랭건조 상태의 지속	한랭건조 상태의 지속 (캘리포니아 남부, 팔미라섬, 992~1091년부터 뉴질랜드)		
1000		가뭄				동아프리카의 호수 수면 하강, 나일강 범람 수위 저하
900	가뭄, 호수 수면 하강	가뭄			후광옌 가뭄 (남중국)	
800		가뭄				
700	한랭화	가뭄				

온난기의 세계적 온도 추이 이것은 전반적인 흐름을 파악하기 위한 아주 개략적인 표다.

제복을 입은 가신들과 병사들의 호송을 받는 영주의 행차는 사뭇 웅장하고 화려하다. 그러나 왕과 귀족이 전쟁을 일삼는 동안 그 이면에는 늘 기아의 공포에 신음하는 대륙이 있었다. 풍요와 굶주림의 차이는 그다지 크지 않았고, 걸핏하면 예기치 못한 봄의 서리, 몇 주일에 걸친 폭우, 몇 개월에 걸친 기나긴 가뭄이 닥쳤다. 시골에 사는 사람들은 너나 할 것 없이 영양실조에 시달렸다. 당시 주민들의 유골에는 무덤까지 가져가야 했던 고통의 흔적이 생생히 새겨져 있다. 풍년이 들어도 농촌 공동체는 겨우 생존하는 수준에 머물렀다. 폭우와 홍수, 고질적인 가축의 질병이 사람들을 기아의 문턱으로 몰아갔다. 가장 좋은 때조차도 농사는 무척 고된 일이었다. 1245년 윈체스터 농부의 평균수명은 유년기의 질병에서 살아남았을 경우 스물네 살에 불과했다(영아사망률까지 고려한다면 평균수명은 더 짧아진다). 중세 묘지에서 유골을 조사해보면 무거운 자루를 짊어지거나 낫질을 많이 한 데서 오는 척추 변형 같은 직업병의 흔적을 확인할 수 있다. 어부들은 노를 젓고 청어 그물을 많이 던진 탓에 척추 골관절염을 앓았다. 그래서 풍년이 지속되어도 힘든 노동과 부실한 식사로 인한 인명의 희생이 적지 않았다.

온난한 시기는 유럽의 가난한 농부들에게 큰 힘이 되었다. 곡물 생장기가 3주일이나 더 길어졌다. 매년 여름 6월부터 시작된 따뜻하고 안정적인 날씨가 7월과 8월을 거쳐 분주한 수확기까지 이어졌다. 더 중요한 것은 그 전까지 익어가는 농작물에 큰 피해를 주었던 5월의 서리가 1100~1300년에는 거의 내리지 않았다는 점이다. 온난한 여름과 온화한 겨울 덕분에 사람들은 자투리 토지에도 파종을 감행했고 그때까지 일체의 작물 재배가 불가능했던 추운 고지에서도 농사를 지었다. 이리하여 북쪽과 고지에까지 농업 인구가 퍼져갔다.

수치가 그 점을 잘 말해준다. 12세기에는 잉글랜드 남서부 다트무어의 해발 320m 고지에도 작은 농촌 공동체들이 발달했다. 20세기에는 그곳에서 아무도 농사를 짓지 않았다. 오늘날 잉글랜드 북부의 페나인 황야는 농사가 불가능하지만 1300년에 그곳의 양치기들은 농토가 침범해 온다며 불평했다. 스코틀랜드 남부의 켈소 대수도원은 오늘날의 고도보다 훨씬 높은 해발 300m 지역에도 100헥타르의 농지를 보유했다. 이 수도원의 땅에는 양 1400마리와 양치기 가구가 16개나 있었다. 농부들은 북쪽 멀리 노르웨이의 트론헤임에서도 밀을 재배했다.[16] 남쪽 멀리 스위스 알프스의 소자작농들은 두 세기 전만 해도 빙하로 뒤덮였던 산악의 계곡에 파종했다. 고도가 낮은 지역에서는 곡식의 생장 기간이 길어져 농작물의 피해가 크게 줄었으며, 여름 몇 주일의 따뜻한 생장기 덕분에 생산량이 증대했고, 어느 정도 잉여식량의 축적도 가능해져 도시가 늘어나고 규모가 커졌다. 그에 따라 농촌과 도시 인구도 증가했다. 교회와 귀족이 평민들의 노동력을 필요로 하게 되면서 경작지를 요구하는 목소리가 높아졌고 십일조도 꾸준히 증대했다. 유럽은 원시림을 개간해 새 농토를 조성하는 쇠도끼 소리로 온통 요란했다.

◀고대 기후변화의 조사▶

고고학자, 역사가, 고기후학자 들은 다양한 방법으로 고대 기후변화를 조사한다. 그 주요한 방법들을 소개한다.

❖직접적 방법
측정 기록

기후변화를 조사하는 가장 정확하고 직접적인 방법이다. 안타깝게도 그런 기록은 유럽과 북아메리카의 경우 150년 정도의 기간만 전해지며, 다른 지역에서는 더 적다.

역사 문헌

일기, 항해일지, 홍수나 가뭄 같은 당대의 사건을 언급한 공식 문서 등 역사 문헌은 고대 기후의 귀중한 단상을 전해준다. 가장 오래된 문헌은 1천 년 전 일본과 한국에서 벗나무를 가꾼 기록이다. 유럽과 지중해 일대의 문헌 기록은 약 1500년 전까지 거슬러간다.

❖간접적 방법(표본 자료)
얼음 표본

그린란드, 남극, 안데스, 티베트 등지의 빙상에서 캐낸 심층 표본을 가지고 그 얼음을 형성하는 물 분자 속에서 산소와 수소 안정동위원소가 차지하는 비율을 측정하면 온도 변화의 지속적인 기록을 얻을 수 있다. 그 비율의 변화는 곧 온도 변화를 의미한다. 남극의 얼음 표본에서는 무려 42만 년 전의 기록을 얻을 수 있다. 지난 2천 년간의 정밀한 변화를 말해주는 얼음 표본은 그린란드, 안데스 등지에서 채취된다.

심해와 호수 바닥의 표본

심해 표본에서 추출한 해양 침전물은 온도에 민감한 유공충과 규조류를 함유하고 있으므로 수만 년 전까지 온도를 추적할 수 있다. 베네수엘라 연안의 카리아코 해분(海盆)과 캘리포니아의 샌타바버라해협 같은 지역의 급속히 축적된 층은 중세 온난화와 이후의 한랭화에 관한 상당히 정확한 기록을 제공한다. 호수 바닥의 표본에는 수분평형의 변화가 기록된 계절적 층이 있으므로 고대 가뭄에 관한 정보를 얻을 수 있다.

산호 기록

해수면 근처에 서식하는 산호는 탄산칼슘의 연간 농도를 보여준다. O-18이 O-16으로 변화하는 비율을 측정하면 온도 변화를 알 수 있다. 온도가 상승하면 그 비율은 감소한다. 산호 기록은 부정확한 경우가 많으므로 기껏해야 200~300년 전의 과거밖에 알려주지 못한다.

나이테(연륜연대학)

연륜연대학은 매년 성장하는 나무의 나이테를 연구하는 학문이다. 나이테의 간격이 조밀하면 강우량이 달라졌다는 증거다. 미국 남서부에서 처음 발달한 나이테 연구는 현재 세계 각지에서 중요한 증거 자료가 되어 있다. 특히 유럽과 북아메리카 일대의 기록이 풍부한 내용을 전해준다. 최근 들어 아시아와 남반구의 나이테 연구도 활발해지고 있는데, 이것은 앞으로 중세온난기와 고대 엘니뇨에 관해 귀중한 정보를 줄 것이다. 나이테 기록은 유럽의 경우 빙하기 부근까지 거슬러가지만 대체로 1천~2천 년 전의 시기를 조사하는 데 적합하다.

이상은 고기후학의 주요한 방법들이다. 그 밖에 석순 같은 동굴 침전물을 보면 동굴 지하수의 동위원소 구성 변화를 알 수 있으며, 시추공에서 나온 정보도 과거의 온도를 말해준다.

❖기후 급변

화산 폭발 같은 특이한 요인은 기후변화를 파악하는 데 중요한 역할을 한다. 중세온난기에도 지구 궤도가 조금만 기울어져도 변화하는 태양열 복사나 지구적 에너지 균형에 영향을 미치는 대규모 화산 폭발 같은 자연적 변화가 있었다. 화산이 폭발하면 많은 화산재와 유황 가스가 대기 속으로 들어가 지표면에 도달하는 태양열 복사량을 감소시켜 한랭화를 초래한다. 이 효과가 지속되는 기간은 길지 않다. 1860년 이후 대규모 기후 급변은 주로 인간이 화석 연료를 사용함으로써 인위적으로 촉발되었다.

❖컴퓨터 모델

정교한 컴퓨터 모델로 세계 기후 체계의 움직임을 알 수 있다. 부표, 측정 기록, 증거, 인공위성을 통해 컴퓨터 모델 작업에 필요한 원 자료가 점차 많아지고 있다. 컴퓨터 모델을 이용하면 지구적 기후의 자연적 변화를 이해할 수 있으며, 다양한 기후 급변의 효과를 측정할 수 있다. 컴퓨터 모델은 인위적인 지구온난화의 효과를 평가하고 장·단기적 날씨를 예측하기 위한 토대를 제공한다.

'빈민의 외투'

과거에 을씨년스럽고 위험했던 황무지가
완전히 사라지고 아주 쾌적한 농장이 들어섰다.
삼림이 제거되고 경작지가 조성되었다.
가축과 새들이 야생짐승들을 내쫓았다.
사막에 씨가 뿌려지고 … 외딴 오두막만 있던 곳에
대도시가 생겨났다.

창테르툴리아누스,
「영혼에 관하여」(기원후 2세기)¹

소들을 앞세우고 쟁기질을 하는 중세의 농부들

아직 사방이••

어둑한 이른 아침, 소년 농부가 소들의 옆구리를 막대기로 찰싹 때린다. 소들은 고개를 낮추고 쟁기를 매단 밧줄을 팽팽히 당기며 발굽으로 끈적거리는 진흙을 휘젓는다. 그 뒤에서 소년은 발목까지 진흙에 빠진 채 바퀴 달린 쟁기의 손잡이를 움켜쥐고 누르며 무거운 흙 속에 박힌 쟁기 날의 방향을 잡는다. 소년이 다시 애써 쟁기를 눌렀다가 들어올리자 보습쟁기가 흙을 헤치며 깊은 고랑을 만든다. 쟁기가 천천히 앞으로 나아가자 어제 갈아놓은 고랑들과 나란히 새 고랑들이 생긴다. 쟁기 날이 멈추었다가 다시 미끄러지는 순간 풀이 섞인 흙에 걸린다. 소년은 추위에 몸을 흠칫 떨더니 소리를 지르며 소의 옆구리를 찔러 앞으로 나아간다.

늦은 오후 쟁기질이 끝났다. 소년은 쟁기를 풀어내고 소를 마을로 데려간다. 여물통에 건초를 채우고 소똥을 퇴비로 쓰기 위해 옮긴다. 내일이면 다시 쟁기질이 시작될 것이다. 소년은 다시 소에 멍에를 씌우고 쟁기를 매달고 밭을 갈아야 한다.

이러한 고된 일상은 잉글랜드와 스칸디나비아에서 프랑스 남부까지, 에스파냐에서 중부 유럽까지 수백 년 동안 계속되었다. 1천년 전의 유럽은 농업 대륙이었다. 곳곳에서 도시들이 성장하고 있었지만 아직 대다수 사람들은 자급 농경으로 살았고 굶주림과 풍요의 간격이 별로 넓지 않았다. 시골에서는 뭐니 뭐니 해도 풍년이 최고였다. 수백 년에 걸친 온난기가 피부로 느껴지는 곳도 역시 시골이었다. 마을과 촌락의 삶은 계절에 따라 달랐다. 당시에는 여름과 겨울의 차이가 지금보다 더 컸다. 햇빛이 가득하고 따뜻한 계절인 여름철에는 씨를 뿌리고 수확했다. 사람들은 소중한 여름을 맞아 축제를 즐기고 풍요를 누렸다. 어둡고 추운 겨울철에는 해가 짧고 들판이 텅 비고 나무는 녹색 이파리를 잃었다. 어둠의 계절을 밝혀줄 전등도 가스등도 없었고 깜박거리는 촛불이 고작이었으며, 귀족의 저택과 성에서는 매캐한 화롯불을 피우거나 난로를 설치했다. 따스한 옷과 안락한 침대는 사치품이었다. 이렇게 여름과 겨울이 확연한 대조를 이루던 때 수백 년의 온난기는 큰 위안을 주었다. 그에 힘입어 인구가 성장하고 폭력도 만연했다.

*

중세 유럽에서 폭력은 삶의 현실이었고 정치의 일부였다.[2] 엘리트와 특권층은 암살, 배신, 변절, 잔인한 군사 원정을 일삼았다. 기사와 같은 사회의 힘센 성원들은 용기와 권력을 과시하기 위해 애썼다. 마상 시합은 창술로 개인의 용맹과 무용을 시험하는 경기였다. 다행히 라이벌 지주들이 벌이는 결투에서는 사상자가 별로 발생하지 않았다. 그것은 자신의 영토나 정치적 영향력의 범위를 확정하고, 권위의 한도를 평가하고, 누가 누구를 통제할 수 있는지 관계를 확립하는 방식이었다. 거의 형식적인 행사처럼 벌어지는 군사 원정도 많았다. 풍년이 든 여름에는 어딘가에서 소규모라도 전쟁이 반드시 벌어지곤 했다.

분열의 힘이 워낙 강한 탓에 커다란 정치적 집단이 형성되기는

중세 유럽에서 폭력은 삶의 현실이었고 정치의 일부였다. 풍년이 든 여름에는 어딘가에서 소규모 전쟁이라도 반드시 벌어지곤 했다(그림: 『모건 바이블』(Morgan Bible) 중에서).

어려웠다. 프랑키아, 즉 프랑스 왕국은 11세기 초만 해도 여러 자치체들이 늘 다투고 때로는 심한 경쟁을 벌이는 모호한 형태의 집단에 지나지 않았다. 프랑스 왕권은 기껏해야 왕이 직접 조세를 거둘 수 있는 지역에만 국한되었다. 987년에 시작된 카페(Capet) 왕조 초기의 왕들은 상속권이 아니라 개인적 역량으로 나라를 다스렸다. 그들은 신의 선택을 받아 왕이 되었다는 이데올로기를 만들었으며, 11~12세기에 많은 경쟁자들—튼튼한 성채를 가진 귀족들과 지주들—을 굴복시켰다. 때로 그들은 가톨릭교회를 내세우기도 했다. 교회와 수도원은 탐욕스러운 영주들이 호시탐탐 노리는 대상이었다.

폭력을 주고받는 흐름은 온난기에도 지속되었다. 번영하는 시골의 포도밭, 풍부한 수확, 많은 가축을 소유한 세속 영주, 주교 군주, 종교 공동체는 도적들이나 토지 겸병을 꾀하는 야심 찬 지주들에게 좋은 목표물이었다. 경제활동과 농촌 인구가 급속히 팽창하던 시기에 약탈자들을 방어할 만한 능력을 갖춘 촌락과 소도시는 드물었다. 프랑스의 몇몇 지역, 예컨대 브르타뉴는 비옥한 농지에 탐욕의 시선을 던지는 이웃들의 사악한 다툼에 몹시 시달렸다. 서쪽의 켈트족 지역만 침략을 모면했다. 그곳은 전혀 비옥하지 않았고 인구 대다수가 해안을 따라 어촌을 이루어 살고 있었기 때문이다.

전쟁은 잉여식량에 의존했다. 야심 찬 영주는 군대를 먹일 수 있는 능력을 가져야 했고, 반란을 진압하는 거점인 석조 성을 건축하는 데 필요한 재정을 확보해야 했다. 비옥한 농지와 그 수확물의 통제는 정략결혼과 거친 폭력으로 달성되었다. 그럼에도 불구하고 북부의 노르망디 같은 일부 지역은 활발한 낙농업과 풍부한 수확을 바탕으로 상당한 안정을 유지했다. 부르고뉴 공작은 비옥한 농토, 작은 농장, 넓은 사유지를 자랑했다. 이 지역은 특히 온난기에 포도주 무역이 발달하면서 멀리 에스파냐 북부와 잉글랜드까지 포도주를 수출해 번영을 누렸다.

인구가 급속히 증가하고 장거리 무역이 성행하자 대영주들 간에 경쟁과 충성의 판도가 바뀌었다. 현재 프랑스에 해당하는 지역에서는 북부의 부유한 농업 잠재력을 둘러싸고 권력 다툼이 벌어졌다. 수백 년의 온난기는 곡식, 과일, 포도주로 유명한 지역에 풍부한 수확을 안겨주었다. 넓고 수량이 풍부한 목초지 덕분에 가축의 수가 크게 늘어 양모 생산량이 증대했다. 아마포를 만드는 아마, 염료로 쓰이는 대청 같은 비식용작물의 재배지는 오히려 농토보다도 더 넓었다. 북부의 방대한 삼림은 돼지의 방목지가 되었을 뿐 아니라 장작용 목재나 철을 제련하는 데 사용되는 목탄을 제공했다. 또한 만성적인 전쟁으로 무기와 갑옷의 제조법이 향상되었고, 평화시에는 같은 기술로 도끼나 보습 같은 농기구를 제조할 수 있었다. 하지만 군주들의 치열한 경쟁은 농촌과 농업생산력을 파괴하고 경제의 대변혁을 가로막았다.

온난기에는 전쟁이 끊이지 않았지만, 카페 왕조의 왕들은 점차 자신의 권위를 공고히 다지고 혼돈으로부터 진정한 왕국을 일구었다. 존엄왕 필리프 2세는 1194년에 파리를 수도로 삼았다. 노르망디는 1204년에 병합되었으며, 1249년에 이르러서는 프랑스 남부 대부분이 왕권의 통제를 받게 되었다. 훌륭한 행정을 펼친 덕분에 정복지의 지배층이 왕국의 성공과 이해관계를 같이하게 되자 왕은 프랑스 통합의 구심점이 되었다. 이리하여 수백 년간의 온난기는 풍성한 수확으로 무역과 전쟁을 촉진하면서 현대 유럽의 출발신호를 울렸다.

*

온난기에 유럽은 활기에 넘쳤다. 예술사가인 케네스 클라크(Kenneth Clark)는 이렇게 말한다. "마치 러시아의 봄과 같았다. 삶의 모든 부문―행동, 철학, 조직, 기술―에 엄청난 에너지가 흘러넘쳤고 존재의 농도가 짙어졌다."[3] 군주의 행위는 자유민이든 노예든 대다수 유럽인들에게 별로 의미가 없었다(일부 지역에서 노예는 전 인구의 10%를 차지했다). 온난기가 시작될 무렵 유럽은 농업 대륙이었다. 사람들은 마을과 촌락을 이루고 살았으며, 파종과 수확이 끝없는 일상이었다. 영유아사망률이 높고, 걸핏하면 전염병이 돌고, 이따금씩 기근이 닥치는 상황에서도 인구는 점차 늘었다. 1000년부터 1347년 페스트가 발생할 때까지 유럽의 인구는 3500만 명에서 8천만 명으로 증가했다.[4] 지금 프랑스에 해당하는 지역의 인구는 1000년 무렵 약 500만 명이었으나 1350년에는 1900만 명으로 늘었다. 이탈리아의 인구는 500만 명에서 1천만 명으로, 잉글랜드는 200만 명에서 500만 명으로 증가했다. 지역마다 증가 속도는 달랐으나 유럽 전역에서 인구가 늘었다. 노르웨이의 경우 생장기가 짧아 경작지가 적었던 탓에 1300년의 인구는 50만 명 정도였다. 수백 년간 비교적 우호적인 기후 조건이 지속된 덕분에 인구는 급속히 증가했으나 좋은 경작지의 공급량은 한정되었다. 그래서 팽창하는 인구와 축소되는 토지 사이의 간극이 눈에 띄지 않게 점점 넓어졌다. 잉글랜드 한 곳의 수치만 봐도 그 점은 확연히 드러난다. 1000년에 잉글랜드에서는 340만 헥타르의 경작지에서 생산된 곡식과 기타 작물이 250만 명의 인구를 먹여 살렸다. 300년간 농사 조건이 좋아 인구가 증가한 뒤, 경작지는 한계토지까지 합쳐 460만 헥타르로 늘었으나 인구는 500만 명이나 되었다.[5] 이 통계 수치는 잘못일 수 있다. 일부 장원들은 집약농경을 시행했기 때문이다. 특히 성장하는 도시에 곡식을 공급하거나 곡물 무역에 참여하는 장원들이 그랬다. 하지만 우호적인 기후 조건에 힘입어 인구가 급속히 증가하자 자급 농부들은 까다로운 문제를 안게 되었다.

고딕 대성당, 채식 필사본, 우아한 목공예 등 중세 전성기의 성과는 전부 이름 모를 자급 농부들의 노동으로 생산된 풍부한 잉여 식량 덕분에 가능했다. 이 잉여식량이 낳은 부와 돈이 기술자의 급료가 되었고 영주를 화려하게 치장해주었다. 수확량이 풍부하고 형편이 좋을 때는 귀족이나 평민이나 모두 신에게 감사를 드리고 많은 선물을 바쳤다. 신의 분노가 전염병, 전쟁, 기근의 형태로 터져나오는 것을 예방하기 위해서였다. 흉년이 들면 선물이 사라지고 대성당 건축이 늦춰졌다. 수백 년간의 온난기에는 풍년이 연속되었어도 풍요와 굶주림이 교차했다. 이 기간 동안 중세 유럽은 번영을 누렸고 주권 국가들의 선구적인 대륙이 되었다.

*

폭우가 쏟아져 촌락을 때리고 진흙길을 작은 강으로 만든다. 거센 돌풍이 이파리 없는 나무의 잔가지들을 부러뜨린다. 강풍이 새된 소리를 내며 산울타리를 넘어와 초가지붕을 덮치고 회색 구름을 휘젓고 굴뚝과 지붕 꼭대기에서 스며나오는 나무 타는 연기를 흩뜨린다. 밖에 나와 있는 사람은 아무도 없다. 밀집한 가옥들은 질풍에 못 이겨 땅바닥에 바짝 엎드린 듯 보인다. 집 안에 들어가면 바람 소리가 잦아들지만, 난로에서 나온 매캐한 연기가 들보 위에 맴돌고 있는 것이 보인다. 강렬한 냄새들이 코를 찌른다. 소똥, 사람의 땀, 썩어가는 음식물, 대소변 냄새다. 식구들 모두가 한데 모여 말없이 서로의 체온으로 몸을 녹이고 양가죽과 레깅스로 온기를 보존한다. 집 한쪽 끝의 외양간에서 가축들이 불안에 떨며 이리저리 움직인다. 사람과 짐승 가릴 것 없이 폭풍이 지나가 버리기만 기다리고 있다.

가장 온난했던 수십 년 동안에도 중세 유럽의 기후는 매우 극단적이었다. 몇 주일씩 폭설이 내리는가 하면, 기록적인 겨울 폭풍도 있었고, 북해에 강풍이 불어닥치거나 여름 가뭄이 길게 이어진 적도 많았다. 이래저래 자급 농경은 온난한 시기에도 만만치 않았다. 예측 불가능한 기온과 강우량 때문에 중세 농부들은 늘 조심스럽게 처신했다. 어찌 보면 오늘날 개발국들의 처지와 비슷하다. 굶주림의 공포를 안고 살아가는 상황에서는 아무래도 위험을 회피하려 하게 마련이다. 아무리 좋은 혁신도 여론의 신중한 반대에 직면하면 결실을 거둘 수 없다. 자급 공동체에서는 합의─대개 다년간에 걸친 집단적 경험에 기반을 두고 있다─가 곧 생존의 토대다. 곡식, 포도, 기타 작물의 파종과 수확 날짜를 정하는 문제는 풍년이 예상되는 온난한 시기라 해도 세심한 협의가 필요하다. 중세 농부들의 보수성은 인구밀도의 증가, 전반적으로 우호적인 기후 조건과 맞지 않았다. 토지 부족과 부양할 인구의 증대에 직면해 수백 년의 온난기 동안 농법의 주요 혁신이 광범위하게 일어났다.

중세온난기의 온화한 겨울, 온난한 여름, 긴 생장기는 풍년으로 이어져 꾸준한 인구 증가를 낳았다. 농촌 인구가 증가하자 토양이 무르고 배수가 잘되고 쉽게 경작할 수 있는 토지에 대한 수요가 공급을 초과했다. 그런 부드러운 흙은 로마시대 이전인 1천 년 전부터 내내 사용해왔던 아드(ard)라는 단순한 쟁기로도 쉽게 갈 수 있었다. 아드를 사용하면 얕은 고랑을 팔 수는 있으나 흙을 뒤집을 수는 없었다. 중세 농부들은 소의 어깨에 밧줄로 아드를 걸어 끌게 하거나, 가축이 없을 경우 남편이 쟁기를 끌고 아내가 쟁기의 방향을 조종했다. 흙이 무르면 4천 년 전부터 사용해온 단순한 아드로도 고랑을 만드는 데 문제가 없었다.

하지만 아드에는 중대한 결함이 있었다. 흙이 단단하고 점토질일 때는 표토를 뒤집기가 어려웠다. 특히 건기에 햇볕을 받아 토질이 단단해진 경우에는 어려움이 더욱 심했다. 수백 년의 온난기처럼 건기가 길었던 시기에 아드를 가지고 쟁기질을 하기란 결코 쉽지 않았다. 경작지의 수요가 급증하자 농부들은 습하고 나무가 울창한 지대로 이동했다. 잠재적 생산력은 풍부했으나 개간이 어려운 곳이었다.[6] 다행히 7세기경에 새로 개발된 쟁기가 온난기에 때맞춰 등장해 단단한 토양에 효과적으로 이용되었다. 보습쟁기의 예리한 칼날이 흙을 가르면 각이 진 흙밀이판이 그 흙을 뒤집어 잡초를 파묻고 영양분을 노출시켰다. 한동안 쟁기질에 소가 사용되다가 이윽고 유럽의 어느 농부가 말의 어깨에 단단히 걸 수 있는 마구를 개발했다. 말이 쟁기를 끄는 힘은 소보다 4~5배나 강했고 속도도 무척 빨랐다. 말 네 마리나 소 여덟 마리를 쟁기질에 투입하는 것은 단일 농가에서 부담하기에는 값이 비쌌으나 교회와 장원에서는 충분히 감당할 수 있었다. 일반 농부들은 주로 밭을 갈 때만 축력을 이용했다. 소가 있다 해도 쟁기질은 새벽부터 밤까지 해야 하는 고된 일이었다.

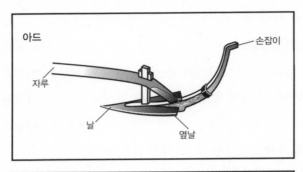

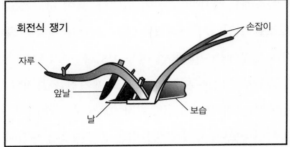

쟁기의 변화 가장 발전된 형태의 아드(위)와 보습이 달린 단순한 회전식 쟁기(아래).

말과 바퀴 달린 쟁기는 삼포식 윤작 농법과 때를 같이해 널리 사용되었다. 삼포농법은 9세기에 프랑스 북동부 수도원 토지에 도입된 이후 점차 유럽 전역으로 퍼져나갔다. 그전까지 농부들은 한 번에 절반씩 밭을 경작했으나 이제는 밭의 3분의 2를 경작하고 나머지 3분의 1은 휴경지로 남겨두었다. 삼포농법으로 곡식과 마초의 생산력이 향상되자 영양 공급이 충실해지고 가족의 규모가 커지고 가축이 늘었다. 그에 따라 파종과 수확을 추가로 담당할 인력이 생겨났으며, 쟁기, 마구, 멍에 등의 도구에 대한 수요가 증대해 목수,

대장장이, 바퀴장이 등 기술자들이 필요해졌다.

삼포농법은 밭 하나에 겨울밀이나 보리, 호밀을 파종하고, 다른 밭에는 봄에 귀리, 병아리콩, 완두콩, 렌즈콩, 잠두 등을 심는 방식이다. 나머지 밭은 휴경지였다. 삼포농법을 이용하면 노동력을 연중 고르게 이용할 수 있었고 말 먹이로 쓸 귀리를 생산할 수 있었다. 콩과 식물은 질소를 고정시켜 토양을 비옥하게 하므로 가축을 더 많이 기를 수 있게 해준다. 덕분에 기근의 위험은 크게 줄었고 짐승의 배설물이 토양을 더욱 비옥하게 했다. 단백질 섭취량이 증대하자 영양 공급과 건강이 향상되어 인구가 늘었다. 가장 중요한 것은 온난한 기후 조건이 가져온 좋은 작황과 집약농경으로 잉여 식량이 크게 증대했다는 점이다.

중세 촌락 농경의 농업생산력은 별로 높지 않았고 혁신의 속도도 느렸다. 그러나 그렇지 않은 지역도 있었다. 저지대 지방, 프랑스 북부, 잉글랜드 남동부와 동부의 일부 지역에서는 장원과 농장이 점점 커지는 도시 시장의 수요를 충당했고 해외로 곡식을 수출하기도 했다. 14세기 노퍽에서 집약농경으로 생산된 식량은 1헥타르당 1300~2100*l*에 달했는데, 이는 18세기 잉글랜드에 도입된 집약적이고 고도로 효율적인 농경법에 맞먹는 성과였다.[7] 이런 혼합 농경지에서는 농경과 더불어 양을 중심으로 하는 낙농도 병행했으며, 생산량은 잉글랜드 남부 윈체스터 같은 지역의 잘 관리된 장원보다 3분의 2나 많았다. 이런 생산성 증가의 원인이 무엇인지는 알기 어렵지 않다. 증가하는 도시 인구를 먹여 살려야 할 필요성이 있었던 것이다.

*

　도시의 수는 1000~1400년에 급격히 늘었다. 중부 유럽만 해도 11세기부터 1250년까지 1500개의 도시가 새로 생겨났다. 규모가 제각각이었고 그저 큰 촌락에 불과한 도시도 있었으나, 인구 2천 ~3천 명의 공동체도 있었다. 중세 도시는 촌락보다 인구밀도가 높았다. 대장장이, 도공, 직조공, 바퀴장이 등 전문 기술을 가진 기술자도 많아졌다. 도시마다 정식 시장이 있었다. 사실 시장이 없으면 도시의 존립 자체가 불가능했다. 시장에서는 물물교환이 아니라 화폐가 사용되었으므로 일부 도시에는 화폐 주조소가 설치되었다. 대형 교회와 시장 건물 같은 대규모 공공건물을 갖춘 도시도 있었다. 무엇보다도 도시는 사람들로 붐볐고 '교통체증'이 자주 일어났다. 윌리엄 체스터 조던(William Chester Jordan)은 런던 외곽 서더크의 중세 풍경을 다음과 같이 묘사한다. "소가 끄는 짐수레들이 북적거리고 과일과 채소, 원료, 완성품을 시장, 기술자의 가게, 창고로 운반하려는 마차들이 긴 행렬을 이룬다. 말을 타고 편지를 전하러 가는 사람들, 상점이나 모임에 가려는 사람들이 거리의 사람들에게 길을 비키라고 소리친다." 그는 이렇게 덧붙인다. "교통체증이 없으면 도시가 아니다."[8]

　초기의 도시는 시골의 영주에 비해 정치적으로 미약했고 영주의 통제를 받는 경우도 많았다. 영주의 부하들은 정치적 지배권을 놓고 성직자들과 경쟁을 벌였다. 그러나 다양한 무역 활동이 활발해짐에 따라 점차 상인층이 권력과 영향력을 가지게 되었다. 도로가 발달하기 전에는 대부분의 물자가 강과 수로를 통하거나 해안을 따라 운송되었다. 그런 형태의 무역은 로마시대 이전에도 있었다. 9세기에 샤를마뉴 왕은 북해 일대의 중요한 무역로를 장악했다. 뫼즈 강, 스헬데강, 라인강은 유럽 심장부를 거쳐 플랑드르 저지대의 해안에서 바다로 빠져나갔으므로 이 일대에 브루게, 겐트, 이프르 같은 무역 도시들이 발달하고 번영했다. 또한 런던이나 파리 같은 고대의 중심지 이외에 다른 주요 물자 집산지들이 성장했다. 와이트 섬이 바다를 막아주는 잉글랜드 남부의 사우샘프턴, 포도주 무역과 청어 어업의 중심지인 디에프, 대구 창고들이 즐비한 베르겐, 비수아 강과 유라시아를 잇는 발트해 연안의 로스토크 같은 도시들이 그런 역할을 했다.

도시의 성장은 정치·경제상의 지속적인 변화를 낳았다. 잉글랜드 한 곳만 해도 1300년경 인구 1만 명 이상의 도시가 16개 이상에 달했다. 도시 인구가 팽창하면 도시 외부에서 주민들을 먹여 살려야 했다. 중세 도시로 몰려온 사람들은 기술자와 연줄이 튼튼한 상인만 있는 게 아니라 토지와 재산이 없는 빈민도 많았다. 이들은 시 성벽 안팎의 비좁은 셋집과 헛간에서 살았다. 사람들로 붐비는 도시는 빈민이 득시글거렸고 그만큼 사회불안이 잠재해 있었다. 기근이 들면 빈민가에서는 굶주림이 곧장 분노로 폭발했다. 대체로 풍년이 잦았던 수백 년의 온난기에 우후죽순처럼 생겨난 도시들은 흉년에 점점 취약해졌다. 후대에 잉글랜드 튜더 왕조의 왕들이 가장 두려워한 것은 식량 부족으로 인한 도시 정정의 불안이었다.

중세온난기에 인구는 급속히 변화했다. 온난기가 끝날 무렵 런던 인구는 8만~10만 명이었는데, 알프스 이북의 도시들 가운데서는 파리 다음으로 많았다. 바다와 강이 통하는 중요 항구인 런던은 면적이 약 1만 km²에 달하는 불규칙한 모양의 도시였다. 런던에 곡식을 보내는 지역은 160km 이상 떨어져 있었다. 나날이 증가하는 도시 인구를 먹여 살리려면 상당한 식량이 필요했다. 1315~1317년 잉글랜드에 대기근이 닥쳤을 때 왕은 휘하 행정관들에게 멀리 240km나 떨어진 서식스, 케임브리지셔, 노퍽, 글로스터셔 등지에서 구호식량과 건초를 조달하라고 명했다. 런던의 후배지는 기후 조건과 작황에 따라 팽창하고 수축했다. 온난기 가운데 가장 좋았던 수십 년 동안 런던을 부양하는 데 잉글랜드 전 경작지의 5분의 1가량이 투입되었고, 정기적으로 곡식을 제공하는 경작지도 절반 가까이 되었다. 윈체스터 같은 도시는 후배지가 상당히 작아 20km를 넘지 못했다. 도시 인구가 잉글랜드 전 인구의 10.5%─약 42만 명─에 불과했던 시대에 도시 시장의 농산물 수요는 제한적이고 선택적이었다. 그러나 도시가 팽창하고 기후 조건이 점차 예측 불가능해지면서 이런 상황은 변화하기 시작했다.

농업 조건이 좋아지고 생장기가 길어진 영향을 더 잘 볼 수 있는 곳은 시골이었다. 촌락이 커지고 부드러운 토양이 고갈되자 시골에서도 식량 부족이 현실화되었다. 당연히 토지가 더 많이 필요했다. 그에 따라 이전까지 토양이 거칠어 경작이 불가능했던 곳, 늪지, 언덕 사면, 고지대, 비가 많이 내려 침식되기 쉬운 한계지까지 토지로 개간되었다. 그러나 새 경작지의 대부분은 빙하시대 이후 내내 울창했던 삼림지대의 개간으로 확보했다.

*

온난기에는 삼림이 대대적으로 개간되었다.[9] 500년 무렵까지 유럽 중서부 온대 지역은 5분의 4가 숲과 늪지였다. 그러나 1200년에는 절반 이하로 줄었는데, 대부분 중세온난기에 대대적인 개간이 이루어졌다. 네덜란드 농부들은 이른바 '공격적인 제방 사업'으로 북해를 매립해 해안 다도해의 작은 섬들을 큰 섬들로 변모시켰다.[10] 일단 해변 뒤편의 방대한 토탄 늪지에 도랑을 파서 물을 뺀 뒤, 토탄이 없어지자 물과의 끊임없는 싸움을 벌이며 힘겨운 매립 작업이 이어졌다. 처음에 사람들은 도랑을 깊이 파는 방식으로 배수하다가 나중에는 펌프와 풍차, 물방아를 이용했다. 이 작업에는 수세대에 걸쳐 방대한 노동력이 투입되었다. 그러나 결국 황무지는 가축을 키우는 목초지와 농사를 지을 수 있는 농경지로 바뀌었다.

유럽의 원시삼림을 제거한 것은 문화·경제·정치적으로 큰 의미를 지닌 행위였다. 숲을 개간한 농부들은 스칸디나비아 격언으로 '빈민의 외투'라는 안전망을 스스로 벗어던진 셈이었다.[11] 숲은 건축자재, 목재, 장작, 사냥감, 약품과 식품을 주었고 가축을 기를 수 있는 풍요한 방목지였다. 중세 농부는 도끼, 쟁기, 무기 등 쇠로 된 도구를 점점 더 많이 사용했는데, 금속을 녹이는 목탄도 숲에서 얻었다. 큰 나무는 대성당과 궁전, 선박은 물론 방앗간 같은 소박한 건축물의 자재를 제공했다. 물방아는 당시 신발명품이었으며, 풍차도 거의 목재로 건축되었다. 1322년 잉글랜드 노샘프턴셔에서는 풍차의 날개를 만들기 위해 마구잡이로 삼림을 개간하자 이에 반대하는 목소리가 높았다. 12세기경 삼림의 이용은 가축에게 풀을 먹이는 일에서부터 장작을 채취하는 일까지 사사건건 복잡한 규제를 받았다. 왕과 귀족은 물론이고 일반 서민도 사냥할 권리와 개간할 권리 등 숲에 관해 여러 가지 권리를 가지고 있었다. 예를 들어 잉글랜드 농민들은 건축용 목재, 장작을 확보할 권리와 갈고리를 이용해 나무에서 잔가지를 채취할 권리를 가졌다. 빽빽한 나무와 관목은 생존 수단이었다. 숲과 그 이용권을 둘러싼 복잡한 규제는 점차 농민들의 전통적인 경제적 필요를 억누르고 왕의 특권과 지주의 권리를 내세우는 방향으로 나아갔다.

중세의 삶에서 울창한 숲은 복합적인 의미를 가졌다. 여러 가지 용도와 더불어 상징적 중요성을 가진 곳이었으며, 강력한 힘이 숨어 있고 사나운 오록스나 긴 뿔을 가진 들소와 같은 큰 짐승들이 사는 곳이었다. 또한 숲은 왕과 귀족의 사냥터였다. 사냥을 할 수 있는 사람은 귀족뿐이었다. 사냥은 단지 고기를 얻기 위한 수단만이 아니라 궁정 행사와 권력을 과시하는 용도였고, 들짐승을 길들임으로써 황야를 정복하는 상징적 행위이기도 했다. 뉴욕 메트로폴리탄 미술관에는 1495~1505년에 제작된 「유니콘의 사냥」이라는 중세 태피스트리가 7점 있는데, 사냥 의식이 치러졌던 시대를 기념하는 작품이다. 이 작품은 상징적인 중세 사냥을 보여준다. 달리는 사냥개들이 숨어 있는 유니콘을 찾아내고 추격한다. 신화 속의 짐승은 궁지에 몰려 사냥꾼의 검에 의해 죽는다. 유니콘은 상상의 동물이므로 이 태피스트리는 이상화된 사냥의 이미지를 담고 있지만, 동시에 정교한 의식의 본질을 전달하고 있다. 왕의 존재와 자연의 정

유니콘의 사냥

복이 곧바로 연결되었다. 따라서 숲을 사냥터로 유지하고 싶은 귀족과 숲의 산물을 귀중히 여기는 다른 사회 구성원들은 불가피하게 충돌했다. 결국 승리한 것은 농경이다. 온난기에 원시 숲은 변화와 실험의 소용돌이 속에서 급속히 줄어들었다. 도시의 성장, 인구의 증가에 대처하기 위한 집약농경도 숲이 사라지게 된 요인이었다.

476년 서로마제국이 멸망한 뒤 라인강 동편의 부르고뉴족과 반달족 같은 게르만 부족들은 갈리아 지역을 유린했다. 그들이 침략했을 무렵, 로마시대에 약 2600만 명에 달했던 서유럽 인구는 6세기의 전염병과 기근으로 40%가량 감소한 상태였다. 그들은 대부분 버려져 있던 기존의 개간지를 차지했다. 게르만 부족은 숲을 함부로 지나갈 수 없는 신성한 곳으로 여겨 그대로 놔두고 보호했다. 그래서 10세기까지는 삼림이 대규모로 개간되지 않았다. 그 무렵 스칸디나비아와 중부 유럽에서 사람들이 이주해 오면서 서유럽의 경제가 팽창하고 인구가 증가했다.

중세온난기에 접어들어 강우량이 10%가량 줄고 온도가 0.5~1°C 상승하면서 숲의 개간이 빨라졌다. 인구가 증가하자 사람들은 버려지고 방치된 땅으로 눈길을 돌렸다. 개간을 해야만 새 토지를 확보할 수 있다는 필요성이 조기 결혼을 유도하고, 출산율을 증대하고, 대가족을 형성하도록 했을 것이다. 끊임없는 전쟁은 대규모 군대를 낳았고, 새롭고 더 강력한 교회의 필요성은 식량 공급의 문제를 유발했다. 식구가 늘어 식량 부족의 가능성에 직면한 가정은 양자택일의 기로에 섰다. 하나는 휴경지를 매년 줄이는 것이었고(토양이 고갈되면 농업생산력이 격감할 수 있으므로 장기적으로는 위험했다), 다른 하나는 새 밭을 개간하는 것이었다. 다행히 주위를 둘러보면 땅은 많았다. 그래서 사람들은 숲 가장자리를 개간하기 시작했다('개간'을 뜻하는 assart라는 말은 '치우다'라는 뜻의 프랑스어 essarter에서 나왔는데, essarter는 개간의 필수적인 부분인 나무 그루터기를 뽑는다는 의미로도 쓰인다).

사람들은 매일 도끼를 들고 나무에 올라 가지를 쳐낸 다음 바닥에 쌓아놓고 불태웠다. 이따금 미숙한 젊은이가 균형을 잃고 땅바닥에 쿵 하고 떨어졌을 것이다. 운 좋게 타박상만 입고 무사했을 수도 있지만, 그보다는 팔다리가 부러지거나 평생 불구가 되는 경우가 더 많았을 것이다. 그럴 경우 가족의 입장에서는 다시 몸을 추스를 때까지 먹여 살려야 할 입 하나가 는 셈이었다. 가지치기가 끝나 큰 나무줄기만 후미진 숲속에 덩그러니 남게 되면 힘센 장정들이 힘을 합쳐 도끼질로 나무를 쓰러뜨렸다. 일을 마치고 인근의 마을로 돌아오면 대장장이는 구부러진 도끼날을 두드려 고치고 새 도끼를 만드느라 분주했다. 서서히 숲이 개간되고 드문드문 그루터기가 박힌 새 땅이 모습을 드러냈다. 나무를 베어내고 나면 가지를 불태워 재로 만든 다음 퇴비로 사용했다. 땅바닥의 그루터기를 자르고 뽑아내는 것도 쉽지 않은 일이었다. 단단히 박힌 그루터기를 뽑을 때는 소나 말의 몸에 튼튼한 밧줄과 쇠사슬을 걸어 그 힘을 이용했다.[12]

개간은 고되고 노동집약적인 일이었으며 시간도 많이 걸렸다. 우선 이따금씩 불을 놓아 덤불을 태우고 가축에게 주변 숲 지대의 풀을 남김없이 뜯어 먹게 했다. 그런 과정을 거친 뒤 숲이 어느 정도 정리되면 본격적인 개간 작업에 들어가 그루터기를 뽑고 새 촌락을 세웠다. 완전한 정주는 숲 가장자리부터 시작되었는데, 특히 황야에서 은둔하기 위한 수도원 가옥들이 먼저 자리를 잡았다.

온난기에는 서유럽 전역에서 대대적인 이주가 이루어졌다. 프랑스 중부 파리 동남쪽 욘강 유역의 영주들은 이주와 개간을 권장하면서 새 토지를 개간한 사람들에게 자치를 허용하고 세금을 감축하거나 면제해 주었다. 부역도 유예해 주었으며, 농민들에게 공동체 외부에서 결혼할 수 있는 권한도 부여했다. 프랑스 역사가인 마르크 블로크(Marc Bloch)는 당시 영주들이 일종의 '과대망상적 도취'에 빠졌다고 말했다. 그들은 황무지가 옥토로 바뀌어 많은 부를 창출하고 농토에 대한 인구의 압력을 해소해 주리라는 원대한 꿈을 품었다. 동쪽의 독일 영주들은 세속 지주나 교회 지주나 할 것 없이 이주민들에게 베를린 동쪽의 숲과 늪지를 개간하고 드문드문 산재한 사냥꾼 무리들을 내쫓으라고 권했다. 어느 영주는 이렇게 호소했다. "이 이교도들은 최악의 인간이지만 최고의 땅을 가지고 있다. 그곳에는 고기, 꿀, 곡식이 풍부하다. 그곳을 농토로 만들면 어느 곳보다도 풍요한 지역이 될 것이다."[13]

중세 온난화, 인구 증가, 농업혁신이 서로 직접적인 연관을 가졌다는 주장도 가능하다. 그러나 거기에는 사회·종교적 요인도 있었다. 초기에 장원의 영주는 농민을 토지에 예속시켜 통제함으로써 더 많은 수익을 창출하려 했다. 온난화가 시작되자 지역의 지배자들과 교회 지도자들은 신앙심이 강화되는 시대를 맞아 정치적 이득을 공고화하고 부를 축적하고자 애썼다. 그들은 마치 군주라도 되는 양 미개간지와 사용하지 않는 땅을 처분할 권리를 손에 넣고 황무지를 개간해 농토로 만든 이주민 집단에게 소유권을 내주었다. "그곳을 인간의 영역으로 만들라"는 게 그들의 명령이었다.[14] 영주가 소유한 부의 원천은 인간의 노동력이었다. 이주민들은 곧 자유 농부가 되어 토지를 소유하고 농사를 지어 돈을 벌 수 있었다. 평민이 해방되고 장자상속제가 폭넓게 자리 잡자 차남 이하의 아들들은 새 땅이 필요해졌다. 그들에게 숲의 개간은 귀족에게 십자군이나 정복 전쟁과 같았다.

신앙심도 숲의 개간과 농업혁명에 중대한 역할을 했다. 특히 베네딕투스 수도회는 육체노동을 독서나 기도만큼 중요하게 여겼다. 노동은 영혼의 보수를 받았다. 베르나르두스(Bernardus. 12세기에 클레르보 대수도원을 창건한 인물; 옮긴이)는 이렇게 썼다. "기도와 금욕으로 신성화되지 않은 야생의 장소는 신앙생활의 현장이 아닌 원죄의 상태다. 그러나 이런 땅도 비옥해지고 용도를 가지게 되면 대단히 중요한 곳으로 바뀐다."[15] 베네딕투스 공동체는 중세 농민들이 원시림에 대해 가지고 있던 고대의 두려움을 쫓아버리는 데 일조했다. 역사가 마이클 윌리엄스(Michael Williams)는 수도회를 삼림개간의 '돌격대'라고 말한다. 수치만 봐도 대단하다. 1098년에서 1675년까지 시토 수도회는 742개의 공동체를 세웠는데, 그중 95%가 1351년까지 존속했다. 모든 가구들이 집약농경과 삼림개간에 전념했다. 제랄드 드 바리(Gerald de Barri)는 이렇게 썼다. "이 수도사들에게 황무지와 야생의 숲을 주면 몇 년 안 가 아름다운 교회만이 아니라 그 주변에 사람들의 주거지가 조성된 광경을 볼 수 있을 것이다."[16]

온난기에 진행된 유럽의 삼림개간은 어느 모로 봐도 위대한 역사적 성과다. 프랑스의 경우 800년에서 1300년까지 숲이 3천만 헥타르에서 1300만 헥타르로 감소했으나 국토의 4분의 1은 여전히 숲으로 덮여 있었다. 전반적으로 1100년에서 1350년까지 유럽 삼림의 절반 이상이 개간된 것으로 추측된다. 영국의 개간은 그다지 계획적으로 이루어지지 않고 조금씩 진행되었다. 그래도 인구는 눈에 띄게 늘었다. 잉글랜드의 작은 교구였던 우스터셔 북동부 핸베리의 인구는 1086년의 266명에서 1299년에는 725명으로 늘었다.

*

삼림개간, 농업혁명과 더불어 어업도 비약적으로 성장했다. 여기에는 연안의 기후 조건이 온난해진데다 그리스도교 교리와 군대 식량의 필요성도 한몫했다.[17] 이슬람권이 지중해를 장악하고 있는 상황에서 샤를마뉴와 그의 후계자들은 발트해와 북해 연안을 잇는 해상 무역로를 개발했다. 항해는 주로 여름철에 했지만, 잉글랜드 동부와 저지대 지방은 얕은 해역과 밀물 때문에 속도가 느린 상선이 많이 필요했다. 중세온난기에 북유럽 해역은 온도가 약간 상승하고 여름이 더 길어졌다. 현대의 조건으로 판단하면, 온난한 계절에는 온도가 높고 바람이 없어 연안의 바다가 거울처럼 잔잔한 상태가 오래 지속되었을 것이다. 후대의 소빙하기와 비교하면, 여름에는 대체로 폭풍이 적지만 겨울의 돌풍이 연안에 불어닥치면 저지대 농토, 특히 저지대 지방이 범람했을 것이다. 온난기에 해상 무역이 급증한 데는 연안의 기후가 온화한 탓이 컸다. 그 시기에 어업은 무척 중요해졌으며, 특히 소금에 절인 청어의 거래가 많았다.

북대서양청어(clupea harengus)는 가장 번식력이 강한 물고기로, 매년 봄 북대서양에 떼 지어 다니다 남쪽의 발트해로 이동해 여름과 초가을이면 스코틀랜드와 잉글랜드의 북해 해안에 서식한다. 청어가 해수면 온도에 민감한지 정확히는 알 수 없지만 아마 그럴 것으로 추측된다. 남획과 다소 무관하게 수백 년에 걸쳐 청어 떼의 규모가 두드러진 변화를 보였기 때문이다. 청어는 중세온난기에 엄청나게 풍부했으나 당시에는 청어를 잡거나 먹는 사람이 별로 많지 않았다. 청어를 잡으려면 갑판이 없는 작은 배와 유자망(流刺網. 배와 함께 떠다니며 그물코에 걸린 물고기를 잡는 그물: 옮긴이)이 필요했으며, 날씨가 좋고 물이 얕아야 했다. 초가을의 좋은 날씨와 생선 수요의 증대가 맞물려 청어잡이는 온난기에 주요한 국제 산업으로 떠올랐다.

지방질이 풍부한 청어는 잡은 뒤 곧바로 소금에 절여놓지 않으면 몇 시간 만에 썩어버린다. 소금 절임은 고대부터 사용된 기술이지만, 북대서양청어의 경우에는 소금 더미에 올려놓는 조잡한 방법이 통하지 않는다. 해수면 온도가 약간 온난했던 9~10세기에 발트해의 어부들은 밀봉한 통 안에 소금물을 채워 청어를 절이는 방법을 개발했다. 그 덕분에 그들은 이동하는 청어를 수백만 마리나 잡을 수 있었다. 새 기술이 북해의 항구들에 전파되자 처음으로 절인 생선을 내륙 멀리까지 수송할 수 있게 되었다. 순식간에 거대한 산업이 생겨났다.

그리스도교의 영향으로 예부터 신앙심이 독실한 사람은 종교적 축일과 사순절 기간에 금식을 하거나 육류를 먹지 않는 게 보통이었다. 많은 사람들이 육류를 배제하고 우유와 곡식을 먹었는데, 이 관습은 점차 독실한 교도만이 아니라 귀족과 부자에게도 퍼졌다. 육류를 먹지 않는 날은 점점 많아졌다. 1200년경에는 연중 거의 절반이 축일이었다. 이런 날에는 단백질이 풍부한 생선이 제격이었으나 민물고기만으로는 양이 충분하지 않았다. 수도원과 영주의 후원 아래 어업이 성장했어도 사정은 호전되지 않았다. 여기서 다시 온난화가 도움을 주었다. 중세온난기의 따뜻한 여름은 얕은 해역에서 잉어(cyprinus carpio) 같은 고기를 양식하기에 딱 알맞았다. 잉어는 다뉴브강 같은 유럽 남동부의 탁한 강물에 많이 서식했다. 1000년에서 1300년까지 온도가 상승하고 여름이 길어지자 연못과 강의 수온도 상승해 잉어가 유럽 대륙에 급속히 퍼졌다. 잉어는 양식하기에 쉬운 물고기였으므로 잉어 양식은 중세 유럽에서 대규모 산업으로 떠올랐다. 게다가 잉어는 값이 비쌌다. 1356년 벨기에 나무르의 어느 결혼식에 사용된 잉어 100마리의 가격은 암소 한 마리 값의 두 배에 달했다. 하지만 신앙심이 독실한 가정과 부유한 귀족들이 양식 물고기 시장을 독점한 탓에 서민들은 거의 구경도 할 수 없었다.

신앙심이 독실한 사람과 도시 빈민을 구호하는 데 관심을 가진 사람에게는 다행히도 잉어의 값싼 대체품이 등장했다. 그것이 바로 청어다. 온난기에는 바닷물고기를 먹는 습관에 혁명이 일어났다. 7세기부터 10세기까지 바닷물고기는 항구와 강어귀 도시의 쓰레기 더미에서만 발견된다. 고대의 쓰레기에서 나온 생선뼈는 고대의 식생활을 말해주는 정보의 보고다. 그것을 보면 중세 대구의 무게가 어땠는지, 황소를 보통 몇 살 때 도살했는지에 관한 정보를 알 수 있다. 1030년 청어는 해안 도시 햄윅(지금의 사우샘프턴)에 풍부했으며, 내륙 먼 곳까지 수송되었다. 11세기 후반 대륙과 별도로 잉글랜드의 여러 항구에 하역된 청어는 약 329만 8천 마리였다. 12세기에 들면 청어는 오스트리아의 빈처럼 바다에서 먼 곳에서도 흔한 생선이 되었다. 생선은 그리스도교 계율에 무척 중요했으므로 1170년에 교황 알렉산데르 2세는 청어잡이 철이면 일요일에도 조업을 허가했다. 잉글랜드 동부의 야머스에서는 매년 가을 6주 동안 대규모 청어 시장이 열렸으며, 이곳에서 청어 수백만 상자가 북해

중세 유럽에서는 어업도 비약적으로 성장해 생선은 해안뿐 아니라 유럽 전역에서 거래되었다(그림: 「네 가지 요소」, 요아힘 뵈켈레르).

양편의 여러 지역에 공급되었다. 거래량은 막대했다. 각국의 왕들은 자기 군대에 절인 청어를 공급했다. 도시들은 조세로 청어 수만 마리를 납부했다. 1390년 프랑스 왕은 파리의 시장에서 청어 7만 8천 마리를 구입해 수용소와 빈민 가정에 하사하기도 했다.

절인 청어는 값싸고 쉽게 구할 수 있었으나 사람들이 좋아하는 식품은 아니었다. 향료로 공들여 조리하지 않으면 나무를 씹는 것과 비슷한 맛이 났으므로 빈민조차 퇴짜를 놓기 일쑤였다. 하지만 수요는 엄청났다. 청어잡이의 전성기는 온난기의 끝 무렵인 14세기 초였다. 1300년 이후 기온이 하강하고 북해의 해수면 온도가 낮아졌을 때 야머스 같은 곳에서 청어 거래와 생선 하역이 격감한 것은 우연이 아니다. 폭발적인 수요에 맞추기 위한 남획, 절임 기술의 향상 그리고 기후변화로 인해 중세 청어 산업은 지속 불가능한 것이 되었다.

북유럽인들은 전함과 상선에서 사용할 수 있는 더 좋은 저장법을 개발했다. 대구를 말리고 절여 건대구로 만드는 것이다.[18] 대서양대구(gadus morhua)는 육질이 단단하고 지방 함유량이 적은 흰살 생선이다. 노르웨이 북부 로포텐제도의 어부들은 매년 겨울 대구를 잡아 건조했다. 북유럽인들은 항해할 때 그것을 주식으로 삼았다. 중세온난기에 장거리 항해를 떠날 때는 배에 건대구를 가득 실었다. 그 시기에 이미 북유럽의 곡물 무역을 장악하고 있었던 발트해의 한자동맹(13~15세기에 플랑드르와 독일 북부의 자치도시들이 무역을 보호하기 위해 결성한 조직; 옮긴이)은 온난한 지역에서 생산된 곡물과 노르웨이 남부 베르겐에서 선적한 대구를 교역하면 막대한 수익을 올릴 수 있다는 것을 깨달았다. 당시 한자동맹은 청어 무역을 독점하고 있었는데, 여기에 대구까지 취급하려는 것이었다. 그러자 잉글랜드 어부들은 먼 바다까지 항해해 아이슬란드 남부 연해에서의 대구잡이로 한자동맹의 허를 찔렀다. 그들은 기온이 내려가는 시기를 맞아 수량이 불안정한 청어를 대구로 대체하기 시작했다. 마침 그들에게는 온난기의 따뜻한 여름과 온화한 가을에 북해의 해역에서 수백 년 동안 갈고닦은 어선, 고기잡이 기술, 경험이 있었다. 이 경험은 대구잡이 배들이 아일랜드와 아이슬란드로, 후대에는 뉴펀들랜드로 떠날 때 큰 도움이 되었다.

*

    유럽에서 온난기는 사회를 먹여 살리는 서민층에게 가장 심대한 영향을 미쳤다. 토지를 소유한 왕, 귀족, 영주 들은 음모, 전쟁에 휘말렸고 때로는 십자군 원정도 서슴지 않았다. 그들의 삶은 화려한 의식, 기사도, 잔인한 폭력으로 점철되었다. 그들의 전문 기술은 농사에 필요한 지식과 무관했고 갑작스러운 기후변동에 대처하는 데 도움이 되는 것도 아니었다. 대다수 서민들은 땅에서 일했다. 자유 노동자들은 대부분 전문 기술을 가지고 있었다. 농사를 짓는 사람은 작물의 윤작, 질병, 저장에 해박했다. 소, 양, 돼지를 치는 사람도 있었고 배수 전문가도 있었다. 뱀장어 어부는 강과 호수, 외딴 늪지에서 일했다. 훈제한 뱀장어는 화폐처럼 사용할 수 있었다. 여자들은 벌을 치고, 술을 빚고, 실을 자았다. 세대에서 세대로 기술이 전해졌고, 수많은 비밀 정보도 구두로 전승되었다. 이를테면 온난화와 한랭화, 습함과 건조함의 변동이 거의 하룻밤 사이에 닥칠 수 있는 기후를 맞아 어떤 날씨에서도 농사를 지을 수 있는 비법도 그중 하나였다.

    영주와 군주에게 농민은 땅을 경작하고 식량을 제공하는 익명의 존재나 다름없었다. 그러나 이 보잘것없는 사람들은 유럽을 먹여 살리고 온난한 시기에 맞는 농법을 개발했다. 이들이 만들어낸 잉여식량이 군대를 먹여 살리고 궁전과 고딕 대성당 등 중세의 온갖 웅장한 건축물을 건설한 노동자들을 부양했던 것이다. 그들의 노동은 나무를 베어 들보를 만들었고, 돌을 캐어 교회의 탑과 회중석을 지었다. 몇 km 바깥에서도 볼 수 있는 대규모 교회는 산 자의 세계와 신의 세계를 연결하는 역할을 했다. 종교의 시대에 만물은 신의 왕국에서 나온 것이었기 때문이다. 막대한 건축비가 투입된 상스와 샤르트르 같은 대성당들은 신의 은총을 빌기 위해 바쳐진 돌과 물자의 제물을 상징했다. 온난기에도 농부들은 결코 편히 지낼 수 없었으므로 많은 사람들이 원하는 은총은 바로 풍년이었다.

*

400년 동안 인구가 급증하고, 식량 공급이 대체로 원활하고, 삼림이 대대적으로 개간되고, 도시가 성장한 결과 온난기의 끝 무렵에 이르러 유럽은 완전히 환골탈태했다. 그러나 13세기 후반에는 인구 증가가 농업생산력을 앞지름으로써 심각한 경제문제에 봉착했다.[19] 1300년경 인구 대다수의 생활은 한 세기 전만 못했다. 인플레이션이 부를 갉아먹었고 상류층은 평민층을 상대로 더 가혹한 착취에 나섰다. 그러자 농부들은 한계토지를 개척하고 휴경기를 줄이는 것으로 대응했다. 비교적 예측 가능한 여름에는 수확량을 늘리는 그런대로 논리적인 방식을 취했다. 하지만 결국 농부들이 지주에게 진 채무는 나날이 늘어만 갔다. 게다가 경제 불안정은 도시에도 영향을 미쳐 양모 무역과 기타 산업을 붕괴시켰고 군사적 봉쇄가 일상이 되었다.

이런 문제들은 서유럽을 화약고로 몰아갈 위험이 있었다. 그러던 중 1315년에 기후가 극적인 변화를 연출했다. 당시의 연대기 작가인 장 데누엘(Jean Desnouelles)은 "이 계절[1315년 봄]에 비가 오랫동안 아주 많이 내렸다"고 썼다.[20] 비는 부활절 이후 7주 동안, 마침 파종이 끝난 지 얼마 지나지 않은 기간에 집중적으로 쏟아졌다. 새로 간 밭이 진구렁으로 변하고 씨앗이 씻겨나갔다. 진흙이 갓 개간된 한계토지의 사면으로 흘러내려 새 밭에 깊은 도랑을 만들어냈다. 습윤한 조건에서 밀과 귀리가 간신히 익었다. 호우는 가을까지 지속되었다. 크리스마스에는 밀값이 금값으로 치솟으면서 기근이 닥쳤다. 날씨와 상관없이 강행되는 게 보통이던 군사 원정도 중단되었다. 전투가 재개되자 곡식이 굶주린 공동체로 분배되지 못했다. 비가 1316년까지 이어지자 낟알이 영글지 못해 많은 사람들이 빈곤해졌다. 포도가 곰팡이 피해를 입은 탓에 "프랑스 왕국 전체에 포도 작황이 형편없었다." 이 고통이 7년이나 계속되다가 마침내 1322년에는 겨울 혹한으로 넓은 지역에 해상 운송이 중단되었다.

이 기간에 북유럽 일대의 곡물 생산은 3분의 1이나 줄었다. 물론 피해의 정도는 지역에 따라 달랐다. 가축 역시 습한 날씨로 우역(牛疫. 치명적인 소의 전염병; 옮긴이)과 간흡충 같은 질병이 퍼져 90%나 감소했다. 과일은 흠뻑 젖은 나무에서 썩어갔고, 연안과 내해의 어장은 고갈되었다. 게다가 아마 같은 산업 작물의 피해도 막심했다. 적어도 3천만 명이 영양실조에 시달렸다. 굶주림과 기근으로 인한 질병으로 죽은 유럽인의 수가 얼마인지 정확히 알 수는 없지만, 150만 명 이상이 사망했고 그 대다수가 빈민이었다. 종교와 미신이 지배하던 시대에 기근은 곧 신의 분노였다. 그래서 도시마다 채찍질 고행자들의 참회 행렬이 끊이지 않았다.

굶주림이 물러갈 즈음이면 온난기의 안정된 기후는 거의 기억에서 사라졌다. 예측 불가능한 환경, 잦은 폭풍우, 혹한의 겨울과 온난한 여름의 주기는 소빙하기의 시작을 알리고 있었다. 최악의 사태는 한 세대 뒤에 찾아왔다. 1347년 흑해에서 온 배 한 척이 이탈리아에 전염병을 옮겼다. 벼룩의 몸속에 사는 페스트균(Yersinia pestis)이라는 박테리아는 따뜻한 피를 타고 쥐, 인간, 고양이 같은 숙주로 옮겨갔다. 피가 감염되면 피부에 검은 반점이 생겨났기 때문에 '흑사병'이라고 불린 페스트는 무역로를 따라 프랑스로 급속히 퍼졌다.[21] 1348년에는 잉글랜드와 에스파냐로 확산되었고 곧이어 스칸디나비아로도 퍼졌다. 1348년에서 1485년까지 잉글랜드 한 곳에서만도 페스트가 서른한 차례나 대규모로 창궐했다. 1346년경 유럽의 인구는 8천만 명이었는데, 그중 2500만 명이 1347~1351년에 페스트로 죽었다. 1450년 저점에 달했던 잉글랜드의 인구는 1600년경에 이르러서야 전염병이 발발하기 이전의 수준을 회복했고, 노르웨이는 1750년에야 가능했다.

도시 주민들에게 들불처럼 번지는 페스트를 막을 방법은 없었다. 약초 처방은 전혀 듣지 않았고, 거머리를 이용한 사혈(瀉血)도 소용이 없었다. 병이 어떻게 퍼지는지 알지 못했기 때문에 병균에 오염된 벼룩이 서식하는 쥐 같은 동물을 박멸할 생각도 하지 못했다. 사람들이 모여 사는 도시를 벗어나면 전염될 위험이 적다는 사실이 알려지자 귀족과 중간층은 너도나도 시골로 향했다. 수도사들이 밀집해 사는 종교 단체에서는 사망자가 60%에 달하기도 했다. 교회는 위기에 빠졌고, 농업생산은 급전직하했고, 지주는 농민에게 일할 토지를 찾아주는 데 어려움을 겪었다. 농업노동자의 임금이 크게 상승했으나 살아남은 농부들은 임자 잃은 토지가 많아졌고 먹여 살릴 입이 줄었기 때문에 그나마 형편이 나은 편이었다. 애써 일군 한계토지는 도로 휴경지가 되었다. 그러나 1360년대에 또다시 전염병이 퍼지자 아무런 이득도 남지 않았다. 게다가 유럽 인구의 3분의 1(이 수치에 관해서는 논란이 많다)을 잃은 정서적 충격도 엄청났다. 그래도 지배자들은 전쟁을 중단하지 않았다. 그들은 영주의 죄가 백성들에게 기근과 전염병을 가져왔다고 믿었다. 그들은 서로 싸우고 경제적 억압을 멈추지 않으면서 자신들의 행동이 신의 명령에 따라 세상에 정의를 회복하려는 고결한 일이라고 여겼다. 페스트와 온난기 이후 유럽은 농촌과 도시에서 역사상 전무후무한 폭력에 시달렸다.

그러나 중세온난기는 유럽을 크게 변모시켰고, 유럽 사회의 정신적·물리적 한계를 넓혀주었다. 그 시기에 스칸디나비아 항해자들은 북대서양 빙산의 조건이 좋아진 틈을 타서 그전까지 유럽인들에게 알려지지 않았던 서쪽의 아이슬란드, 그린란드, 래브라도로 항해했다. 이 항해에 관해서는 6장에서 설명하기로 하자.

③

신의 도리깨

셋째 달 말 그가 칸의 진영에 도착했을 때는
사방이 온통 푸른 풀이었고 수많은 나무에 꽃이 피어 있었으며
양과 말이 뛰어다녔다.
그러나 그가 칸의 허가를 받아 떠나던 넷째 달 말에는
풀잎도 식물도 전혀 없었다.

창춘,
『연금술사의 여행』(1228)[1]

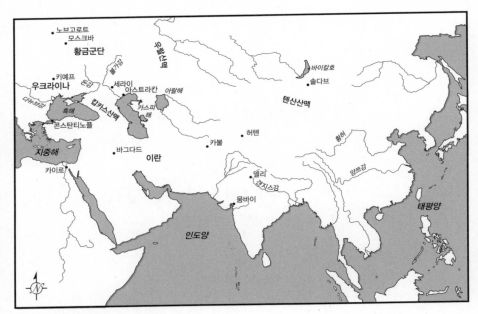

노브고르트
모스크바
황금군단
키예프
우크라이나
콘스탄티노플
지중해
카이로
흑해
볼가강
세라이
아스트라칸
캅카스산맥
카스피해
아랄해
바그다드
이란
카불
허텐
텐산산맥
바이칼호
솔다브
황허
양쯔강
델리
갠지스강
뭄바이
인도양
태평양

3장에 나오는 곳들

14세기••

백과사전에는 이렇게 되어 있다. "유럽은 전 세계의 3분의 1이라고 한다. 유럽은 타나이강(돈강)과 북양 일대에서 시작해 에스파냐에서 끝난다. 동부와 남부는 폰투스(흑해)라는 바다에서 솟아나 전부 대해(지중해)로 합류하고 카디스(지브롤터)의 섬들에서 끝난다."[2] 중세 유럽인들에게 유럽 평원의 동쪽 지역은 미지의 영역이었다. 그곳에서는 완만한 구릉들이 멀리까지 이어지다가 아시아로 넘어간다고 여겼다. 인구는 희박했고 사람들은 늘 이동했는데, 그 이동은 대체로 가뭄 주기에 따랐다.

사막과 반건조 환경은 강우량이 조금만 달라져도 크게 변할 수 있다. 25mm의 비가 내리면 사막의 경계가 수백 km²나 줄어들고 수십 년 동안 물이 없었던 곳에서 물이 솟아난다. 비가 몇 년 연속해서 조금 많이 내렸다고 해보자. 마술처럼 목초지가 생겨난다. 바로 얼마 전까지 건조했던 지역에 영양의 무리가 돌아다닌다. 유목민들은 물웅덩이 부근에 자라난 풀을 양과 소에게 먹인다. 그 뒤 비가 잦아든다. 시내가 마르고 웅덩이가 자취를 감춘다. 풀이 시들어 죽는다. 그러면 누대에 걸친 경험으로 유목민들은 물 사정이 나은 곳을 찾아 가축을 사막의 가장자리로 데려간다. 스텝 같은 건조한 지역은 거대한 펌프의 역할을 한다. 강우량이 조금이라도 늘어나면 그 비를 머금은 사막은 풀밭과 물을 약속하면서 동물, 식물, 인간을 끌어들인다. 사막 펌프는 거대한 허파처럼 한동안 머금었던 숨을 건기가 돌아오면 도로 내뱉으면서 유목민과 가축을 내쫓고 영양을 한계 지대로 내몬다.

중세온난기에 유럽의 물 사정은 좋았다. 기온은 조금 상승했고 약간 건조했으나 자급 농경에는 확실히 우호적인 조건이었다. 지리적으로 볼 때 유럽은 훨씬 더 건조한 환경에 둘러싸인 거대한 반도와 같았다. 여기서 사막 펌프가 인간의 생존을 위해 가동되었다. 이런 환경에서 가뭄은 온난한 세계의 모진 현실이었으나 역사를 변화시킬 잠재력을 가지고 있었다.

그리스인과 로마인은 유라시아 유목민을 성문 밖에 숨어 파괴, 강간, 약탈을 일삼는 야만인이라고 생각했다. 그도 그럴 것이, 흑해 북쪽의 스키타이 유목민은 희생자의 해골로 물을 마신다고 알려졌다. 마찬가지로 중세 유럽인도 사방을 온통 적대적 세계로 여겼다. 동쪽에서는 이슬람권이 압박했고, 서쪽은 멀리 폭풍이 몰아치는 대양으로 막혔고, 유라시아로부터는 끝없이 펼쳐진 평원에서 오는 유목민의 위협을 받았다. 특히 유목민의 위협은 노골적이었다. 1241년 4월 9일 수부타이 장군이 이끄는 몽골군은 현재 폴란드에 속한 슐레지엔의 레그니차에서 폴란드의 군주 하인리히 휘하의 폴란드 귀족들을 격파했다. 하인리히의 중무장한 기사들은 활을 주무기로 하는 민첩한 몽골 병사들을 당해내지 못했다. 당시 정복자들은 죽은 적의 오른쪽 귀를 잘라 아홉 개의 자루에 가득 채웠다고 한다. 원래 몽골군의 지도자인 바투는 서쪽 대서양 연안까지 밀어붙이려는 계획을 품었으나 고향에서 대칸 오고타이가 사망했다는 소식을 접하고 말 머리를 돌렸다.

유라시아 스텝은 가뭄과 폭우, 극단적 더위와 가혹한 추위가 교

칭기즈칸과 아들들

차되는 혹독한 환경이다. 바로 이곳에서 역사상 가장 위대한 정복자인 칭기즈칸이 등장했다. 그의 제국은 중세온난기에 급속도로 팽창했다.[3]

*

칭기즈칸은 자신을 '신의 도리깨'라고 불렀다. 사나운 전사였던 그는 피에 굶주린 군대를 거느리고 중국과 중앙아시아의 정주 지역으로 남하했다. 1220년 그는 부하라의 중앙 모스크 연단에 올라 겁에 질린 시민들에게 연설했다. "백성들이여, 그대들은 큰 죄를 지었다. 바로 그대들의 지배자들이 죄를 범했도다. 내 말의 증거를 원한다면 내가 바로 신의 징벌이기 때문이라고 말하겠노라."[4] 그는 피정복자의 심리를 잘 알고 있었던 것이다.

가뭄과 전염병처럼 사람들은 칭기즈칸이 신의 징벌을 위한 도구라고 믿었다. 비잔티움과 발트해를 잇는 무역로의 주요 거점 도시에 관한 『노브고로트 연대기』를 쓴 익명의 저자들은 몽골군이 "이교도이며 신을 믿지 않는다"고 말했다. 몽골군이 잔인한 승리를 거두는 것을 보고 그들은 1238년에 "신께서 우리의 죄를 벌하기 위해 이교도를 보내셨다"고 개탄했다. "악마가 사악한 살인과 유혈극에 기뻐 날뛴다. 신께서 이 도시를 기근의 죽음, 이교도의 공격, 가뭄, 폭우 등 여러 가지 방식으로 응징하신다. … 하지만 우리는 더러운 죄에 빠져 허우적거리는 돼지처럼 악에 맞서 싸울 것이다."[5]

칭기즈칸은 노련한 솜씨로 정복자의 역할을 수행했다. "그는 키가 크고 다부진 체구에 짧고 흰 수염과 고양이의 눈매를 가졌으며, 활기에 넘치고 영민하고 재능과 이해력이 풍부하고 경외감을 불러일으키는 학살자였고, 공명정대하고 대담하고 용맹스럽고 잔인한 인물이었다."[6] 그는 적이 무릎을 꿇고 항복하기를 바랐으나 끝까지 버티면 무자비한 도륙을 서슴지 않았다. 지금의 베이징 남서부에 있었던 부유한 중도(中都)성이 항복을 거부했을 때 칭기즈칸은 포로들을 선봉으로 삼고 죽은 자의 머리를 적진에 투척하며 공격해 들어갔다. 몇 년 뒤 한 이슬람교도 여행자는 재건된 중도성 부근에서 하얀 언덕을 보았다. 그것은 바로 중도성이 함락되고 불탄 뒤 학살

된 수천 명의 유골들이었다. 그 위대한 몽골 정복자는 군대가 가는 곳마다 피의 강을 만들었다.

한미한 출신인 칭기즈칸은 순전히 자신의 능력과 잔인함으로 권좌에 올랐다. 처음에 그는 방대한 유라시아 스텝에 흩어져 살아가는 200만 명가량의 유목 부족들 가운데 한 부족의 지도자였다. 유목민들에게는 말을 타고 싸우는 것이 곧 삶의 방식이었다. 그들은 습격에 능한 사나운 전사였으나 철저히 독립적이기도 했다. 한 부족장이 다른 부족과 동맹을 맺으려 하는 목적은 오로지 가축을 많이 모으려는 데 있었다. 1206년에 칭기즈칸은 몽골인의 대칸으로 추대되었다. 그는 훌륭한 전략가이자 정복자였을 뿐 아니라 행정 능력도 뛰어났다. 그는 고대의 부족적 구조를 해체하고 병력을 하르반(십인대)에서 튀멘(천인대)까지 10의 배수 단위로 짜임새 있게 조직했다. 이처럼 군대는 단위별로 싸웠으므로 한 번에 10명 이상에게 명령을 내릴 필요가 없었다. 몽골군은 말을 달리면서도 사방으로 활을 쏠 수 있는 궁술로 유명했다. 기병은 비단 저고리 위에 미늘갑옷이나 두꺼운 가죽옷을 입어 적의 화살로부터 몸을 효과적으로 방어했다. 머리에는 가죽이나 금속으로 된 투구를 썼고 나무와 야크 뿔로 만든 활 두 개, 화살 여섯 개씩을 지니고 다녔다. 무거운 창, 곤봉, 언월도를 가진 병사도 있었고, 칼과 던지는 창을 가진 병사도 있었다. 모든 병사가 소의 위장으로 된 안장 주머니에 식량, 식기 등 비품을 넣어가지고 다녔다. 몽골군이 승리한 요인은 기동력, 전략, 유인 전술 그리고 대기 중인 적군에게 겁을 주기 위한 화약 폭죽이었다. 그들은 적이 몽골군을 두려워한다는 것을 알고 그 점을 최대한 활용했다.

초기에 칭기즈칸의 왕국은 부족국가들의 덩어리에 지나지 않았다. 그렇게라도 뭉칠 수 있었던 요인은 칭기즈칸의 권위와 군사적 능력 그리고 정주 지역을 정복하고 습격함으로써 얻을 수 있는 엄청난 노획물이었다. 그러나 불과 20년 만에 칭기즈칸의 군대는 스텝을 가로지르고, 놀랄 만큼 빠르고 효과적으로 남쪽을 향해 진격했다. 몽골군이 워낙 많은 인명을 살상한 탓에 몽골 역사가인 주바이니는 심판의 날에도 그 잘못이 시정되지 못할 것이라고 말했다.[7] 유서 깊은 도시들이 폐허로 변했다. 수백 년에 걸쳐 발전한 이라크의 관개시설은 복구가 불가능할 만큼 파괴되었다. 1258년에는 바그다드 주민 수천 명이 무자비하게 학살되었다. 정복의 파급 효과는 무척 광범위했다. 그리스도교가 약화되고 이슬람교가 강화되었다. 하지만 정복의 시련에서 솟아난 신앙은 편협하고, 더 제한적이고, 새로운 이념에 대해 폐쇄적이었다. 800년부터 1200년까지 발달했던 의학, 수학, 역사, 지리학, 천문학 등 이슬람 학문의 위대한 전통은 신앙의 정통성 앞에서 붕괴했다. 지성과 과학의 중심지는 점차 이슬람 세계에서 서유럽으로 옮겨갔다. 한편 중앙아시아에 조성된 평화의 분위기에 힘입어 유럽 여행자들이 고대 실크로드를 따라 중국까지 갔다. 가장 널리 알려진 베네치아의 마르코 폴로는 몽골제국의 쿠빌라이칸을 보좌하기도 했다. 1260년 베이징의 대주교는 프란체스코회 수사였다.

칭기즈칸은 정복에만 능했던 사람이 아니라 제국—왕국과 구별된다—의 정부가 안정되어야 한다는 것을 잘 알고 있었다. 그래서 그는 행정을 효율화하고, 스텝과 정주 지역 간의 무역을 장려하고, 법과 질서를 확립하고자 했다. 또한 방대하게 팽창한 몽골제국의 영토를 효율적인 통신으로 연결하고, 은근한 군사적 협박과 군대의 잔혹한 명성을 바탕으로 질서를 유지했다. 군대에게 정복과 약탈을 동시에 하지 말고 먼저 정복한 뒤 약탈하라고 명령한 사람도 바로 칭기즈칸이었다. 반역자는 모진 형벌을 받았는데, 거적에 둘둘 말아 말 발굽으로 짓밟는 벌을 내리기도 했다. 어느 쿠르드 족장은 몸을 묶고 양의 기름을 바른 뒤 굶어 죽게 놔둬 구더기들이 뜯어 먹게 했다.

칭기즈칸은 자신을 신의 징벌을 위한 도구라고 여겼지만, 사실 그의 신속한 정복은 그의 리더십과 카리스마만이 아니라 중세 스텝의 기후 조건과 기동성 있는 생활방식, 말의 독특한 신체 구조에 힘입은 바가 컸다. 유목 생활의 리듬은 가뭄, 열파, 혹한, 홍수를 가져오는 사막 펌프의 동요에 따라 춤추었다. 이 리듬은 오랜 역사를 가지고 있었으며, 4세기에 걸친 중세온난기보다 더 오래전부터 전해진 것이었다. 그러나 칭기즈칸의 탁월한 점은 제국을 말과 사막 펌프의 일방적인 영향으로부터 벗어나게 하려 했다는 데 있었다. 이점에서 그와 그의 후계자들은 어느 정도 성공을 거두었다.

*

유목민의 활동 무대는 서쪽의 다뉴브강에서 볼가강 동쪽 중앙아시아 스텝에 이르기까지 다양한 지형으로 구성되었다. 말의 제국은 동쪽으로 7천여 km 떨어진 중국의 만리장성에까지 이어졌다. 소설가들은 흔히 이 스텝을 아무런 변화 없이 수천 km나 뻗은 방대하고 완만한 초원지대로 묘사한다. 하지만 '스텝'이라는 말은 극히 다양한 환경을 가리킨다. 물 사정이 다소 좋고 숲이 우거진 삼림지대가 있는가 하면, 트인 초원, 강 유역, 늪지, 산악도 있다.[8] 스텝의 북방 경계 지역은 늪, 끝없는 숲, 툰드라 평원으로 이루어져 있다. 남쪽에는 초원과 사막이 동쪽의 난산산맥(치렌산맥)과 톈산('하늘의 산')산맥에서부터 옥수스강(아무다리야강)과 이란고원을 거쳐 천연 요새인 흑해, 카르파티아산맥, 다뉴브강으로 둘러싸인 곳까지 뻗어 있다. 하지만 스텝의 중심부는 톈산산맥의 북쪽 가장자리와 알타이산맥의 남쪽 가장자리를 따라 형성된 목초지다. 1500여 년 전 스키타이의 시대부터 유목기마민족은 이 산맥 사이의 낮은 고갯길을 통해 아시아와 유럽을 드나들었다.

어느 모로 봐도 엄청나게 먼 거리다. 그 공간에 인간과 동물이 땅과 하늘을 배경으로 작은 점처럼 뿌려져 있다. 1253~1255년 교황 특사로 몽골 궁정에 와서 칭기즈칸의 계승자인 몽케칸을 방문했던 중세의 수사 기욤 드 뤼브뤼크(Guillaume de Rubruck)는 스텝을 "마치 대양처럼" 넓고 대부분 사람이 살지 않는 위험한 곳이라고 말했다. 그런 지역을 여행하면 풍경의 광대함과 지형의 규모에 압도되어 스스로를 하찮은 존재로 여기게 된다. 스텝은 개인을 위축시킨다. 나는 중앙아프리카의 카푸에 강 유역에 갔을 때 지극히 단조롭던 풍경이 철따라 범람원이 되는 것을 보고 크게 놀란 적이 있다. 멀리서 나무 몇 그루가 나타나는가 싶더니 이내 움직이기 시작한다. 그것은 수천 마리의 영양 떼였다. 칭기즈칸의 기병들도 방대한 스텝에서 마치 움직이는 나무들처럼 보였을 것이다. 그 나무들은 위험, 공포, 살육을 가져왔다. 대칸은 뤼브뤼크에게 이런 말을 했다고 한다. "태양이 어디든 내리쬐듯이 내 권력도 어디든 있다."[9]

유라시아의 대륙성 기후는 늘 가혹했다. 서쪽에서 동쪽으로 갈수록 평균기온이 하락했다. 완만한 지형에 강우량이 적고 건조한 바람이 자주 불기 때문에 나무가 자라기 어렵다. 겨울이 8개월이나 지속되고 건조한데다 혹한과 강풍이 잦다. 끊임없이 부는 바람이 눈덩이를 이리저리 옮겨다놓는다. 반면 여름은 타는 듯이 뜨겁다. 열파와 가뭄이 일상적이다. 우랄산맥을 지나 동쪽으로 가면 온도가 더 내려간다. 겨울의 눈이 땅 위에 오래 남아 있고 기후도 훨씬 더 건조하다. 스텝 전역에 걸쳐 건조한 기후에 대응하기 위해 식물은 뿌리를 깊이 내리고 있으며, 작은 동물들은 대개 굴을 파고 살아간다. 고대에는 야생마와 당나귀, 큰코영양들이 수천 마리씩 무리를 지어 스텝을 가로질러 이동했다. 이들은 알맞은 습도에서 무성히 자라난 스텝의 풀다발을 건드리지 않았다. 그 대신 봄에 토양이 습할 때 목초지의 풀을 고갈시켰는데, 습기가 급속히 사라지면 목초지도 격감했다.[10]

스텝은 유능한 목동에게도 척박한 곳이었다. 칭기즈칸은 적군을 몰아내고 왕을 타도할 수는 있었으나 스텝의 환경을 통제하지는 못했고 몽골군의 원동력인 말의 한계를 극복할 수는 없었다.

*

1100년. 봄이지만 살을 에는 찬 바람이 어둠 속으로 바삐 말을 달리는 기병들의 얼굴을 때린다. 작은 말들은 추운 줄도 모르고 부지런히 발을 놀리며 간신히 알아볼 수 있는 길을 따라 얕은 계곡을 건넌다. 저 너머에는 건조한 초원이 끝없이 펼쳐져 있다. 길잡이로 삼을 만한 지표가 전혀 없기 때문에 자칫하면 몇 시간 동안 길을 잃을 수도 있다. 이동하기에는 아직 이른 철이지만 기병들은 이 척후 활동에 생존이 달려 있다는 것을 잘 안다. 그들은 포근한 겨울주거지에서 북쪽으로 이동을 시작해, 까마득한 옛날부터 조상들이 가축에게 풀을 먹이던 구불구불한 계곡을 번개 같은 속도로 관통한다. 말을 달리는 동안에도 그들의 눈은 쉬지 않고 지평선 곳곳을 탐색한다. 적병이 도사리고 있는지 수색하는 동시에 눈이 녹은 뒤 비가 내려 좋은 목초지가 된 곳을 찾으려는 것이다. 앞으로 며칠 동안 그들은 남풍을 등지고 이동하면서 스텝에서 살아가는 데 무엇보다 중요한 목초지와 물에 관한 정보를 찾을 것이다. 활동을 마치고 겨울주거지로 돌아가면 칸과 신하들은 그 정보를 토대로 언제 여름 목초지를 향해 북상할지를 결정할 것이다.

　몽골인들에게 말은 모든 것이었다. 그들은 말에게서 고기, 젖, 치즈, 요구르트를 얻었고, 말젖을 발효시켜 '쿠미스'라는 술도 빚었다. 말은 부와 위신이자 강력한 군사 무기였으며, 무엇보다도 자유와 기동성의 원천이었다. 대칸의 시대에 이르기까지 4500여 년 동안 작고 강건한 몽골마는 스텝 생활의 중요한 요소였다.

　말은 스텝의 가장자리에서 기원전 3500년 무렵에 사육되었다. 소, 염소, 양보다 훨씬 늦은 시기다. 흑해 연안, 알타이산맥 등 몇몇 지역에서도 말이 사육되었을 것으로 추측되지만 고고학적 증거는 아직 거의 없다.[11] 다른 가축보다 말은 추위와 눈에 잘 견디는 짐승인데, 평원의 소규모 사냥꾼 무리에게 좋은 사냥감이었던 빙하시대에도 그랬다. 기원전 3300~기원전 3100년에 더 춥고 건조한 기후주기(이 시기에 메소포타미아에서는 몇 차례 가뭄이 있었다)를 맞아 말의 사육이 크게 증가했다. 이때부터 말은 스텝에서의 인간 생활에 필수적인 가축이 되었고 역사를 변화시키기 시작했다.

기마는 인간의 이동에 혁명을 일으켰다. 우선 스텝을 가로지르는 이동 시간을 크게 줄여주었고, 산재한 식량자원을 폭넓게 이용할 수 있게 해주었으며, 지형의 한계와 이전까지의 제약을 극복할 수 있게 해주었다. 스텝에서 식량자원은 주로 큰 강 유역 같은 특정 지역에 몰려 있었다. 나머지 방대한 지역은 몹시 척박할 뿐 아니라 때로는 적대적이었다. 그러나 먼 곳까지 빠른 속도로 갈 수 있다면 스텝에서 생존이 가능했으며, 그에 따라 사회의 모습 전체가 달라질 수 있었다. 기마로 인해 인간은 많은 양의 식량과 장비를 휴대한 채 이동할 수 있었다. 특히 말에 수레를 매달면 물자의 대량 수송도 가능했다. 말은 장거리 무역을 용이하게 해주는 매력적인 상품이었으므로 부를 측정하는 기준이 되었고, 말을 매개로 이웃이나 정주 농부들과의 상호의존성도 증대했다. 무엇보다도 말을 이용하면 먼 거리를 달려가 적을 공격하고 나서, 추격하는 보병들을 피해 안전하게 귀환할 수 있었다. 칭기즈칸의 시대 이전에도 수천 년 동안 평원의 삶에서는 약탈, 습격, 전쟁이 일상사였다. 그의 먼 선배인 스키타이족은 고전 문명세계의 북쪽에 도사린 전형적인 '야만족'이었다.[12] 그리스 역사가인 헤로도토스는 그들의 잔인한 전쟁을 묘사하면서 그들이 적의 머릿가죽을 벗기고, 해골을 그릇으로 사용하고, 금을 박아 허리에 찼다고 말했다.[13] 공격을 받으면 그들은 말을 타고 광활한 스텝으로 달아나버렸다.

스키타이족은 세계 최고의 기병으로 불린다. 온대 지역인 유럽에 말을 도입한 것은 바로 그 유능한 기병들이었다. 그들의 후예로 기원전 4세기에 그들을 쳐부순 사르마트인들이 쇠로 된 등자를 발명했다고 전해진다. 등자 덕분에 안장 위에서 장거리 이동이 가능해졌고 적의 말들을 멀리 따돌릴 수 있었다.

스텝의 유목민들은 결코 한곳에 정주하지 않았다. 한곳의 풀을 고갈시키면 안 되었기 때문이다. 그들은 가축과 말에 의존해 살아가면서 이따금 알맞은 장소를 찾으면 한동안 농사를 지은 뒤 그냥 내버려두고 떠났다가 몇 개월 뒤에 돌아와 다시 농사를 지었다. 하지만 취약한 이동 기간에는 그들 역시 기후변화에 따라 복잡한 춤을 출 수밖에 없었다.[14]

말은 기동력이 뛰어나지만 소화력이 좋지 않다는 심각한 결함이 있다. 그에 비해 소는 흡수한 단백질의 25%만을 배설한다는 점에서 소화력이 뛰어난 가축이다. 그래서 소는 말라비틀어지고 단백질이 거의 없는 풀을 먹고도 거뜬히 살 수 있다. 말은 소와 반대로 흡수한 단백질의 25%만 소화하고 나머지는 배설해버린다. 두 동물 다 이른바 발효통이라는 것을 사용해 식물성 단백질을 에너지로 바꾼다. 소의 발효통, 즉 반추위는 음식물이 다 소화되지 않는 신체 부위에 위치한다. 여기서 박테리아가 활동하며 주로 식물의 세포벽에 간직되어 있는 식물성 단백질을 분해한다. 이렇게 분해된 단백질은 십이지장으로 전해지고 한번 더 분해되어 아미노산을 형성한다. 그 뒤 단백질은 소장으로 들어가서 혈류 속으로 흡수되어 근육을 만들거나 태아에게 영양분을 전달하는 등 중요한 목적으로 사용된다. 말의 반추위는 후장(後腸)에 있는데, 음식물이 이미 십이지장과 소장을 통과한 다음 이르는 부분이다. 그래서 말은 아미노산을 적게 형성하며, 소장의 벽을 통해 많은 양의 단백질을 흡수하지 못한다. 식물성 단백질은 쓸모없는 위치에서 박테리아 활동에 의해 분해되고, 질소를 풍부히 함유한 단백질로 바뀌어 말 자신이 아니라 토양을 풍부하게 만든다.

일반적으로 스텝에는 목초가 풍부하므로 소나 말은 섭취한 식물성 단백질을 전량 흡수할 필요가 없다. 그러나 가뭄기에는 식물성 단백질의 공급량이 부족하다. 살아 있는 풀은 약 15%의 단백질을 함유하고 죽은 풀은 4%밖에 없다. 건기에 신선한 풀이 죽으면 식물성 단백질은 매우 중요해진다. 소는 말보다 세 배나 되는 단백질을 보유할 수 있다.

말은 전투와 짐 수송에 쓸모가 컸다. 하지만 추운 겨울이나 격심한 여름 가뭄이 한 차례만 닥쳐도 수십 마리의 가축이 죽었다. 특히 눈이 두껍게 땅바닥을 덮은 때나 겨울의 먹이가 부족한 때 피해가 심했다. 암말은 새끼를 먹이지 못하게 되고 몇 달 뒤부터는 굶어 죽는 가축이 생겨난다. 가뭄은 씨가축만이 아니라 젖, 치즈, 요구르트 등 필수적인 식량의 원천도 파괴한다.[15] 유목민들은 죽은 말까지 먹을 수밖에 없었다. 건기가 2~3년 지속되면 그 효과는 더욱 파괴적이었다. 식량을 구하지 못하고 말도 없고 방어하고 습격할 힘을 잃게 된 집단은 다른 집단과 합치거나, 굶어 죽거나, 이동하는 것 이외에 대책이 없었다. 말 수천 마리가 몰사한 해도 있었다. 해결책은 단 하나, 더 나은 목초지를 찾아 이동하는 것이었다. 그런 곳은 대개 남쪽, 농부들이 정주한 지역의 가장자리였다.[16]

유목민과 가뭄의 춤은 칭기즈칸보다 훨씬 이전에 시작되어 오늘날까지 진행되고 있다. 이것이 바로 칭기즈칸의 군대가 800년 전에 아무런 대비도 없고 의심도 하지 않고 있던 세계를 급습하게 된 주요한 이유다.

*

기후 연구의 견지에서 보면 스텝은 방대한 여백이다. 지금까지도 관측과 측정 결과가 거의 없다. 게다가 중세의 역사 기록은 매우 드물고, 그나마 기후적 사건에 관해서는 거의 말해주지 않는다. 러시아의 기후학자들은 11세기 초부터 유라시아에서 발생한 대규모 가뭄 같은 극단적인 기후적 사건들을 연구하고, 30년 주기로 특별히 온난하고 한랭한 시기들을 추적했다. 그들은 그 주기를 나이테와 수문학적 정보 같은 증거 자료에서 나온 30년 주기의 온도, 강우량 기록과 연관지었다. 그 결과로 얻은 온도 곡선은 850년경부터 4세기 동안 온난기가 지속되었고, 온화한 겨울과 건조한 여름이 서유럽의 온난한 환경과 일치했다는 것을 말해준다. 기후가 항상 온화했던 것은 아니다. 『노브고로트 연대기』는 1143년과 1145년 가을에 폭우가 내려 수확을 망치고 기근이 발생했다고 말한다. 저자들은 또한 13세기 초에도 기후로 인해 17년간 기근이 지속되었으며, 절정에 달했던 1215년에는 도시의 주민들이 나무껍질을 먹고 자식을 노예로 팔았다고 전한다. 1230년에는 가뭄이 닥쳐 더 큰 고통을 낳았다. "평민들 중에는 산 자를 죽여 잡아먹는 일도 있었고, 시신의 살을 잘라 먹는가 하면, 개와 고양이까지 먹어치우기도 했다. … 이끼, 달팽이, 소나무 껍질, 석회, 느릅나무 이파리 등 먹을 수 있는 것은 모조리 먹었다."[17] 이런 재앙이 터진 시기는 서유럽에서 문헌의 기록이 가장 잘 전해지는 온난기, 즉 스칸디나비아의 선박들이 아이슬란드와 그린란드로 항해하고 래브라도에서 목재를 가져올 때였다. 소빙하기가 닥치기 전인 이 시기에 슬라브인들은 러시아의 북극해 연안, 노바야젬랴에까지 정주했다.

『노브고로트 연대기』는 유라시아 온난기의 기후가 결코 정태적이지 않았다는 것을 말해준다. 대규모 가뭄과 추운 겨울이 있었는가 하면 14세기 초와 같은 온화한 시기도 있었다. 빙하시대 이후 서유럽의 기후를 지배한 것은 북대서양 진동(North Atlantic Oscillation)과 그로 인한 아조레스제도와 아이슬란드 사이의 기압 변동이었다(북대서양 진동에 관해서는 '기후 고고학'을 참조하라). 아조레스 상공의 고기압과 아이슬란드 상공의 저기압은 지속적인 서풍과 온화한 겨울을 가져왔다. 그러나 아이슬란드와 스칸디나비아 상공에 고기압이 자리잡으면 유럽과 스텝에서 모두 겨울 기온이 하강한다. 중앙아시아는 이것을 조절해주는 대서양과 태평양에서 멀리 떨어져 있다. 대륙성 기후 체계는 기온과 강우량의 극적인 변화를 유발하고, 평원의 환경을 며칠 만에 바꿔놓는다. 봄이 약간 늦게 오거나 여름에 몇 주일만 가뭄이 들어도 연중 내내 목초지를 악화시킬 수 있다. 물론 『노브고로트 연대기』의 기록에는 스텝에 해당하는 내용은 없지만, 유라시아 대부분 지역에 걸쳐 춥고 습하고 온난하고 건조한 상태의 여러 주기가 닥쳤다는 것은 확실하다.

*

스텝의 가뭄은 보통 북극 지역의 지속적인 고기압에 의해 발생한다. 이 고기압은 오랫동안 한자리에 머물러 있을 수 있으므로 비를 머금은 평범한 전선을 차단하고 북쪽 바다로부터 고밀도의 차갑고 건조한 공기를 끌어들인다. 신선한 북극 공기는 건조도를 더욱 높인다. 예를 들어 1972년에는 모스크바 상공에 고기압이 여름 내내 머물면서 대서양 저기압을 차단했다. 이로 인해 볼가강과 우크라이나 등지에서는 뜨겁고 사막 같은 상태가 유지되었으며, 여름 강우량이 평균 20~30%나 감소되어 습도가 아주 낮아졌다. 기온은 정상보다 3~7°C가량 높아져 이 열기가 지면의 습기를 빨아들였다. 수백 년 전에 빈발했던 격심한 가뭄도 틀림없이 그와 비슷한 이유에서 일어났을 것이다.

중세 유목민들은 매년 기후변화를 뚜렷이 의식했다. 길고 눈이 많은 겨울에는 풀밭의 목초가 사라져버렸다. 귀중한 겨울 먹이는 조금씩 내주어 한두 달 더 버텨야 했다. 소들은 깔짚을 먹고 생존한 탓에 몸무게가 줄었다. 몸이 워낙 약해져 목동이 일으켜 주어야 하는 경우도 있었다. 송아지가 죽는 일은 비일비재했다. 여윈 짐승들은 추위로 죽거나 잔뜩 쌓인 눈 속에서 길을 잃었다. 특히 혹한의 겨울에는 짐승이나 사람이나 대량으로 죽어갔다.

여름은 갑작스럽게 왔다. 순식간에 눈이 녹아 평원이 진구렁으로 변하고 시냇물이 늘어나는가 싶더니 금세 여름의 목초지가 생겨났다. 온도의 상승은 곧 물이 토양 속으로 별로 침투하지 않고, 풀이 제대로 자라지 않고, 여름 목초가 그다지 신통치 않다는 의미였다. 이 문제를 해결하는 유일한 방책은 이동이었다. 스텝 중앙 지역의 유목민들은 추운 계절이 닥치면 목초지가 고갈되기 전에 최대한 신속하게 남쪽으로 이동했다. 여름에는 북쪽으로 이동해 전략적 요충지인 안전한 강 유역, 강우량이 다소 풍부하고 풀의 질이 나은 지역을 찾았다.

물이 있는 장소는 중요한 변수였다. 부족들은 저마다 강 주변을 영토로 삼았다. 특히 스텝 속으로 길쭉하게 파고든 가라앉은 강 유역을 좋아했다. 유목민들은 평원보다 낮은 유역의 융기된 부분에 집을 짓고 겨울을 난 뒤 봄이 오면 북상했다. 따뜻한 해에는 2월이나 3월, 추운 해에는 5월에 이동하는 게 보통이었다. 북상 이동은 현지의 목초지 여건에 따라 멈추거나 출발했고, 때로는 불어난 시냇물에 가로막히기도 했다. 가축들은 비옥한 목초지에서 풀을 먹었는데, 그 면적은 8400km^{2}에 달했다. 온난한 해에는 곡식을 파종하고 남쪽으로 이동할 때까지 그대로 방치했다. 건조하고 추운 해에는 파종할 기회가 없었다. 여름 목초지에 너무 늦게 도착한 탓에 파종을 해도 날씨가 곧 추워지면 농작물이 죽기 때문이었다.

온도와 강우량의 변동은 유목민과 환경의 관계를 크게 변화시켰다. 건조한 시기에는 가뭄 때문에 목초의 사정이 좋지 않아 가축의 수가 줄었다. 이럴 때는 풀과 물을 찾아 어쩔 수 없이 이웃의 영토를 침략하게 되는 경우가 많았다. 물 사정이 좋은 시기에는 가축의 수가 늘고 목초의 사정이 좋아지고 영토를 늘릴 필요가 없었으므로 전쟁이 줄어들었다. 수백 년 동안 스텝 가장자리에 사는 사람들은 늘 사나운 유목민을 두려워했다. 그들은 더 나은 목초지를 찾기 위해 예고도 없이 쳐들어와 폭력을 행사했던 것이다.

*

안타깝게도 칭기즈칸 시절의 기후변동을 말해주는 기후 자료는 거의 없다. 1천 년 전까지 거슬러가는 기후 기록은 고기후학의 로제타석이다. 비록 고대 온도와 강우량의 간접적 증거에 불과하다 해도 그런 연대기는 과학적으로 존중해야 마땅하다. 그런 자료는 중세온난기에 관해 10년이나 100년 단위의 기후변동을 알고자 하는 고고학자와 역사가에게 보물이나 다름없다. 앞에서 보았듯이 기후학자들 가운데 대담한 사람들은 그 기록을 토대로 1천 년이나 거슬러가는 기온의 장기적 재구성을 시도했다. 이러한 과거 기후의 초상은 대부분 나이테 기록, 역사 문헌, 과거에 있었던 관측에서 얻어진다. 하지만 칭기즈칸이 원정을 출발할 무렵 유라시아 스텝의 기후를 말해주는 기록은 여전히 공백이다. 몇 가지 나이테 증거를 통한 개략적인 일반화만 가능할 따름이다.

뉴욕 펠리세이즈에 있는 래먼트-도허티 지구관측소의 나이테 연구소 조사단과 몽골 국립대학교는 몽골 중서부 타르바가타이산맥의 고지대인 솔롱고틴 다바(일명 솔다브)에서 500년 된 살아 있는 시베리아 소나무의 표본을 채집했다.[18] 이곳의 생태 환경에서는 나무의 성장이 매년 온도 변화의 영향을 받는다. 몇 달간 조사한 결과 조사단은 살아 있는 나무를 바탕으로 1465~1994년의 온도 곡선을 만들어낼 수 있었다. 그런 다음 오래전에 죽은 나무의 잘 보존된 표본에서 나이테를 확보해 살아 있는 소나무의 나이테와 비교했다. 그 결과 기후 기록을 850년까지 거슬러 올라갈 수 있었다. 거기서 더 나아가 신빙성은 더 떨어지지만, 256년 로마가 아직 강건하고 스키타이족이 유라시아 스텝에서 번영했던 무렵까지 추적할 수 있었다.

솔다브는 오늘날의 기후가 온난하다는 사실을 분명히 말해준다. 1900년에서 1999년까지 나이테의 성장 속도가 가장 빨랐기 때문이다. 그러나 이미 800년경에도 뚜렷한 온난화의 흔적이 있었다. 가장 온난했던 해인 816년은 지난 1천 년간 가장 온난했던 해인 1999년보다도 온도가 높았다. 9세기의 온난 주기와 1400년대 초반의 온난 주기 사이에 중세온난기가 위치한다. 1100년경에는 더 한랭한 시기가 있었으므로 그 온난기는 한 덩어리가 아니었다. 그 뒤 소빙하기의 한랭기가 지속되면서 5세기 동안 한랭화와 온난화가 예측 불가능하게 이어졌다. 그 정점이 19세기의 가장 한랭한 시기였다.

솔다브 자료는 중세 온난화의 증거가 될 뿐 아니라, 거기서 나온 기후변동은 1장에서 설명한 바 있는 북유럽과 서유럽에 관한 잘 알려진 맨의 연구에서 나온 지난 4세기의 온도 변화와도 일치한다. 몽골의 잘 보존된 고대 소나무는 칭기즈칸의 정복이 온난기의 연장에 일어났고, 당시 말을 비롯한 온갖 종류의 가축에 의존해 살아가던 시대에 잦은 가뭄이 스텝 초원을 대규모로 파괴했다는 것을 말해준다. 몽골의 나이테 자료가 칭기즈칸 시대의 온도와 강우량 주기를 말해주는 믿을 만한 척도라면—그렇게 믿을 충분한 이유가 있다—스텝의 기후 펌프는 분명히 수천 년 전부터 유목민을 끊임없이 이동하게 하고 남쪽의 이웃들과 충돌하게 했다고 볼 수 있다. 차이가 있다면 칭기즈칸이 권좌에 오른 무렵은 스텝에서 목초지가 줄어드는 건조한 시기였다는 점이다. 그것은 새로운 일이 아니었다. 결국 그 탁월한 지도자는 경쟁하는 여러 부족과 독자적 성향을 가진 족장들의 복잡한 미로를 헤쳐나와 대규모 정복군을 만들어냈다. 신의 도리깨는 아시아와 유럽을 뿌리째 뒤흔들었다.

*

몽골의 나이테에서 확인된 긴 온난기는 칭기즈칸의 맹렬한 정복 활동과 일치한다. 무덥고 건조한 상태는 굶주림이 잠재하고 불안이 증대하는 시기에 전쟁의 가능성을 높였을 것이다. 칭기즈칸이 중국을 침략하고 1220년과 1221년에 중앙아시아에서 셀주크튀르크의 호라즘 제국을 무자비하게 격파함으로써 몽골인들은 정주 지역 깊숙이 파고들었다.

1227년 죽기 직전에 칭기즈칸은 아들들에게 이렇게 말했다. "하늘의 도움으로 나는 너희를 위해 방대한 제국을 정복했다. 하지만 나의 삶은 너무 짧아 세계 정복을 이룰 수는 없었다. 그 임무는 너희의 몫이다."[19] 그가 죽은 뒤에도 정복은 계속되었다. 그의 아들 오고타이칸은 1236년에 제국을 서쪽으로 더 팽창시켰다. 칭기즈칸의 손자인 바투는 크림반도를 정복하고 현재 불가리아에 해당하는 지역과 러시아 도시 열네 곳을 유린한 뒤 나머지 지역을 속국으로 만들었다. 다음에 그가 겨냥한 곳은 유럽이었다. '가장 먼 바다'까지 가는 게 그의 목표였다. 수부타이 장군이 이끄는 몽골군은 세 그룹으로 나뉘어 폴란드와 헝가리를 정복하고 오스트리아를 침략해 1241년에 유럽의 심장부로 돌진할 차비를 갖추었다. 바로 그때 오고타이칸이 사망했다. 바투는 대칸의 후보였으므로 말 머리를 돌려 스텝으로 돌아왔다. 결국 그는 대칸으로 선출되지 못하고 우랄 주변의 정복지를 다지는 데 전념했다. 그는 쿠만 스텝과 여러 러시아 왕국을 지배했으나 예전의 정복지에는 끝내 돌아가지 못했다.

＊

바투의 철군은 한랭다습한 기후가 돌아와 스텝의 목초 사정이 좋아진 때와 일치한다. 그의 왕국은 수세대 동안 좋은 목초지에 힘입어 번영을 누리다가 전쟁으로 무너졌다. 바투는 늘 서쪽으로 돌아가겠다는 꿈을 품고 있었지만 본국의 사정이 좋은 탓에 그의 백성들은 볼가강과 돈강에서 불가리아까지 방대한 영토를 목초지로 이용할 수 있었다. 형편이 좋고 남쪽 지역과의 무역이 활발했으니 굳이 야심 찬 정복을 재개할 유인이 없었다.

그러나 만약 기후의 균형추가 흔들리지 않았다면, 즉 스텝에 가뭄이 심화되었다면 어땠을까? 이전 세기의 경험으로 미루어 판단해보면, 전쟁과 끊임없는 이동이 지속되었을 테고 바투와 휘하 장수들은 서쪽으로 돌아갔을 게 거의 확실하다. 그의 첩자들은 이미 그에게 서유럽 왕국의 상황을 명확히 보고했다. 중무장한 기사가 위주인 서유럽 군대는 몽골 궁병과 기병의 상대가 되지 않는다는 것이 입증되었다. 만약 그가 수부타이 장군과 함께 수립한 원래 계획을 추진했다면, 오스트리아를 침공해 빈을 파괴한 뒤 독일 공국들을 쳐부수고 이탈리아로 방향을 돌렸을 것이다. 계획이 순조롭게 풀렸다면 계속해서 그는 프랑스와 에스파냐로 진군했을 것이다. 몇 년 뒤, 아마 1250년 초에 이르면 유럽은 몽골의 방대한 서방제국이 되었을 것이다.[20]

이런 일이 실제로 가능했을까? 몽골군은 이미 헝가리 평원의 전투에서 강력한 유럽의 군대를 격파하고 수천 명을 학살했다. 그들의 무자비한 정복과 무차별 살육의 이야기가 파벌주의와 고질적인 경쟁으로 몸살을 앓는 유럽에 미리 전해짐으로써 몽골군은 쉽게 심리적 우위를 차지했다. 바투가 유럽을 손에 넣었다면 몽골인들은 단순한 정복 활동에 성공한 것만이 아니라 대대적인 실험을 통해 다른 문화와 종교에 스스로 동화되고 조화되었을지도 모른다. 중앙아시아의 역사를 참고한다면, 새 정복자들이 유럽의 구조에 동화되면서 유럽문명은 번영을 지속했을 것이다.

하지만 흥미로운 질문이 생겨난다. 만약 그렇게 되었다면 유럽은 이슬람교도의 대륙이 되었을까? 혹은 다른 신앙을 용인한 몽골인들이 가톨릭교회를 그대로 남겨두었을까? 정복이 끝까지 수행되었다면 유라시아의 통일 제국을 횡단하는 육로가 생겼을 것이다. 그렇다면 아시아의 부에 눈독을 들인 유럽의 탐험가들과 상인들이 굳이 대서양으로 나가 희망봉을 돌아 인도로 가는 새 항로를 찾으려 할 필요가 있었을까? 또한 몽골은 이슬람교도의 에스파냐에 어떤 영향을 미쳤을까? 여기서 중앙아시아에서 있었던 것과 똑같은 과정을 예상해볼 수 있다. 그것은 곧 이슬람권의 팽창이다. 이슬람교가 피레네산맥을 넘어 북쪽으로 팽창하지 않았을까?

물론 정복의 추진력이 느슨해지는 시점이 있었을 것이다. 이를테면 정복자들이 대서양에 도달할 때이거나, 그 이전일 수도 있다. 기후의 균형추가 흔들리지 않았다면 가뭄에 찌들고 건조한 고향으로 돌아올 이유가 없었다. 그러나 스텝에는 평화가 안착되지 않았을 것이다. 이곳에서는 온화한 기후와 넓은 목초지가 있을 때도 매년 여름 많은 부족들이 남쪽의 아조프해와 아스트라칸-세라이 부근의 겨울주거지에서 돈강과 오카강 일대의 여름 목초지로 이동했다. 스텝과 유목 생활의 끌어당기는 힘에도 불구하고 황금군단(Golden Horde. 13세기 유럽을 원정하고 중앙아시아를 지배한 몽골군의 별칭; 옮긴이) 제국의 정치·경제적 중심은 물 사정이 더 좋고 정주가 잘된 서쪽으로 옮겨갔을 것이다. 하지만 그렇지 않았을 수도 있다. 칭기즈칸의 영토에서 그랬듯이 제국의 엄청난 규모, 부패, 비효율적 행정으로 인해 유럽은 르네상스와 발견의 시대에 보여준 모습과 전혀 다르게 수많은 소국들로 분할되었을지도 모른다.

몽골 지배의 고조와 퇴조는 수천 년 전부터 전해져온 유목 생활의 현실과 상당한 관련이 있었다. 목초의 사정이 좋으면 평화가 깃들었지만, 기후가 악화되고 가뭄이 스텝을 황폐화하면 전란이 터지고 정주 지역의 사람들이 공포에 사로잡혔다. 온난화와 한랭화, 풍부한 강우량과 가뭄, 넓은 풀밭과 목초의 부족이 끊임없이 반복되는 현상은 역사의 주요한 추진력이었다. 그것은 경제적 변화, 정치적 술책, 지배자의 개인적 능력에 못지않게 중요했다. 칭기즈칸과 그의 군대, 나아가 스텝의 가장 작은 부족도 그 현실의 영향을 받았다. 평원의 가뭄이 사회불안과 탁월한 지휘력을 만났을 때 역사의 골간은 흔들렸다. 가뭄이 지속되었더라면 유럽문명은 지금과 사뭇 다른 역사를 겪었을 것이다.

◀북대서양 진동▶

북대서양 진동(NAO)은 대서양에 있는 아조레스제도 상공의 지속적인 고기압과 아이슬란드 상공에 머무는 저기압 간의 불규칙한 기압 변동이다. NAO의 변화는 지금도 거의 이해되지 않고 있는 북대서양의 복합적인 대기-대양 역학의 일부분이다. NAO가 특별히 중요한 이유는 유럽과 유라시아 일부에 비를 가져오는 북대서양 폭풍의 위치와 강도에 영향을 주기 때문이다. 아이슬란드 상공에 저기압이 오래 자리 잡고 포르투갈과 아조레스 인근에 고기압이 형성될 때는 북대서양 상공에 서풍이 지속적으로 불고, 겨울 폭풍이 강해지고, 북유럽에 강우량이 많아지고, 겨울이 온난해진다. 그 반대로 북쪽의 기압이 높고 남쪽이 낮을 때는 유럽의 겨울이 더 추워지고 서풍이 약해진다. 북극과 시베리아에서 아주 차가운 공기가 남쪽과 서쪽으로 흐른다. NAO의 변화는 아직 아무도 예측하지 못하고 있다. '고' 상태와 '저' 상태는 보통 7년여 동안 유지되는데, 때로는 수십 년 동안 유지되기도 하고 급변하기도 한다.

또 다른 기압 변화도 유럽의 겨울에 영향을 미친다. 그린란드와 스칸디나비아 사이에 고기압이 지속되면 그린란드에서는 기온이 평균보다 높아지고 북유럽과 북아메리카 동부에서는 평균보다 낮아진다. 그린란드 상공의 기압이 유럽보다 낮을 때는 기온이 반대로 바뀌고 유럽의 겨울이 온난해진다. 온난기 수백 년 동안에는 그런 '그린란드 저기압'이 지속되었을 것이다.

NAO의 동태에는 여러 복합적 요인이 작용한다. 이를테면 대서양의 해수면 온도, 멕시코만류의 따뜻한 물이 그런 예다. 또한 그린란드 남부 연안의 강력한 하강류는 염도가 높은 멕시코만류의 물을 대량으로 대양의 수면 아래로 침강시켜 전세계 바닷물을 순환시키는 대양 컨베이어벨트를 작동시킨다. NAO는 엘니뇨와 라니냐를 유발하는 태평양의 복잡한 남방 진동(Southern Oscillation, 9장 참조)과 관련을 가지는 것이 확실하지만 아직 제대로 밝혀지지는 않았다.

④

무어인의 황금 무역

그들은 시질마사라는 도시를 출발해 …
별과 사막의 바위를 길잡이로 삼고
사막을 바다처럼 항해하면서 여행한다.

작자 미상,
「토푸트-알-알라비」(12세기)

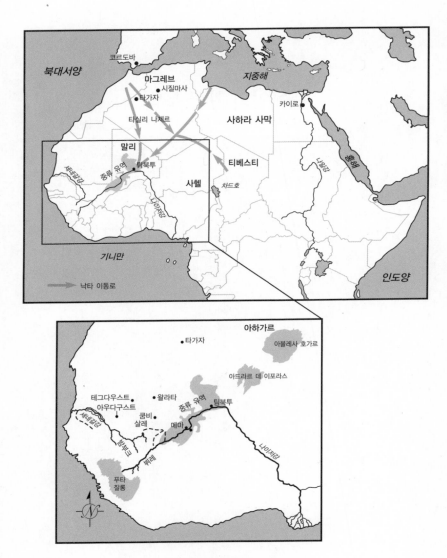

북대서양

코르도바

마그레브
시질마사
타가자

타실리 나제르

사하라 사막

카이로

지중해

말리

중류 유역 팀북투
세네갈강
니제르강
사헬

티베스티

차드호

기니만

낙타 이동로

인도양

나일강
홍해

아하가르

타가자

아불레사 호가르

아드라르 데 이포라스

테그다우스트
아우다구스트
세네갈강
쿰비 살레
메마
뷔레
푸타 잘롱

월라타
중류 유역
팀북투
나이저강

N

4장에서 나오는 곳들과 사막 대상의 개략적인 경로

1324년 7월●●

이집트 술탄은 진짜 이국적인 손님을 맞았다. 서아프리카 말리 왕국의 지배자인 만사 무사(Mansa Musa)가 메카 순례를 온 것이다. 수백 마리의 낙타와 노예들이 금붙이와 화려한 선물들을 짊어지고 사막을 건넜다. 만사 무사는 카이로에서 석 달 동안 궁정을 차렸다. 그의 신민들이 그의 앞에 엎드려 자기 머리에 사금을 뿌리는 것을 보고 이집트인들은 크게 놀랐다. 말리인들이 이집트 경제에 워낙 많은 금을 투입한 탓에 이집트에서는 몇 년 동안 금값이 10~25% 하락할 정도였다. 그 아프리카 왕국과 엄청난 부에 관한 소문은 그리스도교권과 이슬람권에 널리 퍼졌다. 14세기 말 유럽에 있는 금의 3분의 2는 말리에서 낙타들이 사하라를 횡단해 실어 나른 것이었다. 이 '무어인의 황금 무역'은 크게 다른 두 세계, 즉 지중해 세계와 서아프리카 수단 서부의 세계를 연결했다. 이슬람 지리학자들은 그곳을 '빌라드 에스 수단(Bilad es-Soudan)', 즉 '흑인의 나라'라고 불렀다.

*

유라시아 스텝이 그렇듯이 사하라 사막도 천연의 생태 펌프처럼 팽창하고 수축한다. 중세 유럽의 남쪽 경계에 해당하는 이 지역은 지구상에서 가장 더운 곳에 속한다. 건조한 북동풍이 불어 연중 온도가 대개 37°C 이상이다. 이렇게 보면 죽은 환경인 듯싶겠지만 사하라는 살아 숨쉬며 결코 정태적이지 않다. 강우량이 몇 mm만 늘어도 사막의 경계가 몇 km씩 줄어든다. 먼 과거의 온난기에는 건조한 산악지대에서 철따라 흘러내리는 강에 힘입어 넓고 얕은 호수와 반건조 상태의 초원이 현재 사막에 해당하는 수천 km²의 지역을 뒤덮고 있었다. 그중 살아남은 호수는 차드호 하나뿐이다. 12만 년 전 사막 남쪽 경계에 위치했던 차드호는 유라시아의 카스피해보다도 컸다. 오늘날 이 호수는 급속히 죽어가고 있다. 강우량이 많은 시절이면 사막은 동물과 인간을 차드호 북쪽까지 흡수한다. 사하라에 가뭄이 닥치면 수원과 풀밭이 말라버리고 얼마 안되는 사막의 사람들은 물 사정이 좋은 곳을 찾아 이동한다. 사하라 펌프는 절대 멈추지 않는다. 간혹 몇년 동안 침묵하다가도 해마다 강우량이 급격히 변동하는 시기가 되면 사납게 요동친다. 이제 소개할 것은 1천 년 전 이슬람 세계와 서아프리카의 황금 무역에 관한 이야기다. 이 무역이 온난기에 번영할 수 있었던 것은 적응력이 대단히 뛰어난 낙타의 덕분이며, 아프리카 지역에서 황금을 다룬 사람들이 중세온난기의 특징인 급변하는 극단적 기후에 자신들의 사회를 잘 조화시켰기 때문이다.

*

사하라와 사헬의 기후 역사는 한마디로 혼란스러운 변화의 혹독한 과정이다. 이에 관해서는 현대의 측정 기록과 모리타니아 연해에서 캐낸 심해 표본 자료로 잘 알 수 있다.[2] 그 기록을 베네수엘라 연해 카리아코 해분의 중요한 심해 표본과 연관 지을 수도 있는데, 이 점은 8장에서 다루기로 한다.

모리타니아 해저 표본은 북대서양 동부의 해수면 온도가 최근 갑자기 2℃가량 변했다는 것을 보여준다. 그와 동시에 대양의 수심에 따른 염도 변화는, 열대에서 북위도 지역으로 열을 전달함으로써 지구의 기후를 근본적으로 조종하는 대양 컨베이어벨트의 작동에 영향을 미친다. 북대서양 동부의 해수면 온도는 사하라에 불어 닥치는 건조한 바람에 강력한 영향을 미친다. 대서양 동부 북위 10도에서 25도 사이의 해수면 온도가 낮고 기니만의 수온이 더 높으면, 계절풍은 방향이 남쪽으로 바뀌어 사헬과 사하라에 가뭄을 유발한다. 이것은 1300년부터 1900년까지 모리타니아 해저 표본에 사헬의 건조한 상태—1960년대에 재앙을 가져온 대가뭄보다 더 나빴다—로 인한 한랭화가 기록된 것으로 알 수 있다. 이 표본은 지난 2천 년간의 기후 조건을 어느 정도 재구성할 수 있게 해준다. 중세 온난기도 그와 비슷한 과정이었을 것이다.

기원전 300년부터 300년까지 600년간 서아프리카의 기후는 안정적이고 건조했으며—동남아시아와 아마존 분지도 그랬다—강우량은 지금보다 다소 낮았다. 사람들은 나이저강 중류와 같은 물 사정이 좋은 곳으로 이동해 도시를 건설했다.

300년부터 강우량은 꾸준히 증가해 700년 무렵에는 지금의 125~150%에 달했으며, 예전에 줄어들어 있었던 차드호도 이때 다시 크게 불어났다(그 기간에 건기가 있었다는 증거는 없으나 확실하지는 않다). 그러다가 900년부터 1100년 사이에 돌연히 매우 불안정한 기후로 변했다. 대서양 맞은편의 카리아코 해분에서 계절풍의 변화가 커진 탓이었다. 때로는 강우량이 많고 안정적인가 하면 때로는 가뭄이 들었다. 이렇게 사하라 가장자리는 늘 변해왔다.

이런 변화를 이해하기 위해 기후학자 섀런 니콜슨(Sharon Nicholson)은 식민지 시대 열대 아프리카 전역의 기후 기록을 분석해, 아프리카 기후가 19세기 이래 반복적으로 거친 6가지 강우 유형 혹은 기후 양식을 찾아냈다.[3] 스펙트럼의 형태를 취하는 이 양식의 한쪽 극단은 1890년대와 1960년대 사헬의 특징이었던 극심한 건조함이고, 다양한 중간 단계를 거친 뒤 다른 쪽 끝은 습도가 엄청나게 높아 크게 늘어난 가축이 사막 언저리에 새로 형성된 초원에서 양껏 풀을 뜯는 풍경이다. 오늘날 사헬의 기후는 하나의 양식에서 다른 양식으로 아무런 경고도 없이, 전혀 예측할 수 없는 방식으로 불쑥 뛰어넘는다. 중세온난기에 돌연한 기후변동이 일어나 목축, 자급 농경, 장거리 무역을 하는 사람들에게 커다란 어려움을 안겨주었던 것과 거의 비슷하다.

전 지구적인 관점에서 그 변화들을 살펴보면, 사헬의 건조한 시기가 아조레스 상공의 고기압, 아이슬란드 상공의 저기압과 시기적으로 일치한다는 것을 알 수 있다. 이때는 북동 방향의 무역풍이 활발해지고 열대수렴대가 남쪽 멀리 내려간다.[4] 남서풍이 서아프리카에 가져오는 습기는 많지 않다. 북위 10~25도 지역의 해수면 온도가 2~4°C가량 더 낮고 기니만의 수온이 대체로 온난하면, 열대수렴대의 효과가 약화된다. 심해 표본을 보아도 양식의 변동이 일어날 때마다 내륙의 변화가 상당히 격렬했으며, 어떤 경우 극단적 한랭화가 선행되었다는 것을 알 수 있다. 900년경에 그런 현상이 일어났고, 11세기 초에도 그랬다. 그렇게 불안정한 단계에는 가뭄이 길어졌는데, 사헬 주민들에게는 커다란 어려움과 변화의 시기였다.

*

중세온난기의 따뜻한 기온과 가뭄은 사하라의 황금 무역과 사헬 주민들에게 어떤 영향을 미쳤을까? 사하라 대상들에 관한 한 그 영향은 미미했다. 그 이유는 낙타, 더 정확히 말하면 낙타의 등에 얹힌 안장 때문이었다.

유라시아 스텝에서의 삶은 소와 말, 좋은 목초지에 달려 있었다. 풀밭에 고온과 가뭄이 닥치면 유목민들은 목초지와 물을 찾아 이동했다. 1천 년 전 사하라의 황량한 평원과 고원은 강우량이 약간 늘어난다고 해서 소와 말이 쉽게 살아갈 수 있는 곳이 아니었다. 고전 시대에 사막은 무시무시한 황야였다. 헤로도토스는 지중해 연안의 리비아를 "야생짐승들이 들끓는 곳"으로 묘사했다. "짐승들이 득시글거리는 곳에서 더 내륙 방면으로 들어가면 물이 전혀 없고 아무도, 어떤 것도 살지 않는 모래사막이었다."[5] 유목민들만 오아시스 부근에서 드문드문 흩어져 살아갔다. 이들에게 생존과 굶주림의 경계는 언제나 종이 한 장 차이였다. 이곳에서 살기 위해서는 누구나 강인하고 지혜롭고 항상 이동해야 했다.

로마인들은 북아프리카를 번영하는 곡창으로 탈바꿈시켰지만, 사하라 사막을 건너 그 남쪽의 열대 지역까지는 가지 않았다.[6] 그들

낙타 안장 극심한 가뭄에도 거뜬히 견딜 수 있는 낙타를 '사막의 배'로 만들어준 것은 바로 안장이었다.

에게는 물 없이 며칠씩 이동할 수 있는 짐 싣는 동물이 없었기 때문이다. 짐을 싣고 사하라를 건너려면 풍부한 경험과 아울러 열흘 동안 물을 마시지 않고 걸을 수 있는 동물이 필요했다. 그 동물이 바로 낙타였다. 낙타는 극심한 가뭄에도 거뜬히 견딜 수 있었다.

황금 무역은 낙타가 없었다면 불가능했겠지만, 낙타를 '사막의 배'로 만들어준 것은 짐을 싣는 안장이 개발된 덕분이었다. 낙타는 혹에 지방을 저장하고, 긴 목을 움직여 풀과 나뭇잎을 뜯어 먹으며, 발이 푹신해 부드러운 모래를 걷기 알맞다. 또한 성능이 좋은 신장에 물을 저장하고, 열을 흡수해 체온을 크게 올리면서도 땀을 흘리지 않는다. 로마인들은 낙타를 잘 알았다. 그들은 북아프리카에서 수레를 끄는 데 낙타를 이용했고, 병사들을 보호하는 방벽으로 쓰기도 했다.[7] 그들은 이 짐승이 사막의 조건에 잘 견딘다는 것을 알고 있었다. 그러나 아무리 장점이 많다 해도 효율적인 짐 운반용 안장이 없으면 낙타를 제대로 이용할 수 없었다. 로마인들에게는 바로 그 안장이 없었던 것이다.

사하라 낙타 안장은 그리스도교 초기에 도입되었는데, 아마 현재 수단에 해당하는 나일강 유역이 처음이었을 것이다. 원래 그것은 전투용이 아니라 화물 수송용이었다. 안장은 혹 앞부분의 어깨에 설치해 화물 수송력, 지구력, 통제 효과를 극대화했다. 사하라 낙타 몰이꾼은 막대기나 발가락으로 낙타를 조종했다. 이제 낙타 대상들은 상당량의 물과 식량을 싣고 멀리 떨어진 오아시스들을 거치며 북아프리카에서 수단 서부까지 이동할 수 있게 되었다.

낙타 대상들이 언제 처음으로 사하라 서부를 횡단했는지는 알 수 없지만, 7세기에 이슬람군이 북아프리카를 정복하기 한참 전이었던 것은 확실하다. 그들이 개척한 길은 이내 정식 무역로로 발달했고, 나중에는 그들보다 훨씬 더 폭넓은 시야를 가진 이슬람교도 상인들이 장악하기에 이르렀다.

사하라 대상의 이동은 곧 정형화되었다. 매년 가을이면 짐을 잔뜩 실은 낙타들이 시질마사를 출발해 남쪽의 타가자에 가서 인근의 광산에서 캐낸 소금 덩이를 실었다. 소금은 아무 지역에서나 생산되지 않기 때문에 지금도 아프리카 농부들에게 귀중한 상품이다. 타가자를 출발한 대상 행렬은 잘 다져진 길을 따라 나이저강 중류의 왈라타, 가나, 젠네로 갔다. 아무리 환경이 우호적이라 해도 위험한 여행이었다. 사막은 강우량이 조금 많아져도 언제나 힘든 곳이었다. 열기와 탈수는 늘 위협적이었다. 사막 유목민들도 위험 요소의 하나였다. 버누스(burnoose. 아라비아인들이 입는 두건 달린 외투; 옮긴이) 차림에 가젤 가죽으로 된 방패와 창으로 무장한 그들은 예고도 없이 나타나 무자비하게 공격했다. 대상 조직자들은 대개 유목민 족장들과 협정을 맺고 그들이 장악한 오아시스 지역을 안전하게 통과할 권리를 확보했다. 유목민들은 상인들에게 길잡이를 제공했는데, 길잡이들은 큰 바위와 별을 보고 길을 안내했다. 또한 상인들에게 낙타를 팔았다가 여행이 끝나면 되사는 관습도 있었다.

대상은 잘 조직되어 있었다. 화물을 실은 낙타가 있는가 하면 물과 식량을 실은 낙타, 사람이 타는 낙타도 따로 있었다. 안전을 위해서는 무엇보다 규모가 커야 했다. 물과 식량을 실은 짐승의 수가 많아야 유목민의 습격에 방어할 수 있었다. 많은 화물을 수송해 큰 수익을 올리는 능력도 갖춰야 했다. 12세기에는 짐승의 수가 1200~2천 마리에 달하는 대상들도 있었다. 여행은 보통 6주에서 2개월이 걸렸고 주로 가을에 출발했다. 당대의 이슬람교도 지리학자 알이드리시(al-Idrisi)는 이렇게 썼다. "이른 새벽에 낙타에 짐을 싣고 출발해 태양이 지평선에서 떠올라 지상에 퍼진 열기가 참을 수 없을 때까지 이동한다."[8] 그다음에는 오후 늦게까지 쉬다가 밤에 다시 별들을 길잡이로 삼고 이동을 시작했다. 오늘날에도 이런 방식은 변함이 없다.

낙타를 이용한 대상은 중세온난기의 건조한 시기에도 사하라를 횡단하는 긴 여행을 할 수 있었다. 사막을 건너는 사람들은 특히 물에 관한 정보를 얻는 데 신경을 썼다. 그만큼 우물과 오아시스는 안전한 여행에 필수적이었다. 여건은 해마다 달라졌다. 습하거나 건조한 환경은 무역 방식에 큰 영향을 미쳤다. 습한 환경이면 사하라 중부의 아하가르산맥과 아드라르 데 이포라스 고지 주변의 자갈층에 우물을 많이 팔 수 있었다. 당시 많은 대상들은 사하라 중부의 사구들을 넘어 사막 가장자리의 중요한 소금 무역 중심지인 타가자와 아우다구스트(지금의 모리타니아)로 가는 직선 경로를 취했다. 건기를 맞으면 대상들은 서쪽 멀리 우회로를 택하거나, 빌라드 에스 수단으로부터 동쪽과 북쪽을 지나 아드라르 데 이포라스까지 간 다음 서쪽으로 방향을 틀어 시질마사에 도착했다. 이처럼 사막 펌프의 작동에 유연하게 대처할 수 있었던 이유는 낙타의 용도가 다양했기 때문이다.[9] 짐승이 죽고 지치는 경우는 부지기수였는데, 하나의 대상에서만도 수백 마리나 희생되었다. 무역로에는 낙타와 몰이꾼의 하얀 유골들이 여기저기 흩어져 있었다. 그러나 역경 속에서도 황금 무역은 중단되지 않았다. 낙타와 화물 수송용 안장은 사막 남쪽 먼 곳에서 살아가는 목축민들이 극단적 건조함에 시달리는 혹독한 시절에도 열기와 가뭄을 막아주는 강력한 무기였다.

*

온난기에 강우량이 들쭉날쭉했다는 사실은 거의 확실하게 알려졌다. 사하라 펌프가 제멋대로 작동하면서 사막의 가장자리는 해마다 넓어졌다 좁아졌다를 반복했다. 이슬람권이 서아프리카 황금 무역을 발견한 시기는 비교적 안정적이었던 기후가 끝나는 시기와 일치한다. 당시는 지금보다 강우량이 약간 더 많았고 물웅덩이도 꽤 있었다. 사막의 낙타 여행은 여전히 위험했으나 상당히 큰 규모로 조직이 가능했다. 외부 세계에는 다행히도, 낙타의 뛰어난 적응성과 사막 가장자리에 사는 주민들의 솜씨 덕분에 사하라 황금 무역은 기후변동의 영향을 그다지 받지 않았다.

낙타에 못지않게 중요한 요소는 인간이다. 고대부터 사막에 거주했던 유목민인 베르베르족은 낙타를 길렀고 많은 대상 행렬을 수행했다. 그들은 무역로의 양편 끝에 살면서 북쪽과 남쪽을 잇는 인간 교량의 역할을 했다. 또 다른 연결고리는 이슬람교였다. 이슬람교는 훗날 북아프리카의 상인, 사하라 유목민, 사막 남쪽의 여러 아프리카 지배자들과 상인들의 공통적인 종교가 되었다.

황금은 이슬람 세계에서 대단히 중요해 사막 여행의 위험을 극복하고 무역을 지속시킨 강렬한 유인이었다. 바그다드의 칼리프만이 주조할 수 있었던 금화 디나르는 마그레브(아프리카 북서부) 전역은 물론 에스파냐에서도 유통되었다. 처음에 황금의 주요 공급처는 시리아와 이집트의 노획물, 그리스도교 보물, 상이집트와 나일강의 먼 상류였다. 그러나 8세기에는 서아프리카의 황금이 잘 알려졌다. 광산에서 캐낸 사금 형태의 금은 사헬의 가나 왕국에서 남쪽으로 20일 거리에 위치한 세네갈강의 밤부크 일대에서 거래되었다. 이곳은 당시 황금 무역의 주요 기지였다. 야심 찬 상인들은 금 생산지를 장악하려 했으나 성공하지 못했다. 독립성을 고수하기 위해 광산업자들은 자신들의 작업을 비밀에 부쳤다. 그들은 금을 함유한 강의 자갈층에 수많은 작은 구멍들을 뚫어 금광석을 추출했다. 이렇게 단순한 작업으로도 금의 생산량은 막대했다. 그래서 바그다드의 천문학자 알파자리(al-Fazari)는 8세기 후반 가나를 "황금의 땅"이라고 불렀다.

804년 마그레브의 지배자는 수단의 금을 이용해 자체적으로 디나르화를 주조하기 시작했다. 수단의 금은 정복 전쟁의 자금을 지원하고 이슬람권에 막대한 부를 가져다주었다. 12세기까지 서아프리카의 금은 대부분 이슬람 세계가 소유했다. 서유럽이 금본위 통화를 포기한 것도 동방과의 무역 불균형으로 금이 빠져나가 보충할 방도가 별로 없었던 탓이 크다. 유럽은 점차 경제가 회복되고 이탈리아 도시들이 아라비아 해적에 맞서기 위해 강력한 함대를 구축하게 되면서 피복을 비롯한 여러 상품들의 무역량이 증가하자 점점 더 많은 양의 금이 필요해졌다. 13세기 말 유럽에서는 화폐 주조소들이 금화를 제작했고 나라마다 하나둘씩 금본위제로 돌아갔다. 금의 수요가 증대하자 금 가격이 상승했다가 이내 안정되었다. 14세기 후반 유럽의 금은 대부분 수단 서부에서 왔다. 낙타가 사막 펌프의 영향을 비교적 덜 받는다는 사실 덕분에 대상무역은 지속적으로 역사 변화에 일조할 수 있었다.

사하라 무역을 통해 서아프리카에서 얼마나 많은 금이 유출되었는지 정확히 알 수는 없다. 이븐 하우칼(Ibn Haukal)이라는 학자가 전하는, 10세기에 시질마사의 대상들에게 부과된 세금 내역으로 따져보면 연간 금 수출량은 약 8.5톤이었다. 당시 서아프리카에서 북쪽으로 운송된 금의 연간 총량은 그 두 배인 15~17톤이었을 것으로 추정된다. 951년 이븐 하우칼은 북부의 어느 상인이 4만 2천 디나르의 약속어음을 발행했다고 말하는데, 이는 전성기의 무역량이 얼마나 엄청났는지 잘 보여준다.[10]

그 막대한 금은 어디서 왔을까? 대상들은 남쪽으로 더 멀리 가기 전에 사막 가장자리의 아우다구스트에서 일단 행렬을 멈추었다. 아우다구스트는 규모가 크고 인구가 많은 베르베르족의 도시로, 높은 암반 아래 평평한 지붕을 얹고 진흙벽돌과 돌로 지은 집들이 많았다. 늘 사람들로 붐비는 아우다구스트의 시장에서는 상인들이 사헬에서 가져온 소금, 양, 꿀 등 온갖 식품을 팔았고 손님들은 금으로 대금을 지불했다. 이 번영하는 오아시스 도시는 물 사정이 좋은 덕분에 사하라 횡단 무역을 독점한 상인들에게 집과 같은 곳이었다. 상인들은 산하자(Sanhaja) 유목민의 보호 아래 대상을 조직했다. 이슬람교도 지리학자 알바크리(al-Bakri)는 도시를 지배하는 산하자 유목민 지배자의 권역이 한두 달 거리의 지역까지 팽창했다고 말한다. 그 지배자는 낙타 10만 마리를 동원할 수 있었다고 전해진다. 도시에는 금과 소금이 넘쳤다. 도시의 지도자들은 남쪽의 강력한 족장들, 특히 금이 풍부한 가나 왕국의 지배자와 우호 관계를 유지하려 애썼다.

왕은 마치 여자처럼 목걸이와 팔찌로 화려하게 치장하고, 금으로 장식한 높은 모자를 쓰고, 질 좋은 무명으로 된 터번을 두른 차림이다. 그가 있는 돔 모양의 누각 알현실 주변에는 금으로 수놓아진 장식천을 두른 말 열 마리가 서 있다. … 왕의 오른편에는 속국 왕들의 아들들이 있는데, 이들 역시 호화로운 의상에다 땋은 머리털을 금으로 장식했다.

누각의 문에는 순종 혈통의 개들이 있다. 개들의 목걸이도 금과 은으로 되어 있으며, 작은 금공과 은공이 무수히 박혀 있다.[11]

알바크리가 묘사한 가나는 그야말로 전설의 나라였다. 그는 사헬에 가본 적이 없었으므로 코르도바의 기록보관소에 있는 문헌을 이용했다. 그가 설명하는 가나는 아프리카 심장부에 있는 지중해식 궁정이었다. 수도는 도심이 둘이었는데, 하나에는 이슬람교도 상인들이 거주하는 12개의 모스크가 있었고, 다른 하나는 지배자의 저택과 신성한 숲, 10km가량 떨어진 왕실 무덤으로 구성되었다. 왕실 금고에는 14kg에 가까운 금괴가 있어 그리스도교권과 이슬람권에 명성이 자자했다.[12]

이 웅장한 수도 쿰비 살레는 팀북투와 나이저강 굽이에서 남남서쪽으로 500km가량 떨어진 곳에 있었을 것으로 추측된다. 현재 그곳에는 돌로 된 넓은 폐허가 있고 아랍어 비문도 나왔으나 왕궁의 터나 이슬람교도 여행자들이 전하는 무덤터는 없다. 이 유적은 사헬의 북쪽 경계 부근에 있는데, 강우량이 많은 시기에도 농경이 불가능한 곳이다.[13] 쿰비 살레는 가나의 수도가 아니라 더 분권화된 다른 왕국의 작은 무역 공동체였을지도 모른다. 지금으로서는 가나 왕국의 정체도 알 수 없고 그 수도도 확실하지 않다. 한 가지 분명한 사실은 이슬람 국가가 아니라 토착 아프리카 문명권이었다는 점이다. 알바크리가 묘사한 것과는 사뭇 다르게 금의 산지인 서아프리카에 깊이 뿌리 내린 공동체였다.

금의 원천은 오랫동안 수수께끼였다. 872년에 역사가 알야쿠비

(al-Yaqubi)는 금이 땅바닥에서 당근처럼 솟아난다는 옛이야기를 그대로 되풀이했다. 금에 관한 이야기가 늘 그렇듯이 그 전설은 점점 큰 힘을 얻어 마침내 금이 무진장으로 있다는 '황금의 섬'을 만들어 냈다.[14] 광산업자들은 금의 가치를 잘 알고 있었으며, 금광석이 묻혀 있는 장소를 엄격한 비밀에 부쳤다. 외부인들이 금의 공급을 통제하려 들지 못하도록 하기 위해서였다. 그래서 그들은 직접 대면하고 거래하지 않으려 했다. 상인들이 소금 덩이 같은 물건들을 강둑에 쌓아놓고 물러가 있으면 현지 주민들이 물건 더미 옆에 금을 놓아두는 방식이었다. 상인이 그 자리로 돌아와 만족하면 금을 가지고 물러가서 북을 두드려 거래가 종결되었음을 알렸다. 한번은 상인들이 광산업자 한 명을 납치해 금의 원천을 알아내려 한 적이 있었다. 하지만 업자는 죽을 때까지 입을 열지 않았다. 이 사건 이후 거래가 완전히 끊겼다가 3년 뒤에 재개되었다.

밤부크와 그 동쪽에 있는 뷔레의 광산업자들은 소심하고 조심스러운 사람들이었으며, 금 채굴 작업을 비밀로 유지하기 위해 애썼다. 그 때문에 그들의 무역은 무척 은밀했다. 사하라 출신의 베르베르 상인은 아무도 금광에 간 적이 없었다. 결국 황금의 섬은 영원한 수수께끼로 남았고 지금도 마찬가지다. 12세기에 알이드리시는 그 섬이 길이가 500km, 너비가 250km에 달하고, 매년 범람하며, 현지 사람들은 "금을 쌓아두고 있다"고 말했다. 그의 지도에 표시된 그 섬의 위치는 철따라 범람하는 나이저강 중류의 삼각주인데, 만데어[서아프리카의 만데(Mande)족이 쓰는 언어; 편집자]를 쓰는 농부들과 어부들이 살고 있었다.

*

나이저강은 아프리카의 큰 강들 중 하나로, 시에라리온 접경지대의 기니산맥에서 시작되어 북동쪽의 커다란 내륙 삼각주에서 지류들이 어지러이 얽히며 수로, 늪, 호수 등을 이룬다. 이 내륙의 범람원을 가리켜 고고학자 로드릭 매킨토시(Roderick McIntosh)는 "황량한 사하라와 접경하고 있는 방대한 충적토의 정원"이라고 부른다.[15] 여기서 사막 대상들은 더 오래된 강변 무역로와 접촉했다. 나이저강 중류의 범람원에는 곡식이나 도기를 제작하는 흙 등 기본 물자가 풍부했으나 메소포타미아처럼 돌, 광석, 소금이 없었다. 수세기에 걸쳐 이 일대의 만데족 농부들과 어부들은 가깝고 먼 다른 민족들과 격자형의 접촉망을 발달시켜 필요한 물품을 얻었다. 또한 그들은 사하라 황금 무역에도 열심히 참여했다.

만데족은 사하라 민족의 후예로서 2천 년 전 이 지역에 연속적으로 건기가 들었을 때 사헬에 정착했다. 오늘날 만데족은 감비아에서 코트디부아르까지 서아프리카 넓은 지역에 퍼져 있다. 그들은 기장을 재배하면서 목축을 병행했고, 사막의 상인들과 구리, 소금, 준보석 등을 거래했다. 그들이 남쪽으로 이동했을 때 상당수가 비옥한 나이저강 유역으로 이주했다.

오늘날에는 매년 홍수로 5만 5천 km^{2}의 늪과 호수가 범람하지만 과거 습한 시절에는 그 면적이 훨씬 더 넓었다.[16] 범람원의 환경은 다양하고 예측 불가능하며, 조밀한 지형이나 토양과는 근본적으로 다르다. 범람원에 사는 만데족은 물고기를 잡아 살아가는 보조족과 아프리카벼(Oryza glaberrima)의 여러 변종을 재배하는 마르카족으로 나뉜다. 보조족은 늘 이동하며, 그들의 삶에는 작은 물고기와 커다란 나일 농어의 산란 주기가 매우 중요하다. 고기를 대량으로 잡을 수 있는 인공 댐 주변에는 때로 150척이나 되는 카누들이 모여든다. 대규모 조업에는 마르카족도 거든다. 그 대가로 보조족은 마르카족을 도와준다. 범람이 고조될 때는 고기잡이가 잘 안되고 쌀농사가 잘되기 때문이다.

마르카족의 농부, 상인, 화가, 음악가 들은 대단히 척박한 환경에서 농사를 짓는다. 갑작스러운 홍수와 폭우는 1년 농사를 단 한 주일 만에 망쳐버릴 수도 있다. 범람이 너무 이르거나 늦으면 마을은 황폐해진다. 우기 초기에 강우량이 불규칙하거나 건기를 맞으면 갓 경작한 밭이 훼손되고 새와 쥐에게 곡식을 빼앗긴다. 마르카족은 그런 불확실성에 대응해 쌀의 몇 가지 변종을 재배했다. 하지만 무엇보다도 그들의 성공은 수세대에 걸쳐 축적된 날씨를 예측하는 지식에 달려 있다. 낙타의 고유한 특징은 대상의 지도자들에게 기후 효과에 편승하는 능력을 준 반면 나이저강 유역의 사람들은 사회공학과 의식 행사를 탁월하게 결합해 사회를 적대적이고 예측 불가능한 환경에 잘 적응시켰다.

1천 년 전 나이저강 중류에 살았던 사회들은 다양한 문화들이 매우 이질적인 환경에서 존속했던 곳에서 끊임없는 변화를 겪으며 번영했다. 그 번영은 여러 가지 작물의 변종을 재배하고 사회적 기억을 포괄적으로 이용한 덕분이었다. 매킨토시는 나이저강 중류 유역을 "상징적 저수지"라고 부른다. 이곳에서는 아주 오래전 과거에 생겨난 공통적인 사회적 가치관이 수천 년 동안 살아남아 역사와 사회를 규정했다. 고대 메소포타미아의 경쟁하는 도시국가들처럼 모든 권력이 중앙으로 향하는 고도로 집중화된 권위주의적 왕국들은 없었다. 또한 고대 마야나 중세 유럽과 같은 권력의 위계도 없었다. 이 세계는 강력한 친족집단과 온갖 종류의 활동에 종사하는 사람들이 암묵적인 균형을 이루며 더불어 살아가는 곳이었다. 모든 사람이 상당한 자율성을 누리고 서로 도운 것이 예측 불가능한 사막 가장자리의 기후에서 생존의 확률을 높여주었다.

*

아프리카에서 인간이 거주한 가장 오랜 고고학적 유적들 중 하나를 보면 발전하는 만데 세계의 생생한 모습을 알 수 있다. 현재 나이저강 상류의 도시 젠네에서 남쪽으로 3km 떨어진 곳에는 젠네-제노라는 고대 언덕 유적이 있다.[17] 그곳은 전략적 요충지였다. 아프리카벼를 재배할 수 있는 기후인데다 목초지와 트인 평원이 가까이 있고 보트를 이용해 나이저강으로 쉽게 갈 수 있다. 젠네-제노는 아마 기원전 300년경 건조해지는 사하라가 사람들을 가장자리로 내몰 때 생겨났을 것이다. 사람들이 살아온 1600여 년 동안 그곳은 홍수가 심한 해에도 물에 잠기지 않았다. 서아프리카는 물론이고 어디에도 그렇게 긴 역사를 가진 곳은 드물다. 정주지는 가로세로로 팽창해 300년경 20헥타르였던 면적이 3세기 뒤에는 거의 두 배로 늘었다. 젠네-제노 사람들은 농경, 사냥, 채집, 고기잡이로 살았다. 이런 자급 경제는 수백 년간 인구가 증가하고 기후 조건이 급격히 변했어도 거의 달라지지 않았다. 도시의 오랜 역사를 통틀어 주민들은 매우 다양한 경제를 고수했으며, 마야인들처럼 관개 작업을 통해 밭을 늘리려 하기보다는 다양한 미세환경(microenvironment. 미생물이나 세포 수준의 작은 환경; 옮긴이)에 의존해 살아갔다.

젠네-제노의 후기 역사에는 한때 주요 정주지 4km 이내에 마을이 69개나 있었다. 그런데 왜 이 지역의 사람들은 이슬람권처럼 인구밀도가 높은 도시를 이루지 않고 촌락을 이루어 살았을까? 그 이유는 기후에서 찾을 수 있다. 만데족은 변화무쌍하고 재난의 가능성이 상존하는 기후 여건에서 살았으며, 이런 현실을 배경으로 자신들의 사회를 건설했다.

발굴 결과에 따르면 젠네-제노 사람들은 수세기 동안 농경, 고기잡이, 채집을 생활의 기반으로 삼았고, 필요할 경우 지역 환경 내에서 다른 곳으로 이동했다. 그러나 그들은 단기적인 기후 주기의 영향을 받는 수동적인 볼모는 결코 아니었다. 매킨토시는 만데족이 적극적이었다고 믿는다. 그들은 예측 불가능성에 대처하기 위해 농경과 더불어 금속 가공 같은 전문 기술을 경제 속에 포함시켰다. 따로 사는 사람이든 모여 사는 사람이든 친족관계로 얽혔으며, 신화와 전설을 의사결정의 근거로 삼았다. 카리스마를 가진 지도자도, 도시나 강력한 지배자도, 법과 질서를 집행하고 사회를 결속시킬 군대도 없었다. 그 대신 신앙과 의식의 '기후장치'가 강우와 가뭄을 예측하는 틀이었다.[18] 선택된 사람들이 세심하게 보존한 사회적 기억이 바로 만데족이 사용하는 기후장치의 핵심이다.

*

　고대 사회들이 기후변화, 인지된 환경변화에 어떻게 대처했는지 알 수 있는 방법은 무엇일까? 지금 고대인들의 정신을 재구성해볼 수는 없다. 하지만 우리는 만데족의 사회적 기억을 조사할 수 있다. 사회적 기억은 그들의 존재를 복잡한 방식으로 현실 세계와 연결한 다. 그들은 오늘날처럼 기후변화, 파괴적인 가뭄과 홍수의 사회적 기억을 분명히 가지고 있었다. 그들의 마음속에서 그 기억은 재앙 에 희생된 사람들의 이름, 나아가 그 이름을 따서 지은 이름과 연관 된다. 혹은 신비스러운 능력을 가졌다고 여겨지는 대장장이 같은 사람들의 집단을 통해서도 전승된다. 그들은 누대에 걸쳐 기후변동 과 환경 조건에 관한 지식을 보존하며, 임박한 위험을 예측하고 그 것에 맞서는 전략을 수립한다. 여기서 쟁점은 기후를 포함한 여러 가지 위험이 도사리고 있는 미래에 대비하기 위한 의사결정의 권한 이다. 누가 그런 문제를 처리할 수 있는가? 기후변화에 관한 위험한 지식을 남용하지 않고 사회적 대응을 이용해 사익을 취하지 않을 만한 사람은 누구인가? 만데 사회에서 기후 예측은 기후학자의 공 평하고 과학적인 예측과 달랐다. 기후를 예측하는 사람은 사회적 행동과 연관된 책임을 지고 있다. 그러므로 그의 예측은 객관적 세 계의 기후변화와 인간 활동의 근간이 되는 인지된 세계를 연결하는 중대한 의미를 가진다.

　만데 사회의 기후장치를 움직이는 동력은 전설과 상징으로 전해 지는 익숙한 문화적 가치관이다. 만데 사회를 구성하는 많은 이해

집단들은 수세기 동안 땅과 역사의 사건을 놓고 끊임없이 서로 협상한다. 그 결과가 바로 구승 전설과 기후적 사건들에 관한 회상으로 정의되는 강력한 사회적 기억이다. 그 사회의 유연한 적응성은 익숙하면서도 끊임없이 변화하는 사회적 풍경에 달려 있다. 만데족은 매우 복잡하고, 변화무쌍하고, 예측 불가능한 사헬의 기후를 항상 지켜보면서 적절히 대응해야 했다. 강우량이 풍부한 때에서 건기로, 혹은 그 중간 양태로의 급격한 변동은 핵심 가치를 형성하고 권위를 변화시키는 생태적·사회적 위기였다. 그렇기 때문에 젠네-제노 사람들을 비롯한 만데족은 집단을 이루어 살았으며, 고대 마야인이나 페루 북해안의 치무족처럼 고도로 집중화된 사회가 아니라 기후변화에 더 유연하게 적응할 수 있는 혼계적 사회를 구성했던 것이다.

만데 사회에서 큰 영향력을 행사한 사람들은 비밀 조직의 회원이었다. 특히 '코모'라는 비밀 조직이 세력을 떨쳤는데, 그 지도자인 '코모티기'는 오늘날로 치면 대장장이였다. 원래 이 비밀 조직은 나이저강 유역에 야금술이 전래되기 오래전에 사냥꾼 단체로 출발했다. 코모티기는 미래를 내다볼 줄 아는 능력을 가지고 있어 치료사이자 악의 주문을 막는 역할을 했다. 점성술에 능하고 날씨를 예측할 줄 알았던 코모티기는 천문과 눈에 가장 잘 띄는 천체를 연구했다. 나아가 코모티기는 동식물의 행동에 관한 전문가였으며, 파종기에 비가 내릴지도 예측했다. 코모는 현재까지도 극비의 사냥꾼 단체로 잔존하고 있다. 오늘날 나이저강 유역에는 7개 이상의 대규모 비밀 조직이 있다.

만데족 최초의 전문가는 신비스러운 능력과 사회적 권위를 가진 사냥꾼들이었다. 까마득한 옛날부터 그들은 영혼이 스며 있는 특별한 장소, 힘과 더불어 위험이 도사린 곳을 찾아다녔다. 여기서 그들은 날씨와 기타 생활의 여러 측면을 통제하는 능력을 얻었다. 2천여 년 전 농경과 철 가공이 시작된 이후 대장장이는 중요한 '냐마'(냐마란 지구의 힘을 가리킨다)를 가진 사람으로 간주되었다. 최초의 비밀 조직을 이룬 대장장이들은 환경과 사회의 압력에 맞서는 상징적·신화적 수단을 갖추고 수백 년에 걸친 만데의 역사에서 위계와 집중화에 저항했다. 만데의 비밀 조직들은 수세기에 걸쳐 방대한 지역의 환경에 관한 지식을 전파했다.

만데 사회의 이 위대한 영웅들은 위험한 세계를 안전하게 돌아다닐 수 있는 냐마의 힘을 가졌다. 예를 들어 대장장이-주술사인 '파콜리'는 주술사의 모자에 매달려 있는 새와 뱀의 머리 같은 의약품을 얻으려 애썼다. 파콜리의 탐색은 그를 영적·상징적 세계로 데려다주는 지식 여행이었다. 또 다른 신화적 영웅인 보조족의 '판타마아'는 어릴 때 뛰어난 사냥꾼이 되는 방법을 다 깨쳤다. 죽음의 위협에 직면한 동물들은 한데 모여 회의한 끝에 가젤 한 마리를 뽑아 젊은 여인으로 둔갑시키고 판타 마아를 유혹하게 했다. 그를 황야로 꾀어내 죽이려는 것이었다. 그러나 판타 마아는 사냥꾼의 장비를 이용해 그 음모에서 벗어났다.

냐마는 산 것과 죽은 것들 사이를 떠도는 기본적으로 악한 에너지다. 만데 사람들이 기후변화를 인식할 수 있었던 이유는 냐마의 흔들림 때문이다. 냐마의 흔들림이 환경에 어떤 영향을 주는지 오랜 기간에 걸쳐 연구한 결과 만데의 영웅들과 코모티기는 기후변화를 예측할 수 있게 되었다. 능력이 가장 뛰어난 사람은 비나 가뭄을 가져오는 힘을 조작하는 영적 능력, 먼 거리에서 생각의 힘만으로도 사람을 죽일 수 있는 능력을 가졌다. 이렇게 카리스마를 가진 사람들은 자신에게 능력, 권위, 지식을 준 상징 세계를 돌아다녔다. 사냥꾼은 황야를 떠돌며 영적인 힘을 주는 장소를 찾아 그곳에서 정령의 동물을 죽였다. 그 사냥으로 최고의 사냥꾼만 통제할 수 있는 많은 양의 냐마가 풀려났고, 고통을 겪는 공동체는 물 사정이 좋은 땅을 얻을 수 있었다.

사냥꾼의 산막은 누대에 걸쳐 기후에 관한 지식과 지역의 자원에 관한 지식이 축적되어 있는 엄숙한 곳이었다. 지금도 명성이 높은 사냥꾼들은 그런 산막으로 가서 신비스러운 지식을 얻는다. 만데의 농부들에게 환경은 예나 지금이나 수많은 인명과 지명의 목록이며, 인간사와 기후변동을 예측해 수세기 동안 가뭄, 홍수와 싸워 이긴 기록이다.

만데의 기후장치는 훌륭했다. 800~900년에 젠네-제노는 길이 1km에 적게 잡아도 2만 7천 명이 거주하는 도시였으며, 반경 4km 이내의 지역에 위성촌락이 69개나 있었다. 300~700년에 강우량은 1930~60년에 비해 20%나 많았다. 1000년 이후에는 기후가 더욱 변덕스러워지면서 도시가 쇠퇴했다. 사람들은 쌀농사를 짓는 저지대를 버리고 더 높고 토질이 부드러운 범람원으로 옮겨 쌀농사 대신 가뭄에 저항력이 큰 기장을 심었다. 이렇게 전환한 데는 환경이 더 건조해지기 시작했을 무렵 강의 범람 양식이 변화된 탓도 있었다.

뱀의 화신을 가진 만데족 사냥꾼

물이 들어찬 저지대의 수로 부근에 조성된 메마의 커다란 언덕들은 작고 고립된 정주지로 바뀌었고, 심지어 사구로 변한 곳도 있었다. 나이저강 중류 전역에서 크고 작은 공동체들은 새 환경에 적응했다. 그러나 그들의 조상들에 비해서는 적지 않은 고통을 겪어야 했다.

*

이런 문화적 환경에서 700년경 기후가 다소 안정적이었던 시기가 끝나자 가나 왕국이 탄생했다. 만데족의 구승 전설에 따르면 가나 족장들의 조상으로 위대한 영웅이자 뛰어난 사냥꾼이었던 딩가가 나마를 얻었다고 한다. 그 지역을 돌아다니던 딩가는 힘의 장소를 찾아가 그곳을 지키는 지식의 동물과 싸워 승리했다. 딩가는 젠네에 27년 동안 살면서 아내를 얻었으나 자식은 없었다. 이 시기에 그는 젠네와 굳은 동맹을 이루었을 것이다. 젠네는 가나의 지배를 받지 않았으나 늘 우호적인 이웃이었다. 이후 딩가는 다시 북서쪽으로 이동해 달랑굼베에서 한 여성 수호정령과 싸워 이기고 가나 왕국을 세웠다. 이 과정에서 그는 아마 복잡한 동맹을 맺고 여러 사회집단들을 뭉쳤을 것이다. 사헬에서는 그런 일이 여러 차례 반복되었다. 느슨한 결합을 이룬 족장 집단이 중앙 세력에게 조공을 바치는 식이었다. 이리하여 가나 족장은 남쪽으로부터 오는 금과 기타 물자에 세금을 매길 수 있게 되었다. 동시에 그는 적대적인 낙타 유목민이나 비협조적인 족장을 처리하기 위해 상비군을 조직해 운영했다.

지리학자 알바크리가 설명하는 가나는 수백 년간 안정적이고 비교적 우호적인 기후 여건에서 등장했다. 그가 말하는 가나는 이질적인 조직들이 많은 탄력적인 왕국이었다. 그 유연성은 정복을 통해서도 얻어졌지만 그보다는 만데족의 근본적 특징인 항상적인 힘의 균형으로 얻어졌다. 가나는 실제로 막대한 부를 소유했으나 그 부를 가져다준 것은 금과 물자가 아니라 토착 문화의 풍요로운 관행과 전통이었다. 그 덕분에 사회 구성원들은 무자비하고 난폭하고 극단적인 기후 속에서 번영을 누릴 수 있었다.

전설에 의하면 딩가는 죽음을 앞두고 그동안 축적한 나마를 아들인 물뱀 비다에게 물려주었다. 가나를 창건한 족장 디아베 시세의 쌍둥이 형제인 비다는 남서쪽으로 며칠 거리에 위치한 밤부크에 살았는데, 매년 왕국의 가장 아름다운 처녀를 자신에게 바친다면 많은 비를 내려주고 금을 주겠노라고 약속했다. 어느 해 처녀의 구혼자가 뱀을 죽였다. 잘린 뱀의 머리는 일곱 번을 구른 뒤 말리에서 더 가까운 금의 산지 뷔레에서 멈추었다. 이로 인해 금의 산지는 밤부크에서 말리 쪽으로 옮겨졌다. 가나 왕국은 7년간의 가뭄과 기근을 겪은 끝에 붕괴했다. 정령의 동물이 죽자 악령인 냐마가 활동하기 시작했다. 기후가 다소 안정적인 시기가 끝나자마자 가나가 사막의 이웃들과 다투게 된 것은 우연이 아니었다.

구승 전설은 변덕스러운 인간의 기억을 통해 걸러진 역사다. 비다의 죽음과 뒤이은 가뭄의 이야기는 아마 격렬했던 기후변동, 늘 적응력이 뛰어났던 왕국을 멸망으로 몰고 간 대가뭄의 희미한 기억일 것이다. 이슬람교도의 영향력이 커지고 정복 활동이 고조될 무렵에도 가나는 이슬람화되지 않았다. 그러다 1076년에 알모라비데 족장인 아부 바크르(Abu Bakr)가 쿰비를 정복하고 주민들을 이슬람교로 개종시켰다.[19] 그로부터 150년 뒤 동쪽에서 말리 왕국이 크게 일어났고, 1324년 만사 무사의 메카 참배로 황금 제국이 세상을 떠들썩하게 만들었다.

◀ 열대수렴대(ITCZ) ▶

　　북동 무역풍과 남동 무역풍은 적도 부근에서 만나 저기압 지대를 형성한다. 두 바람이 모여 습한 공기를 상승시키면 위로 올라간 공기가 냉각되면서 수증기가 응축된다. 여기서 만들어진 많은 비가 철따라 태양열이 가장 강렬한 지역, 해수면 온도가 가장 높은 해역으로 이동한다. 9월부터 2월까지 열대수렴대(Intertropical Convergence Zone, ITCZ)는 남반구로 이동해 북반구의 여름 동안 반대 방향으로 작용한다. 육상을 이동하는 동안 열대수렴대는 바다 위를 이동할 때보다 변화가 적어지고 적도 바로 북쪽에 이르면 거의 움직이지 않는다. 여기서 태양열이 증대하면 강우량이 많아지고, 태양열이 감소하면 강우량이 줄어든다. 또 온도가 상승하면 강우량이 증대하고 하강하면 줄어든다. 엘니뇨(9장의 '기후 고고학' 참조)는 열대수렴대에 큰 영향을 미쳐 열대 태평양의 해수면 온도를 더욱 온난하게 만들고, 대서양과 사하라 사막 가장자리의 강우량을 적게 만든다.

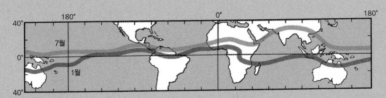

열대수렴대와 그 영향권

이누이트족과 바이킹

그들은 배를 준비해 바다로 나갔다.

처음으로 상륙한 곳은 비아르니가 마지막으로 보았던 나라였다.

그들은 해안을 향해 똑바로 항해한 뒤 닻을 내리고 보트를 내려 상륙했다.

풀밭은 보이지 않았고 후배지는 방대한 빙하로 뒤덮여 있었다.

빙하와 해안 사이의 땅은 하나의 커다란 암석판처럼 보였다.

그들이 보기에는 전혀 가치가 없는 땅이었다.

그린란드 전설(12세기)[1]

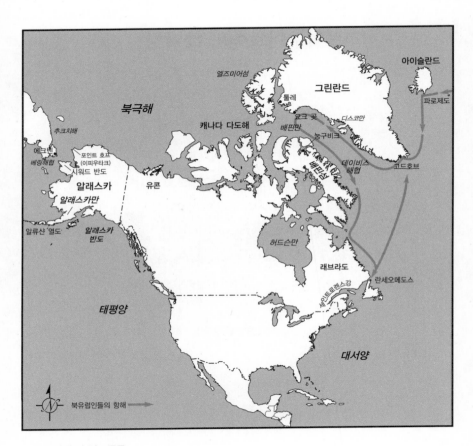

다음 그림의 각 지명은 다음과 같다:

북극해 · 엘즈미어섬 · 그린란드 · 아이슬란드 · 파로제도 · 툴레 · 캐나다 다도해 · 요크 곶 · 디스코만 · 배핀만 · 눙구비크 · 추크치해 · 에크벤 · 베링해협 · 포인트 호프 (이피우타크) · 시워드 반도 · 알래스카 · 알래스카만 · 유콘 · 데이비스 해협 · 고드호브 · 배핀섬 · 알류샨 열도 · 알래스카 반도 · 허드슨만 · 래브라도 · 세인트로렌스강 · 란세오메도스 · 태평양 · 대서양

N

북유럽인들의 항해 ⟶

5장에 나오는 곳들

1000년●●

　　그린란드 서부, 검은 바다를 배경으로 파도가 섬세한 장식창처럼 반짝이는 데이비스해협의 상공에 옅은 안개가 맴돌고 있다. 턱수염을 기른 북유럽인 선장이 몸에 스미는 한기도 잊은 채 잿빛 하늘을 응시한다. 두꺼운 외투를 입은 선원들이 이리저리 돌아다니고, 선미에서는 키잡이가 혼자서 커다란 노를 조종하고 있다. 젊은이 두 사람은 철검이 녹슬지 않도록 빛나는 칼날에 기름을 바른다. 배가 파도에 밀려 넘실거릴 때마다 사각형 돛이 삐걱거리고, 선체는 파도에 맞춰 부드럽게 요동친다. 배가 천천히 나아가자 오르내리는 파도 사이로 작고 평범한 섬이 언뜻 눈에 들어온다. 차가운 북풍이 어둑한 공기를 뚫고 속삭이며 불어온다. 키를 조종하는 데 필요한 최저 속도의 바람이다. 젊은 선원들은 예전에도 불확실한 상황을 헤쳐나온 바 있다. 줄기차게 몰아닥치는 돌풍을 견뎠는가 하면, 잔잔한 바다를 며칠 동안이나 정처 없이 떠돈 적도 있었다.

　안개가 짙어질수록 시간이 더디게 흐른다. 잠시 밝아지나 싶더니 이내 다시 어두워진다. 이윽고 바람이 동풍으로 바뀌며 강해진다. 가벼워진 공기는 항해하기 좋은 미풍이 된다. 안개가 순식간에 흩어지면서 맑고 선명한 지평선과 깊고 푸른 바다가 드러난다. 키잡이가 소리치며 앞을 가리킨다. 눈 덮인 울퉁불퉁한 산들이 밝아진 하늘을 배경으로 늦은 오후의 햇살을 받으며 우뚝 서 있다. 모두들 안도의 한숨을 내쉰다. 배 뒤쪽에서 바람이 계속 불어준다면 이튿날이면 서쪽의 어느 섬에 무사히 닻을 내릴 수 있을 것이다.

북유럽인들은 뭍에 오르면 이누이트족 사냥꾼을 만나리라는 것을 알고 있다. 이누이트족은 오래전부터 연해에서 물고기와 바다 포유류를 잡으며 살아가고 있는 부족이다.[2] 북유럽인들은 바다코끼리의 엄니를 찾아 이곳까지 온 것이지만, 토착 주민인 이누이트족들과 한 가지 공통점이 있다. 그것은 바로 철이다.

온난한 시기로 인해 유라시아와 사하라는 가뭄에 시달렸지만 북극권은 큰 혜택을 입었다. 최북단의 얼음 상태가 한결 좋아지면서 북유럽인들은 아이슬란드 너머까지 서쪽으로 자주 항해했다. 이 장은 북대서양과 캐나다 북극권의 얼음 상태가 좋았던 온난기에 전혀 다른 두 세계—북유럽 세계와 서쪽 멀리 베링해에 조상을 둔 이누이트족의 세계—가 일시적으로 접촉했던 과정을 다룬다.[3]

*

중세온난기는 유럽에서처럼 스칸디나비아에서도 대부분의 지역에서 겨울을 온난하게 하고 생장기를 길게 해주었다. 여기서도 역시 인구밀도가 증가하자 토지가 부족해지고 젊은이의 기회가 제한되는 현상이 일어났다. 그들은 다툼이 잦고 분열과 폭력이 지배하는 거친 사회에 살고 있었다. 매년 여름이면 젊은 '노잡이'들은 긴 배를 타고 약탈, 무역, 모험을 위해 떠났다. 북부의 얼음 상태가 좋아지고 북극권의 빙하가 물러나자, 연안 항해로 오랜 경험을 쌓은 북유럽 선장들은 바다 멀리 북대서양으로 진출했다.

일반적인 믿음과는 반대로 북유럽인들은 전함으로 먼 바다를 항해하지는 않았다. 전함 대신 그들은 '크나르(knarr)'라는 튼튼한 상선을 타고 대양으로 나갔다. 크나르는 가볍고 견고했으며, 고장이 나도 바다 위에서나 외딴 해변에서도 쉽게 수리할 수 있는 배였다. 항해 중에 선원들은 노르웨이 북부 연안 로포텐제도에서 차가운 북극 봄바람으로 건조시킨 대구 같은 건어물로 견뎠다. 온난화가 시작되자 노련한 선장들은 몇 세대 전에 커다란 가죽배를 타고 아이슬란드까지 여행했던 소수의 아일랜드 수도사들을 제외하고는 아무도 알지 못하는 서쪽 해역으로 항해했다. 모험심이 강한 선원들은 그 경험을 기록으로 남겼는데, 이것이 훗날 북유럽 전설로 전승되었다. 돌아오지 못한 배들도 많았다. 암초에 걸려 난파하거나 폭풍우에 발이 묶이기도 했고, 사나운 연안 돌풍에 휘말려 침몰하기도 했다. 그러나 북유럽 이주민들은 800년 후 스코틀랜드 북부 연안의 오크니제도와 셰틀랜드제도에 정착했고, 얼마 뒤에는 페로제도까지 진출했다. 874년에 잉골퓌르 아르나르손(Ingólfr Arnarson)이 아이슬란드에 상륙했고, 900년에는 이주민들이 그 섬에 정착해 낙농을 시작했다. 그 무렵에는 겨울이 그 전까지 수백 년 동안에 비해 온난했다. 오늘날 북극 빙산의 남쪽 경계는 아이슬란드 북해안으로부터 약 100km 북쪽에 위치하지만, 최초의 북유럽 이주민들이 도착했을 때는 그 두 배만큼 북쪽으로 물러나 있었다. 이렇게 온난한 환경에서도 아이슬란드에서의 삶은 힘들었다. 특히 추운 겨울이 닥치면 더욱 어려웠다. 이주민들은 낙농과 더불어 물개를 사냥하고 근해에서 대구를 잡았다. 여름이 따뜻해진 덕분에 그들은 건초를 길러 겨울의 마초로 이용했고 12세기까지 보리도 경작했다. 그러

나 그때부터 기온이 내려가 곡식 재배는 1900년대 초까지 불가능해졌다.[4]

985년경 붉은머리 에리크(Eirik Raude)는 가문의 불화로 인해 살인을 저지른 탓에 아이슬란드에서 추방되었다. 그는 서쪽으로 항해해 그린란드 남부에 도착했다. 거기서 그는 고향보다 더 좋은 목초지를 발견했다. 그로부터 얼마 뒤 정착촌이 두 군데 생겨났다. 하나는 그린란드 남서 해안의 안전한 곳에 있었고, 다른 하나는 아메랄리크 피오르의 상단, 현재 고드호브(현지어로는 누크) 지구의 북쪽에 있었다. 정착민들이 자리 잡은 해안은 여름 내내 얼음이 얼지 않으며, 해안을 감싸안고 북쪽으로 흐르는 그린란드 해류 덕분에 온난했다. 따뜻한 해류는 정착민들의 고기잡이배를 디스코만 부근의 피오르와섬으로 데려다주었다. 대구, 물개, 일각돌고래, 바다코끼리가 풍부한 곳이었다. 그들은 이곳을 '노르르세투르(Nordrsetur)'라고 불렀으며, 여기서 바다코끼리 엄니를 많이 모아 멀리 떨어진 노르웨이의 교구에 십일조를 바쳤다.[5]

그린란드 서부 해류는 노르르세투르의 한복판과 배핀만으로 흘러들어 수온이 낮아지면서 남쪽으로 방향을 바꾼다. 연안을 따라 약간만 더 항해했다면 북유럽인들은 데이비스해협 맞은편 배핀섬의 눈 덮인 산봉우리들을 볼 수 있었을 것이다. 이 지점에서는 해협이 가장 좁아져 폭이 325km 정도밖에 되지 않는다. 해협 서쪽에는 배핀섬, 래브라도, 뉴펀들랜드 동부를 따라 한랭한 해류가 흐르고 한여름에도 얼음과 눈이 녹지 않는다. 그러나 중세온난기에는 얼음층이 일찍 흩어져 동해안 일대의 삶이 한결 편하고 덜 위험했을 것이다.

북유럽의 배들이 언제 처음으로 배핀섬에 도착했는지는 알 수 없지만, 비아르니 헤리욜프손(Bjarni Herjólfsson)이 래브라도를 보았다고 기록한 때가 985년인 것으로 미루어 그보다 앞섰던 것은 확실하다. 그는 아이슬란드에서 그린란드로 가는 도중에 안개와 약한 북풍 속에서 길을 잃고 헤매다가 애초에 의도했던 목적지의 빙하가 덮인 산들과는 전혀 다른, 저지대의 숲이 우거진 해안을 발견했다. 그는 상륙하지 않고 돌아갔는데, 그것 때문에 비판을 받았다. 그 뒤 붉은머리 에리크의 아들인 레이프 에릭손(Leif Eirikson)의 유명한 항해가 이어졌다. 그는 얼음에 덮인 바위투성이 해안에 닻을 내렸다가 연안을 따라 남쪽으로 항해했다. 계속해서 그는 북동풍을 타고 래브라도 남해안의 '마르크란드'를 지나 세인트로렌스강에 도달한 뒤 더 남쪽으로 가서 강어귀의 남쪽 지역에 야생 포도가 자라고 있는 것을 보고 그곳을 '빈란드(Vinland)'라고 이름 지었다. 그는 현재 뉴펀들랜드에 해당하는 반도 북부의 란세오메도스에 작은 정착촌을 건설했다. 이 촌락은 몇 년 동안 사용되었다.[6]

이후 래브라도에서 목재를 확보하려는 원정대가 토착 주민인 베오투크족과 충돌을 빚었다. 그들이 워낙 맹렬하게 저항한 탓에 북유럽인들은 서해안에 영구히 정착하지 못했다. 『빈란드 전설』에는 이렇게 되어 있다. "그들이 충돌했을 때 격렬한 전투가 벌어졌고 화살과 돌멩이가 어지러이 날아다녔다."[7] 2세기 동안 그린란드의 배들은 북쪽과 서쪽으로 와서 해류를 타고 남쪽 연안을 항해했다. 배를 건조하거나 목재를 획득한 뒤에는 남서풍이 부는 시기에 맞춰 직선 항로로 귀환했다. 원주민들과 외지인들은 서로 피했던 듯하다.

　데이비스해협의 동해안과 래브라도 연안의 항해는 온난기에도 위험했다. 선원들은 적대적인 아메리카 원주민, 북극곰, 빙산과 자주 마주쳤고 바람이 심한 해역에서는 돌풍에 시달렸다. 더구나 북유럽인들의 나무 보트로는 얼음 바다와 근해를 항해하는 일이 더욱 위험했다. 그에 비해 이누이트족이 사용하는 가벼운 카약과 가죽배는 물에서 쉽게 끌어낼 수 있었고 고장도 잘 나지 않는데다 손쉽게 수선할 수 있었다. 크나르는 여름에도 갑자기 얼어버리면 순식간에 깨졌다. 북유럽인들은 빙산의 가장자리와 여름에 부서지는 얼음을 피해 배를 조종했다. 그러나 그런 위험에도 불구하고 그 지역에는 대구가 풍부했다. 게다가 날씨가 따뜻해지면 그린란드인들은 데이비스해협을 건너 캐나다 다도해의 좁은 수로들을 헤쳐나갈 수 있었다. 거기서 그들은 이누이트 사냥꾼들을 만나 환영을 받았다. 이누이트족이 색다른 외래 물건, 즉 철기를 절실히 원했기 때문이다. 래브라도반도에 갇힌 베오투크족과 달리 이누이트족은 더 큰 북극 세계에 속했고, 공통의 조상이 서쪽 멀리 베링해까지 이어지는 다른 사냥꾼 집단들과 폭넓은 교역망을 가지고 있었다.

　그렇다면 서쪽으로 뻗은 이 무역을 추적하면 온난기와 연결되지 않을까?

*

　1000년. 베링해는 얼음에 뒤덮인 음울한 잿빛 황야처럼 보인다.

바람은 잔잔하고 기온은 영하에 가깝고 해수면은 잔물결도 없다. 상공에는 구름이 낮게 드리워져 있다. 사냥꾼은 가죽 카약에 가만히 앉은 채 어두운 바다를 응시한다. 사냥 도구는 손이 닿는 곳에 있고 노는 물 위에 살짝 떠 있다. 물에서의 삶은 그에게 두 번째 본능이며, 뭍에서보다 더 편할 때도 많다.

물에서 검은 머리가 잠시 떠오르더니 바람 부는 방향으로 돌아간다. 호기심 많은 물개다. 사냥꾼은 카약을 완전히 정지시킨 채 기다린다. 물개가 잔물결만 남기고 물속으로 들어간다. 이제부터 낯익은 기다림이 시작된다. 사냥꾼은 작살을 손에 쥐고 면도날처럼 예리한 촉에 감긴 줄을 점검한다. 기다림은 오전에서 오후로 이어진다. 약간 거리를 두고 물개가 다시 모습을 드러냈다가 사라진다. 그러다 돌연 작살의 사정권 내로 들어온다. 에스키모가 작살을 던진다. 쇠촉이 물개의 몸에 박힌다. 물개가 물속으로 들어가자 작살대가 촉과 분리되면서 매달린 줄이 물에 뜬다. 이때부터 두 시간 동안 사냥꾼은 사냥감이 지칠 때까지 줄을 따라간다. 결국 물개가 죽어 수면에 떠오르면 그는 물개를 카약에 싣고 집으로 향한다.

베링해는 겨울이 연중 아홉 달이나 되는 혹한의 지역이다. 낮에도 빽빽한 안개가 하루 종일 회색 바다를 덮고 있어 가시거리가 몇 m밖에 되지 않는다. 안개를 뚫고 바람이 거세게 울부짖는다. 짧은 여름을 제외하면 부서진 얼음덩이들이 늘 해협을 메우고 있다. 이따금 사나운 폭풍이 불면 얼음덩이가 해안으로 밀려온다. 시베리아 해안선은 매우 울퉁불퉁해 가파른 절벽들이 명확한 지표가 된다. 해변의 저지대 평원, 수많은 호수, 나지막한 구릉이 알래스카 지역

에스키모 남자들은 어릴 때부터 카약과 보트를 능숙하
게 조종하며 회전촉 작살로 바다 포유류를 사냥했다.

의 특징이다. 바다 포유류를 사냥하기에 가장 알맞은 장소는 곶이
많은 서해안이다. 1200년 전 북유럽의 크나르가 처음으로 북대서
양을 건너왔을 때 바다 포유류와 순록을 사냥하는 집단들은 이 거
친 세계의 해안 양편에서 번영하고 있었다.[8]

중세온난기 베링해의 기후변동은 우리에게 거의 알려지지 않았
다. 기후가 온난했을 때는 남풍이 이따금 수십 년 주기로, 심지어 수
백 년 주기로 불었다. 그러나 겨울이 추워지면서 강한 북풍과 맹렬
한 폭풍이 발생했다. 그래서 정주의 양식도 달라져 변화하는 기후
조건에 따라 북쪽이나 남쪽으로 향한 해안을 선호하게 되었다.

1000년에서 1200년까지의 온난한 환경은 바다에 얼음이 없는 계절을 길게 만들어주었다. 그 덕분에 부빙들 사이로 좁은 해협—'물길'—이 많이 생겨나 봄에 사냥꾼들이 바다 포유류를 추적하기가 쉬워졌다. 기후는 여전히 혹독했으나 더 추운 곳과 더 따뜻한 곳이 있었고, 폭풍이 거센 해안과 잔잔한 해안이 있었다. 얼음이 없는 계절이 길어지자 사람들의 이동이 자유로워져 바다 포유류의 사냥과 교역도 훨씬 쉬워졌다. 하지만 중세 유럽과 같은 온난화의 전반적인 이득은 없었다. 해마다 기후가 들쭉날쭉해서 어떤 해는 얼음이 많은가 하면 몇 개월 연속해서 바다에 얼음이 없는 해도 있었다. 이 험한 환경에서 번영하려면 고대 세계 최고 수준의 적응력과 기회를 포착하는 능력이 필요했다.

추위가 보통이고 얼음과 혹독한 겨울이 일상의 환경인 세계에 사는 주민들에게 기온이 1~2°C쯤 올랐다는 것은 큰 의미가 없었다. 북유럽인들과 달리 북극의 원주민들은 먼 석기시대 조상들에게서 극단의 추위에 적응하는 법을 물려받았으며, 그 기술을 세대에서 세대로 전승시켰다. 그들은 큰 폭의 기후변동에도 끄떡없을 만큼 적응력이 뛰어났다. 이누이트족과 달리 북유럽인들은 항해에는 능했어도 북극권의 삶에 관해 전혀 알지 못한 탓에 북대서양의 빙산 조건에 굴복할 수밖에 없었다. 수백 년의 온난기가 아니었다면 그들은 그린란드와 캐나다 다도해까지 항해하지 못했을 것이다.

베링해의 사냥 집단들은 가죽 카약과 보트를 이용한 훌륭한 사냥 기술을 개발했다. 에스키모 남자들은 남쪽의 알류트족처럼 어릴 때부터 카약과 보트를 능숙하게 조종했다. 또한 카약을 마치 가죽

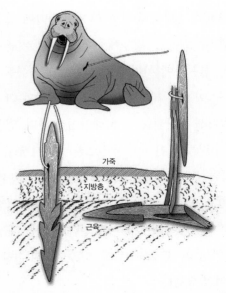

회전촉 작살의 원리 작살의 회전촉은 짐승의 몸을 꿰뚫을 때 앞
자루(작살대와 연결된 부분)에서 분리되면서 옆으로 회전한다. 그
러면 짐승은 몸 안에서 피를 흘리게 될 뿐 아니라 몸을 흔들어
작살을 느슨하게 하지 못한다. 촉이 줄과 부구에 연결되어 있으
므로 사냥꾼은 다친 짐승을 추격할 수 있다.

옷처럼 이용해 추위로부터 몸을 보호했다. 하지만 그 배의 효용성
이 충분히 발현되려면 단순한 작살보다 더 효과적인 사냥 무기가
개발되어야 했다. 기원전 1000년 이후 베링해의 사냥꾼들은 회전
촉 작살을 이용한 획기적인 바다 포유류 사냥 기술을 개발했다. 쇠
로 된 쟁기가 유럽의 농경을 혁명적으로 발전시켰듯이 회전촉 작살
은 고대 북극권의 삶을 크게 변화시켰다(작살촉은 원래 쇠가 아니라 짐승
의 엄니로 만들었다). 예전에 사용하던 줄을 묶은 미늘 작살촉은 사냥
감에 맞으면 작살대에서 분리되도록 되어 있었다. 하지만 짐승이

자맥질을 하거나 몸부림을 치면 촉이 빠져나오는 경우가 잦았다. 그와 달리 회전촉은 작살대에서 분리된 뒤 짐승의 가죽과 지방층 속에서 끝부분이 회전하면서 달라붙어 짐승이 아무리 격렬히 몸부림치거나 얼음과 부딪쳐도 분리되지 않았다. 새 작살은 특히 가벼운 가죽 카약과 큰 가죽배인 우미악을 타고 고래 같은 대형 포유류를 사냥할 때 효과적이었다.[9]

수백 년이 흐르면서 엄니촉 작살은 점점 더 정교해졌고 아름다운 장식이 붙기도 했다. 선원들이 사냥한 대형 바다 포유류를 끌어올릴 때 물개 가죽을 부풀려 만든 부구(浮具)를 사용했는데, 부구의 입구와 마개도 엄니로 만들었다. 엄니는 아주 단단해서 작살촉을 만들기에 적합했으나 2천 년 전쯤(정확한 연대는 불확실하다) 아시아에서 처음으로 베링해에 전래된, 신기한 쇠만큼 성능이 좋지는 못했다.

900년경 고래 사냥은 고도로 발달했다. 전문 기술을 가진 선원과 사냥꾼이 한 팀을 이루어 우미악을 타고 고래를 사냥했다. 그들은 봄에는 좁은 얼음 물길을 통해, 가을에는 공해상에서 이동하는 고래들을 추격했다. 여름이 온난했던 1000년경에는 고래 사냥이 더욱 일반화되었다. 공해의 여건이 좋아 선장들은 해협을 통과해 동쪽으로 멀리 북극해까지 이동하는 고래를 추격했다. 이렇게 해서 온난기에는 서방과 동방의 접촉이 점점 더 잦아졌다.

*

1100년 시베리아 데즈네프곶의 에크벤 촌락. 집 안에 연기가 가득하다. 고래잡이 선장 두 사람의 머리 위, 고래뼈로 된 서까래에 연기가 맴돌고 있다. 그들은 차분하게 이야기를 나누고 있다. 한 사람은 현지인이고, 다른 사람은 해협 건너편 현재 알래스카 포인트호프 부근에 위치한 이피우타크라는 여름 촌락에서 왔다. 그 마을에는 강력한 초자연적 단체들이 있었다.[10] 손님은 늦여름 날씨가 좋은 틈을 타서 몇 시간 전에 해협을 건너왔다. 아주 시기적절했다. 지금은 강한 남풍이 해협에 휘몰아치고 있기 때문이다. 며칠 지나면 그는 남쪽의 다음 목적지로 이동할 수 있을 것이다.

두 사람은 친척 간인데, 노련한 고래 사냥꾼들이다. 손님이 되는 쪽은 존경받는 무당이기도 한데, 영적인 능력으로 멀리까지 명성이 자자하다. 그의 선원들이 운반해온 순록 가죽 한 무더기가 난롯가에 쌓여 있다. 주인은 물개 가죽 주머니에서 질 좋은 쇠창촉을 꺼낸다. 창촉이 난로의 불빛을 받아 반짝인다. 손님인 동쪽 사람은 그것을 자세히 살펴보고 뾰족한 촉을 손가락으로 문질러본다. 그가 머리를 흔들자 흥정이 시작된다. 흥정이 끝날 무렵 두 선장 사이에는 더 좋은 창촉 몇 개와 검은 광석 덩어리가 놓여 있다. 어려운 흥정이었지만 둘 다 만족한다. 순록 가죽, 특히 쇠의 공급량이 달리기 때문이다.

에크벤의 유적은 시베리아의 동쪽 끝에 위치한 데즈네프곶의 남쪽, 알래스카에서 가장 가까운 베링해 연안의 추코트카에 있다. 맑은 날이면 알래스카 해안에서도 보인다.[11] 정착촌 뒤편 수백 m 떨어진 언덕 위에는 묘지가 있다. 여기서 300여 명의 유해가 출토되었다. 무덤에서 나온 물건들은 에크벤에 뚜렷한 사회적 구분이 있었음을 말해준다. 묘지 전체에서 나온 작살의 3분의 2가 세 기의 무덤에서 나왔다. 어느 무덤에는 유골과 더불어 물개와 새 사냥 장비, 작살 10개, 창촉, 송곳, 나무로 된 모자 액세서리가 묻혀 있었다. 한 무덤에 여러 유골이 매장된 경우도 있었는데, 아마 종자나 노예일 것이다. 그중에는 인신 제물도 있었을 것이다.

고고학자 미하일 브론슈테인(Mikhail Bronshtein)은 묘지에서 나온 정교하게 장식된 뼈와 엄니로 만들어진 도구를 조사한 결과, 화려한 동물 모양의 모티프를 비롯한 아름다운 장식물들은 이들이 베링해 일대의 다른 지역과 구분되는 공동체와 친족집단임을 말해주는 증거라고 생각한다. 무덤들 중에는 촌락 주민들의 것도 있다. 다른 무덤들은 아마 상인이나 이웃 공동체에서 데려온 아내의 것으로 추측된다. 정치적·사회적 상호연관성의 복잡한 그물이 서로 멀리 떨어진 베링해 공동체들을 연결했을 것이다. 모두들 북극해의 해양자원으로 살아가는 사회였다. 이 사회들은 분열과 산발적인 폭력에 시달렸다. 다툼과 사소한 분쟁이 길고 어두운 겨울 내내 위협적일 만큼 커지기도 했을 것이다. 그들은 무역로와 사냥터, 누대에 걸쳐 곪아온 무례와 모욕 때문에 싸웠다.[12]

에크벤 유물을 꼼꼼히 조사한 브론슈테인은 뼈와 엄니로 된 유물에 남아 있는 아름다운 선과 격자무늬가 예리한 철제 도구로 새겨졌다는 것을 알아냈다. 그는 고(古)베링해 문화에서 나온 엄니, 뿔, 목제 유물이 대부분 철기로 제작되었다고 본다. 철기는 2천 년 전부터 기술자들의 필수적인 도구였다.

처음에 베링해협의 철기는 내륙과의 무역을 통해 전해졌는데,

아마 해안을 따라 무역로가 있었을 것이다. 에크벤 같은 전략적 요충지에 있는 촌락은 온갖 무역, 특히 철기와 같은 귀중한 물건의 무역을 통제하기에 유리했다. 해협을 통해 얼마나 많은 철기가 전해졌는지는 알 수 없지만, 틀림없이 대량이었을 것이다. 에스키모 집단들이 유럽과 접촉한 이후 철기 도구와 기술을 신속하게 받아들일 수 있었던 것은 그 때문이다. 1728년 러시아 탐험가 비투스 베링(Vitus Bering)이 자신의 이름을 딴 이 해협을 항해하기 훨씬 전부터 이들에게 철기는 잘 알려져 있었고 대단히 유용하고 귀중한 물건이었던 것이다.[13]

북극권이 약간 온난해졌을 때 베링해협의 경쟁적인 사회들은 철기를 몹시 갈망하게 되었다. 당시에는 철기의 거의 전량이 아시아에서 왔다. 그 뒤 점차 소량의 철기가 반대 방향, 즉 수천 km나 떨어져 있고 인구가 희박한 캐나다 다도해와 그린란드 지역으로부터 전해지기 시작했다.

*

캐나다 북서부에 있는 유콘 동부, 이 넓은 저지대에서 동쪽 멀리 대서양까지 완만한 구릉들이 펼쳐져 있다. 1만 5천 년 전까지만 해도 이 바위투성이 지역은 두꺼운 빙상으로 덮여 있었다. 허드슨만은 뚜렷한 지표이지만 얕은 웅덩이에 불과하다. 빙하로 가로막힌 캐나다 다도해는 본토 북쪽에 있으며, 멀지 않은 그린란드와는 거대한 빙산으로 분리되어 있다. 이 황량하고 추운 세계는 연중 서리가 없는 기간이 석 달밖에 되지 않는다. 온난기 여름에도 습지와 늪지로 뒤덮인 영구 동토층이 남아 있었으므로 육로 이동은 어려웠다. 게다가 모기가 들끓어 어려움은 배가되었다. 식용할 만한 식물은 드물었으나 그래도 순록과 사향소를 사냥할 수 있었고 작은 모피 동물과 바닷새도 있었다. 하지만 북극해의 풍요한 자원은 원시적인 소부족인 투니트족에게 풍부한 식량을 제공했다. 이들은 약 5천 년 전에 알래스카에서 해안을 따라 동쪽으로 이동해 캐나다 다도해로 들어갔다.

강인하고 영리한 투니트족은 매우 단순한 기술로 지구상 최악의 환경에서 살아남았다.[14] 캐나다의 고고학자 모로 맥스웰(Moreau Maxwell)은 기원전 1700년경 한겨울에 그들의 삶이 어땠을지 상상했다. 그들은 사향소 가죽으로 된 천막에 살았는데, 그 안에는 화로가 있었다. 물개 기름의 짙은 냄새가 천막 안에 스며 있었다. "혹독한 겨울에는 반쯤 조는 상태로 살았다. 두껍고 따뜻한 사향소 가죽을 덮고 서로의 몸을 밀착시킨 채 누워 지냈으며, 음식과 연료도 손이 닿는 곳에 두었다."[15] 바깥에 나가는 경우는 무척 드물었으니 사실상 겨울잠을 자는 것이나 다름없었다.

투니트 문화는 수백 년에 걸쳐 서서히 발달했다. 고고학자들이 '도싯(Dorset) 사람들'이라고 부르는 그들은 끊임없이 이동했다. 온난기를 맞아서는 북쪽으로 이동했고 한랭한 환경이 닥치면 물러났다. 그들은 물개를 많이 잡았고 순록도 사냥했다. 한랭기에는 조상들처럼 반(半)동면 상태로 지내지 않고 새로 개발한 얼음낚시로 한겨울에도 식량을 조달했다. 도구라고는 가장 기본적인 창을 썼고 활과 화살은 없었다. 게다가 베링해 사람들처럼 배를 능숙하게 다루거나 회전축 작살을 사용할 줄도 몰랐다. 사냥법은 그저 짐승을 몰래 추적하여 한없이 기다리다가 조금씩 접근해 창으로 찔러 죽이는 게 고작이었다. 그런 무기들은 부빙 위에서 구멍을 뚫고 사냥할 때 반드시 필요했다. 특히 1000년 이후 온난기 동안에는 더욱 긴요했다. 이때부터 사냥꾼들은 운철(隕鐵)을 단조해 만든 촉을 부착한 무기를 사용하기 시작했다. 운철은 그린란드 북서부 요크곶 일대에 1만 년 전 유성우가 내렸을 때 생긴 매우 희귀한 금속이었다.[16] 다른 집단들은 북극권 중부 코퍼마인강의 구리 광맥에서 얻은 구리를 이용했다.

운철과 구리 모두 뼈와 엄니에 비해 큰 이점이 있었다. 금속 촉을 붙인 무기는 더 강력하고 치명적이었다. 따라서 금속은 점점 중요해졌다. 버려진 뼈 도구의 구멍을 조사해보면 귀중한 철이 여러 차례 재활용된 것을 알 수 있다. 이 철기 중 적어도 일부는 고래잡이 선장들이 가지고 있었다. 서머싯섬의 카리아라큐크에 있는 툴레 (Thule. 원래 고대 세계에서 북쪽 땅끝으로 알려진 가상의 지역인데, 여기서는 북극에 가까운 알래스카의 고대 문화를 가리킨다; 옮긴이) 촌락의 고래잡이 가정에서 출토된 구멍 난 뼈 도구들 중 46% 이상은 금속 칼날을 달았던 흔적을 보여준다. 인근의 더 작은 가정에서는 도구의 9.6%가 금속 날을 달았다. 이 유물들은 전부 뭍에서의 사냥에도 사용되었다. 소량의 철이 손에서 손으로 전파되어 먼 거리까지 전래되었다. 심지어 철 산지에서 600km나 떨어진 곳에서도 철기가 발견되었다. 철광석과 철기는 서쪽 베링해협 부근의, 철기를 갈망하는 집단들에게도 전해졌다.

베링해협과 동쪽의 곶들 사이에는 틀림없이 어느 정도 접촉이 있었다. 그러나 그 접촉이 대폭 증가한 것은 중세온난기의 일이었다.

*

북유럽인들처럼 베링해의 야심 찬 카누 선장들은 호기심이 무척 많았으며, 새로운 무역의 기회를 절실히 원했다. 1000년 이후의 온난기는 얼음이 얼지 않는 기간을 몇 주일 더 늘려주었고 얼음 물길도 넓혀주었다. 그 덕분에 가죽배로 안전하게 이동해 바다 포유류와 이동하는 고래를 사냥할 수 있었다. 식량 공급이 풍부해지자 인구도 증가했다. 이는 곧 고래잡이 선장들이 새로운 사냥터를 개발해야 한다는 뜻이었다. 얼음 상태가 더 좋아지자 우니악으로 공해상이나 넓은 물길에서 캐나다 다도해 연안을 따라 동쪽으로 이동하는 북극고래(Balaena mysticetus)를 추적할 수 있었다. 북극고래는 활 모양의 머리를 가진 대형 고래로, 머리 길이가 몸 전체의 40%나 된다. 수면 근처에 살다가 봄과 여름에는 작은 무리, 가을에는 큰 무리를 이루어 이동한다.

1921~24년에 그린란드를 연구하던 학자 크누드 라스무센(Knud Rasmussen)은 개썰매를 타고 그린란드에서 알래스카까지 여행하며 이누이트족을 연구하고, 도중의 고고학 유적들을 발굴했다. 놀랍게도 테르켈 마티아센(Therkel Mathiassen)이 이끄는 고고학자 팀이 발굴한 것은 현존하는 이누이트족의 문화와 사뭇 다른 문화였다. 그들은 그린란드 북서부 툴레 부근의 버려진 가옥들에서 지금까지 알려지

지 않은 1천 년 전의 사회를 찾아냈다. 곧이어 데이비스해협에서 알래스카 북부까지 북극권의 방대한 지역에서도 비슷한 유적들을 발견했다. 이 툴레 사람들은 바다 포유류와 고래를 잡았고, 중세온난기에 극점까지 이동했다. 심지어 사냥꾼들은 돌과 토탄으로 벽을 세우고 고래 턱뼈로 된 들보에 지붕을 얹은 영구적인 겨울 가옥에 거주했다.[17]

1000년 툴레인의 이주는 학술적 연구의 대상이 되었다. 학자들은 중세온난기에 공해상에서 번성했던 북극고래를 쫓아 베링해에서부터 북극해 연안을 따라 동쪽으로 이동한 고래 사냥꾼들의 행적을 추적했다. 그 이동의 배경은 훨씬 더 복잡했을 것이다. 아마 고래잡이를 위해서만이 아니라 철을 찾으려는 의도도 있었을 것이다.[18]

툴레인이 알래스카에서 동쪽으로 이동하는 데 온난한 환경이 어느 정도까지 영향을 미쳤는지는 알 수 없다. 특별히 온난했던 두 세기에는 북풍과 여러 차례 폭풍도 있었다. 그러나 환경이 어떠했든 툴레인과 그들의 베링해 조상들은 심한 추위에도 거뜬히 생존하고 적응했다. 이 작은 집단을 수천 km나 데려간 것이 철인지 고래인지는 확실하지 않다. 고래가 주식이었던 것은 분명하며, 이후에도 마찬가지였다. 하지만 진짜 동기는 요크곶에서 나온 운철이었을 것이다. 게다가 대양 곳곳에서 온 외부인들도 그 귀한 광석을 많이 갖고 있었다. 북극 세계에서는 사람들이 먼 거리를 다녔고 무엇보다도 얼음 상태, 고래의 이동, 바다 포유류 무리에 관한 정보가 중요했다. 그러므로 툴레인은 투니트족처럼 수수께끼의 카들루나트인에 관한 소문을 틀림없이 들었을 것이다. 카들루나트인은 바다 건너에서 온 파란 눈의 이방인으로, 철기를 사용하고 철을 많이 가지고 있으며 거래에도 선뜻 응한다고 알려졌다.

가장 시기가 앞선 동쪽의 툴레 유적이 북극에 가까운 지역과 요크곶의 운철 광상에 인접한 얼음 해안에 있다는 사실은 이 가설에 더욱 힘을 실어준다. 이 초기 촌락에서는 운철만이 아니라 철기 파편과 그린란드에서 온 게 확실한 북유럽 유물이 나왔다. 나아가 이 툴레 촌락의 유물들은 베링해협 일대에서 나온 도구들과 동일하다. 캐나다의 고고학자 로버트 맥기(Robert McGhee)를 비롯한 여러 학자들의 견해에 따르면, 이것은 베링해협 일대의 사람들이 온난한 시기에 얼음 상태가 좋을 때 철의 산지를 장악하기 위해 신속히 북쪽의 요크곶 부근으로 이동했음을 말해주는 증거다. 초기 동쪽 툴레 유적에 대해 방사성탄소연대측정을 한 결과 12~13세기에 촌락이 생겨났다는 사실이 밝혀졌다. 당시 그린란드의 북유럽 촌락은 상당한 번영을 누리고 있었으며, 여름 부빙의 경계가 아이슬란드 북쪽으로 멀리 물러가 북대서양의 항해 여건이 여름에는 비교적 좋았다.

동쪽에 자리 잡은 툴레 집단들은 점차 북극권 동부 전역으로 퍼져나갔다. 구승 전설은 그들이 투니트족을 죽이고 몰아내 철 산지를 장악한 과정을 전한다. 13~14세기에 이르면 남은 투니트 촌락들도 전부 버려졌다. 어느 시점에선가 일부 툴레 무리가 북서부에서 남쪽으로 이동해 북유럽 공동체와 접촉하고 그들과 공존했다. 양측 모두 서로를 쫓아내려 하지 않은 이유는 자신에게는 없고 상대만 가진 물건이 있었기 때문이다.

*

　선원들이 크나르를 조심스럽게 저으며 얼지 않은 만으로 들어가는 광경을 상상해보라. 세 척의 카약이 느린 속도로 다가오는 것을 보고 그들은 활과 검을 단단히 움켜쥔다. 하지만 카약에 탄 사람들은 손짓으로 북유럽 선박이 무사히 닻을 내릴 수 있는 물이 얕은 곳을 가리킨다. 닻을 내리자 이누이트족 세 명이 카약을 뱃전에 붙이더니 배에 오른다. 그들은 이전에도 이런 배와 무역을 한 적이 있었으므로 전혀 겁먹은 기색이 아니다. 양측은 밝은색의 기다란 양모와 질 좋은 바다코끼리 엄니를 선물로 주고받는다. 이누이트족의 가장 젊은 사람이 뱃전에 박힌 쇠못을 손가락으로 가리키더니 칼집에 든 철검을 보고 크게 놀란다. 그는 지금까지 그런 귀한 금속을 본 적이 없다.

　교역이 천천히 진행되자 선장과 몇몇 조심스러운 사공들이 작은 보트를 타고 해안으로 온다. 이누이트족은 겨울주거지 앞에 바다코끼리 엄니들을 꺼내놓는다. 북유럽인들은 양모, 쇳조각 들을 내려놓는다. 새 무기나 창은 없지만 배에 박혀 있던 낡은 리벳, 사슬갑옷의 파편, 쇠못 한 줌, 통에 둘려 있던 금속 띠 등이다. 전부 못 쓰게 된 물건이거나 지난 여름 래브라도 숲에서 배를 건조할 때 남은 부속품이지만 데이비스해협의 이쪽 편에 오면 엄청난 가치가 있다. 북유럽인들이 떠나자 이누이트 사람들은 그렇게 얻은 쇠의 일부로 창촉과 작살촉을 만들고, 나머지는 귀중하고 색다른 물건으로 소중히 간직한다.

며칠 뒤 북유럽인들은 엄니를 싣고 떠난다. 그들이 남기고 간 것은 몇 가지 쇠로 된 물건, 낡은 투구 한 개, 그린란드에서 겨울에 짠 질 좋은 양모 몇 필이다. 누구나 알 듯이 카들루나트인은 여름에 온다. 매년은 아니지만 얼음 상태가 좋을 때면 오는데, 예고도 없이 불쑥 나타난다. 누대에 걸쳐 이누이트족은 모든 상품 중 가장 귀중한 것, 즉 철을 무역으로 확보했다. 아마 그들은 그 귀한 손님들의 방문에 대비해 늘 바다코끼리 엄니를 쌓아두었을 것이다.

북극에 가까운 지역인 엘즈미어섬에 있는 원주민 촌락에서도 북유럽의 유물이 나왔다.[19] 엘즈미어의 유물들 가운데는 그곳에서 생산되지 않은 구리와 철, 사슬갑옷의 파편, 목수의 연장, 배에 사용된 못, 모직물의 일부, 북유럽식 조각물 몇 개가 있다. 나무통의 바닥 부분을 다시 만든 것도 있다.

배핀섬의 능구비크에 있는 이누이트 거주지 발굴 결과는 더 많은 것을 말해준다. 이곳에는 그린란드 북단의 북유럽 공동체인 서부 촌락에서 발견된 모직물 조각과 동일한 털실 섬유가 있었다. 13세기 후반이나 14세기 초반의 소나무 파편도 있었다. 소나무는 이곳 해안까지 부목으로 떠밀려오지 않는다. 구멍이 뚫린 파편 두 조각도 있었는데, 여기에는 쇠못으로 생겨난 녹의 흔적이 남아 있다. 이 유적의 발견물은 북유럽인과 원주민이 먼 거리를 거쳐 손에서 손으로 물건을 전했다기보다는 서로 직접 접촉했다는 증거로 생각된다. 남쪽으로 거의 1천 km 떨어진 배핀섬 남부의 두 유적에서는 북유럽의 밧줄과 짧은 털실이 나왔다.

인구가 적은 캐나다 북극권의 방대한 지역에 유물들이 확산되어 있는 것은 북유럽인과 이누이트족이 산발적으로라도 접촉했다는 증거다. 가장 오랜 접촉의 흔적은 12세기 문헌인 『노르웨이 역사』에서 볼 수 있다. "그린란드 너머 북쪽으로 한참 더 간 곳에서 사냥꾼들은 '스크랠링(Skraeling)'이라고 불리는 키가 작은 사람들을 만났다. … 그들은 철을 사용할 줄 모르고 바다코끼리 엄니를 무기로 쓰며 돌을 갈아 만든 칼을 사용한다."[20] 북유럽 유물들이 서쪽으로 얼마나 먼 곳에서 왔는지는 알 수 없다. 하지만 그중 일부가 온난기에 베링해협까지 왔다는 것을 부정할 근거는 전혀 없다.

그 무렵 바다코끼리 사냥에 능숙한 이누이트족은 북극권 캐나다의 해안과 섬을 차지하고 그린란드의 북서부 극단 멜빌만 북부까지 진출했다. 레이프 에릭슨이 '헬룰란드'(Helluland. '평평한 바위의 땅'이라는 뜻; 옮긴이)라고 이름 지은 이 지역에는 바다코끼리가 풍부해 북유럽 이주민들과의 귀중한 교역품인 엄니를 대량으로 구할 수 있었다. 그린란드는 온난기에도 너무 추워 곡식의 재배가 불가능했다. 그래서 정착민들은 낙농을 경제적 기반으로 삼아 겨울에 마초로 사용할 건초를 재배하고, 고기잡이와 바다 포유류 사냥을 병행했다. 특히 13세기에 북부의 기온이 떨어졌을 때는 그런 생활방식에 대한 의존도가 더욱 높았다. 1262년 그린란드는 아이슬란드처럼 노르웨이의 속령이 되었으나 그린란드인들과 본국을 실질적으로 이어주는 것은 교회였다.[21] 그린란드에 최초로 정착한 주교는 1210년경에 와서 남부의 곤다르에 거처를 정했다. 이후 그린란드인들은 현지에서 직조한 모직물, 모피, 유럽과 이슬람권의 왕실 오락에 사용되는 살아 있는 매, 바다코끼리 가죽으로 된 선박용 밧줄, 무엇보다도 일각돌고래와 바다코끼리의 엄니 등 귀중한 물품으로 노르웨이 교회에 십일조를 납부했다. 1327년 한 해만 해도 교회 측은 십자군 특별세로 엄니 650kg을 받았는데, 이것은 바다코끼리 약 200마리 분량이었다.

십일조의 수요를 충당하기 위해 북유럽인들은 먼 북쪽까지 진출했고 북극권 캐나다 원주민들과 교역했다. 수십 년 동안 북유럽인과 토착 주민 간에는 바다코끼리 엄니와 철을 핵심 교역품으로 하는 복합적인 교역 관계가 발달했다. 매년 십일조로 400여 개의 바다코끼리 엄니가 필요했는데, 이것은 촌락 주변에서 확보할 수 있는 양이 아니었다. 이누이트족과의 접촉은 산발적이었으나 양측에게 모두 이득을 주었다. 그 사냥꾼들은 주로 바다에 더 가까운 해안에 살았고, 이주민들을 몰아내기보다는 무역에 관심이 더 컸다. 그러던 중 그린란드 얼음층에 잘 기록되어 있듯이, 1340~1360년에 연속적으로 혹한의 겨울이 닥치고 여름도 대체로 한랭했다. 이 시기에 북부 주민들은 농토를 버리고 남쪽으로 이동해 더 우호적인 동부 촌락에 사는 동포들과 합류했다. 추위가 심해져 북부 촌락을 버린 결과 엄니 무역이 붕괴했다. 엄니는 그린란드인들에게 주요한 부의 원천이었으므로 유럽과의 경제 관계를 유지하기가 갈수록 힘들어졌다. 얼음 상태가 악화되면서 교회 십일조도 납부하지 못하게 되었고 노르웨이와의 연계도 끊어졌다. 1370년에는 매년 노르웨이에서 그린란드로 가던 무역선이 출항하지 않았다. 그린란드의 마지막 주교는 그해에 곤다르에서 죽었고 후임자는 오지 않았다.

이누이트족은 철을 획득하기 위해 점점 더 이웃과의 무역에 의존했다. 그린란드가 갈수록 유럽과 분리되고 엄니 무역이 거의 중단되자 이누이트족도 북유럽인들과의 거래에서 점차 호전적인 태도로 바뀌었다. 그들은 이주민들이 없는 틈을 타서 남쪽으로 이동하고, 버려진 땅을 약탈해 금속을 찾았다. 북유럽인들은 어쩔 수 없이 현지의 사냥 관습과 기술을 받아들였으나 토착 사냥꾼들은 이주민들이 중요한 물개 사냥과 고기잡이 터전에 접근하지 못하도록 가로막았다. 생존을 위해 해상자원이 점점 더 중요해졌기 때문이다.[22] 1450년경 그린란드의 북유럽 촌락은 버려졌고, 온난기에 활발했던 서로 크게 다른 두 세계의 접촉은 끝났다. 북유럽 서사시와 구승 전설만이 아메리카 원주민과 유럽인이 최초로 조우했던 시대의 기억을 보존했다.

북유럽인과 이누이트족은 북유럽의 주민들처럼 온난한 기후에 힘입어 안락하게(항상 안락했던 것은 아니지만) 살았다. 식량이 풍부했고 새로운 기술은 농부와 사냥꾼의 일을 더 생산적으로 만들어주었다. 북극권에서 북아프리카까지 물자의 운송이 용이해진 덕분에 먼 거리의 문화권들이 문화 접촉을 통해 일부 기술을 공유할 수 있었다. 하지만 전 지구적으로 볼 때 기온의 상승이 반드시 혜택을 가져다주지는 않았다. 어떤 지역은 대온난화로 이득을 보았으나 다른 지역에서는 가뭄이 길어져 많은 사회들이 토대부터 흔들렸다.

대가뭄의 시대

태초에 해도, 달도, 별도 없었다.

온통 어둠뿐이었고 물은 단 한 곳밖에 없었다.

마이두족의 창조 전설[1]

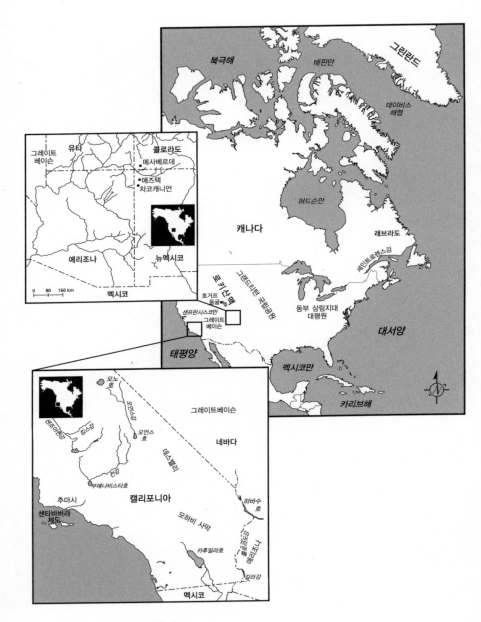

北극해 그린란드
배핀만 데이비스 해협

그레이트 베이슨 유타 콜로라도
메사베르데
애즈텍
차코캐니언
애리조나 뉴멕시코
0 80 160 km
멕시코

캐나다 허드슨만 래브라도
세인트로렌스강

록키산맥 그린리버 국립공원
호거프 동굴 동부 삼림지대 대평원 대서양
샌프란시스코만
그레이트 베이슨
태평양 멕시코만
카리브해

모노호
오언스강 오언스호
그레이트베이스
네바다
컨강 데스밸리
부에나비스타호 캘리포니아
추마시 모하비 사막
샌타바버라 제도 하바수호
카후일라호 애리조나
길라강
멕시코

6장과 7장에 나오는 곳들

166 • 6. 대가뭄의 시대

큰 바위의••

그늘 아래 앉아 있어도 땀이 줄줄 흐른다. 방대한 사막의 풍경이 눈앞에 펼쳐져 있다. 머리 위에는 건조하고 열기에 찌든 산봉우리들과 창백하고 탁한 파란 하늘이 보인다. 사막의 땅바닥, 사구와 건조한 하상 위로 열기가 파고들고, 드문드문 관목숲이 자라고 있다. 해가 뉘엿뉘엿 지는 가운데 대기는 완전한 침묵 속에 잔잔하다. 관목들을 흔드는 바람은 없고 타는 듯한 평원을 가로지르는 모래 돌풍도 없다. 매일 새벽에 일어나 낮이 되기 한참 전에 혹독한 햇볕으로부터 몸을 피할 곳을 찾아야 한다. 아직 본격적인 더위가 오기 몇 주일 전인 6월 초순이다.

마음은 자주 먼 과거로 거슬러가 몇 세대 전 이곳에 와서 늘 한결같이 황량한 풍경에서 살아간 부족을 떠올린다. 매번 소수의 집단이 온다. 남자와 여자, 어린이까지 합쳐 10여 명이다. 어른들은 몸이 홀쭉하고 민첩하며, 사막의 태양에 그을린 듯 주름살이 많다. 해가 지평선으로 내려앉으면 여자들은 불을 피우고 남자들은 인근 여울의 둑에서 풀을 뜯는 굼뜬 산토끼를 잡으러 간다. 그늘로 돌아온 여자들은 사슴 가죽 주머니에 고이 넣어둔 잣을 간다. 부드러운 맷돌 소리가 정겹다. 그들은 식량을 찾아다니느라 연중 거의 대부분을 이동한다. 그래도 식량은 늘 태부족이다. 굶주리는 사람은 없지만 식용식물은 드물다. 아주 건조한 해에는 토끼조차 찾기 어렵다.

미국 서부는 무척 방대하고, 전설의 원천이며, 서부영화의 단골 소재다. 1만 2천 m 상공에서 몇 시간 동안 실제보다 더 넓어 보이는 사막 같은 세계를 내려다보라. 거친 황야는 전설을 낳고 할리우드에서 좋아하는 전형적인 인물, 강인한 남자와 영리한 여자를 만들어낸다. 물론 현실은 그보다 훨씬 더 복잡하다. 그러나 서부 풍경은 그 규모만으로도 인간을 위압하며, 카우보이가 소들을 기르기 수천 년 전에 이 척박한 세계에서 번영했던 사냥꾼과 채집자에게 경외감을 품게 한다. 유럽은 풍요한 수확을 누렸고 북유럽인은 북대서양을 더 자유롭게 항해했지만, 미국 서부는 유라시아와 서아프리카의 사헬처럼 대가뭄을 겪었다.

*

동트기 전 맑은 하늘의 회색빛이 말라버린 호수 바닥에 퍼진다. 사람들은 급속히 줄어드는 커다란 호수의 마른 바닥, 현재의 캘리포니아에 해당하는 곳에서 관목숲에 숨어 웅크리고 있다. 올해는 기억에 남는 가장 건조한 해다. 몇 달 동안의 열기로 호수는 급격히 오그라들었고 광대한 모래밭만 남았다. 사람들은 물이 있던 곳에 야영지를 만들었다. 그리고 해가 뜨기 한참 전에 자리를 잡고 돌과 하상을 이용해 몸을 숨겼다. 사냥꾼들은 저마다 활과 화살통을 쥐고 좌우를 두리번거리며 서늘한 아침을 맞아 풀을 뜯는 사슴이 있는지 살핀다. 사슴들은 아마 호수 가장자리의 작은 물웅덩이로 다가올 것이다. 젊은이 두 명이 풀을 뜯는 수사슴 한 마리를 발견하고 눈짓을 주고받는다. 그들은 살금살금 사냥감에게 접근한다. 아침의 미풍만으로도 그들의 냄새가 쉽게 퍼질 것이다. 그들은 극히 조심스러운 동작으로 사슴에게 점점 가까이 다가간다. 30분쯤 지나자 사슴이 사정거리에 들어온다. 그때 갑자기 사슴이 고개를 쳐들더니 코를 킁킁거린다. 얼핏 사람 냄새를 맡은 모양이다. 두 사람은 얼어붙은 듯 꼼짝하지 않는다. 몇 분 동안 사슴은 주변을 돌아보더니 이윽고 안심하고 다시 풀을 뜯기 시작한다. 두 사람은 활을 치켜들고 천천히 돌촉을 단 화살을 시위에 메운다. 그리고 가장 좋은 사격 위치를 찾아 몸을 웅크리는 순간 한 사람의 발이 땅바닥의 돌멩이를 건드린다. 사슴이 깜짝 놀라 달아난다. 두 사람이 급히 화살을 쏘았으나 화살은 빗맞아 호수 바닥을 가로질러 날아간다. 이제 해가 완전히 솟아올랐다. 사냥은 해가 진 뒤에 다시 하거나 내일을 기약해야 한다.

시에라네바다산맥의 동쪽 측면에 있는 오언스호는 900년에서 1250년 사이에 서부에 닥친 전대미문의 가뭄을 생생하게 보여주는 증거다. 오언스 강어귀에 자리 잡은 이 호수는 한때 면적이 $300km^2$에 달했으며, 80만 년 동안이나 많은 양의 물을 저장하고 있었다(오언스호는 1913년 로스앤젤레스 전기수도국에서 물길을 전환할 때까지 깊이가 75m에 이르렀다가 이후 넓은 소금 평지로 바뀌었다). 산악에 내린 빗물이 강으로 흘러가는 양은 특별히 습하거나 건조한 기후에 따라 수백 년, 수십 년, 심지어 매년 주기로 크게 변했다. 건기에는 사시나무나 제프리소나무가 바닥을 드러낸 호숫가의 습한 토양에서 자랐다. 습한 시기가 돌아와 수면이 상승하면 나무들은 물에 잠겼다. 그 뒤로도 오랫동안 죽은 줄기와 가지가 물 위로 뻗어 있었지만 결국에는 분해되고 현재는 그루터기와 뿌리만 호수 바닥을 뒤덮게 되었다.

지리학자 스콧 스타인(Scott Stine)은 건기에 호수의 수위가 줄어들면서 노출된, 한때 무성했던 나무줄기들을 조사했다. 맨 바깥쪽의 나무층을 대상으로 방사성탄소연대측정을 하고 줄기의 나이테를 세어본 결과, 그는 중세온난기의 건조하고 습한 시기의 정확한 연대를 재구성했다. 그 연대는 미국 서부의 방대한 지역에도 그대로 적용할 수 있었다.[2]

스타인의 조사는 1980년대 대가뭄기에 시작되었다. 당시 로스앤젤레스의 기후가 무척 건조한데다 물 수요량이 많았던 탓에 도시 북쪽 끝자락에 위치한 집수지인 모노호의 수위는 15m 이상 낮아졌다. 스타인은 수많은 나무줄기 표본과 방사성탄소연대측정을 통해 중세온난기에 이 호수에서 자란 나무와 관목이 두 세대로 나뉜다는 것을 알아냈다. 첫 번째 세대는 1100년경 호수 수면이 19m쯤 상승했을 때 끝났다. 수위의 상승은 일시적으로 강우량이 현대의 어느 해보다도 많았던 아주 습한 주기에 일어났다. 지난 4천 년간 네 번째로 많은 강우량이었다. 하지만 1250년경 강우량이 크게 줄고 극심한 가뭄기에 접어들어 100년 이상 건조한 상태가 지속되었다. 호수의 수위는 급전직하했고 노출된 호수 바닥에서 두 번째 세대의 나무들이 자라기 시작했다.

모노호의 나무줄기는 중세온난기에 강우량이 한 세기 이내에도 극적으로 변동했다는 것을 말해준다. 이 점에 흥미를 느낀 스타인은 시에라네바다산맥에서 내려오는 두 강으로부터 물을 공급받는 북동쪽의 워커호를 조사했다. 서쪽의 강이 관통하는 좁은 협곡에는 물 밑으로 커다란 소나무 줄기들이 점점이 있다. 협곡이 매우 좁아

강의 측면 운동이 제약을 받고 있었으므로 이 나무들은 수위가 격감했을 때 번성했던 게 확실하다. 소나무 뿌리는 오랜 기간의 침수에 견디지 못하기 때문이다. 나무줄기는 1025년경에 수위가 아주 낮았음을 말해준다. 당시 수심은 지금의 연안보다 40m나 낮았다. 이후 잠시 습한 주기가 온 뒤 다시 가뭄이 시작되었는데, 모노호의 경우와 똑같았다.

오언스호도 같은 시기에 격심한 가뭄이 있었다는 증거를 보여준다. 650~1350년에 마른 호수 바닥을 방랑하던 수렵-채집자들은 호수가 거의 말랐을 때 사용한 돌 화살촉을 남겼다. 그 시기에 번성했던 관목 뿌리를 방사성탄소연대측정한 결과 워커호에 기록된 첫 번째 대가뭄기와 일치했다. 모노, 워커, 오언스호의 기록은 전부 중세 같은 시기에 건기가 닥쳤다는 것을 말해준다. 첫 번째 건기는 910년 이전에 시작되어 1100년경까지 지속되었다. 두 번째는 1210년 이전에 시작되어 1350년경에 끝났다. 그 가뭄은 어느 정도였을까? 스타인은 현대의 기준을 제시한다. 1987년 캘리포니아에 닥친 6년간의 가뭄기에 시에라네바다산맥의 빗물의 양은 정상치의 65%에 불과했다. 긴 건기에도 호수들의 수위는 중세온난기만큼 내려가지는 않았다. 예컨대 오언스호는 물의 유입량이 지금의 45~50%로 떨어진 정도였다.

스타인이 말하는 가뭄은 방대한 서부 전역에서 흔적을 볼 수 있을 만큼 확연하다. 이것은 캘리포니아 동부 화이트산맥에서의 나이테로도 확인된다. 여기 사는 수명이 긴 브리슬콘소나무는 기온이나 강우량의 변화에 민감하다. 1089~1129년이 과거 1천 년간 가장 습한 시기였다는 증거를 보여주는 기록도 있다. 시에라 남부에서 폭스테일소나무와 노간주나무의 1천 년 기록도 두 차례의 심한 가뭄기와 과거 1천 년간 가장 온난했던 네 차례 시기가 10~14세기에 있었음을 말해준다. 그중에서도 가장 온난했던 시기는 1118~1167년이었다.[3]

　가뭄의 흔적은 북쪽 멀리 오리건 동중부, 로키산맥, 인접한 대평원에서도 발견된다. 예를 들어 그랜드티턴 국립공원의 제니호에는 수심 24~30m의 물에 나무줄기들이 똑바로 서 있다. 잠수부들이 들어가 그 나무들을 조사한 결과 물속 나뭇가지에서 맹금류의 둥지가 발견되었다. 한 그루터기의 바깥 부분을 방사성탄소연대측정한 결과 1350년경의 것으로 밝혀졌다. 이것은 시에라 호수들의 죽은 그루터기들과 같은 시기다. 수위도 서로 비슷한 수치로 낮아졌다. 이 시기에 옐로스톤 국립공원 북부에 사는 뒤쥐의 크기는 3천 년 동안 가장 작았고, 개체 수도 건조한 환경을 맞아 급속히 감소했다.

　이 대가뭄이 발생한 원인은 폭풍을 머금은 태평양 북동부의 겨울 제트류가 캘리포니아 북부와 그레이트베이슨 상공에 오래 머물렀기 때문이다. 이런 현상의 전형적인 사례는 1976~1977년 겨울 우기에 볼 수 있었다. 그 무렵 캘리포니아 일대는 기록된 역사상 가장 건조한 시기였으나 알래스카는 가장 습한 시기였다. 바로 그와 같은 유형의 제트류가 중세 상당 기간 동안 미국 서부에 머물렀고 그동안 알래스카는 특별히 다습했다. 지질학자들도 같은 결론에 도달했다. 프린스윌리엄해협에서 빙하가 물러간 자리에 새로 노출된 나무 그루터기의 연대를 측정한 결과 900~1300년, 즉 중세온난기

미국 그랜드티턴 국립공원의 제니호 주변에는 물에 잠긴 나무줄기들이 있는데, 이 나무줄기에는 가뭄의 흔적이 남아 있다.

의 것임이 확인되었다. 빙상은 원래 습한 시기에 전진했다. 오늘날에도 습한 겨울에는 같은 현상이 일어난다.

스타인을 비롯한 여러 학자들의 관찰은 연대가 2천 년 전까지 거슬러가는 나이테가 602개나 발견됨으로써 확증되었다.[4] 처음으로 기후학자들은 전 지역에 걸친 가뭄 자료를 축적할 수 있게 되었다. 이 자료의 지수는 두 가지다. 파머가뭄지수는 습도와 건조도의 변동을 측정하는 공인된 방식이며, 가뭄면적지수는 임의로 정해진 가뭄지수의 한계를 넘어선 장소의 수를 계산하는 방식이다. 이 수치를 계산하면 현재 21세기 미국 서부의 가뭄을 장기적인 관점에서 조망할 수 있다. 가장 건조했던 네 시기는 935년, 1034년, 1150년,

1253년인데, 전부 400년간의 전반적인 건조기에 속하며 중세온난기와 일치한다. 1300년 이후에는 갑자기 습한 환경으로 변화되어 이런 상태가 600년간 지속된 뒤 오늘날에는 가뭄기로 바뀌었다. 4년간 지속되고 있는 지금의 가뭄은 강도에서나 지속 기간에서나 중세온난기의 가뭄에 미치지 못한다. 중세온난기의 가뭄은 워낙 심해 '대가뭄의 시대'라고 불린다.

중세온난기의 건조도와 오늘날의 건조도가 다른 점은 건기가 길었다는 데 있다. 그 건기는 어떻게 발생한 걸까? 무엇보다도, 얼마나 오래 지속되었을까? 학자들은 특별히 온난했던 기후가 수증기를 대량으로 증발시키고 토양의 습기를 줄여 가뭄의 빈도수와 지속 기간을 증대시켰다고 본다. 태평양의 기후변동은 미국 서부의 강우량에 큰 영향을 미쳤다. 특히 엘니뇨와 그 대립물인 한랭건조한 라니냐의 효과(엘니뇨/남방진동, El-Niño-Southern Oscillation, ENSO)와 태평양 수십 년 주기 진동('기후 고고학' 참조)이라는 현상이 서부에 가뭄을 가져왔다(9장 '기후 고고학' 참조). 게다가 20세기에 북반구의 기온이 상승하고 서태평양과 인도양이 특별히 온난해진 것도 북반구 중위도의 가뭄을 강화한 요인이었다. 중세온난기에도 바로 그런 효과가 나타났을 것이다. 바꿔 말해 지구적 차원의 대규모 온난화가 대가뭄의 시대를 만들어냈을 것이다.

물론 다른 요인들도 있다. 태평양 동부 찬 바닷물의 용승(湧昇. 심해로부터 고밀도의 해수가 상승하는 현상; 옮긴이)도 열대 지역의 기온을 상승시킨다. 또한 용승은 — 태평양 동부의 한랭건조한 해수면과 함께 — 라니냐를 발달시키고 북아메리카 서부에 가뭄을 초래한다.

10장에서 보겠지만, 실제로 온난기에는 수백 년 동안 그런 상태가 지속되었다. 1150년에서 1200년까지 전 지구적으로 화산활동이 줄었고 태양흑점활동은 활발했는데, 이런 조건도 태평양 동부 열대 지역의 상태처럼 한랭한 라니냐를 발달시켰으며 남북아메리카에 대대적인 가뭄을 가져왔다.

*

중세 시에라네바다산맥의 가뭄은 과거 4천~7천 년 중 가장 극심했으며, 오늘날 우리가 겪는 가뭄보다 훨씬 가혹했다. 그렇다면 그 가뭄은 당시 그레이트베이슨과 오리건, 캘리포니아 해안에 기껏해야 수십만 명 정도 살았던 사람들에게 어떤 영향을 미쳤을까? 가장 척박한 환경은 건조한 내륙이었다. 특히 그레이트베이슨과 모하비 사막의 인구는 언제나 적었고 오히려 인근의 늪과 호수가 더 많은 인구를 먹여 살렸다.

그레이트베이슨은 로키산맥과 시에라네바다산맥 사이의 서부 사막으로 면적이 100만 km^{2}에 달하며, 캘리포니아, 오리건, 유타, 아이다호의 일부와 네바다의 거의 전역을 포괄한다. 이 분지는 높은 산이 있고 그 사이에 계곡이 있어 지형이 천차만별이고 여러 환경 지대들이 수직적으로 형성되어 있는 환경적 다양성의 세계다. 건조한 남서부에는 식물이 매우 희박하며, 산들은 조금 더 습하고 기후가 더 복잡하다. 수렵-채집자들에게는 다행히도 계곡 바닥에는 상당한 크기의 호수와 습지가 있었다. 예전에 분지에 살았던 소수의 사람들은 이곳으로 모여들었다. 이 방대한 지역의 대부분은 비가 거의 내리지 않고 해마다 강우량의 편차가 크다. 그렇기 때문에 옛날에는 식용식물의 양이 건조한 해보다 습한(이런 건조한 세계에서 '습하다'는 말은 잘못된 표현이지만) 해에 6배나 더 많았다. 이곳에서 생존하려면 엄청난 인내와 기회를 포착하는 뛰어난 능력에다 무척 좋은 식성을 갖춰야 했다. 한 가지 음식물만 고집하면 재앙을 초래할 수 있었다. 생존의 비밀은 끊임없는 이동과 수십 가지 식용식물에 관한 상세한 지식이었다.[5]

그레이트베이슨의 기후 조건은 그다지 안정적이지 않았다. 불과한 해에도 국지적 환경의 큰 변화가 일어날 수 있었다. 식량은 여기저기서 닥치는 대로 확보해야 했다. 비교적 생산성이 높은 지역이 따로 있었다. 작은 습지가 그런 곳이었는데, 주변의 황량한 불모지와는 상당히 달랐다. 일부 집단들은 특별히 비옥한 호숫가나 늪지에 자리 잡았다. 건조한 지역의 사람들은 소규모 가족을 이루어 살았다. 그들은 늘 이동하면서 다양한 지역에서 철에 따라 나는 음식물로 생존했다. 사회생활에서 중요한 것은 어디에 가면 어떤 음식물을 구할 수 있는지에 관한 정보였다. 서부의 사냥 집단들은 다른 집단에 속한 친척, 외부 손님, 유리처럼 매끄러운 공구 재료를 가지고 멀리서 교역하러 온 상인에게서 정보를 입수하려 애썼다.

그렇게 건조한 환경에서 사는 사람들에게는 선택의 여지가 별로 없었다. 그런 탓에 기본적인 생활방식은 수천 년 동안 거의 달라지지 않았다. 유타 중부의 호거프 동굴에는 8천여 년에 걸쳐 산발적으로 점유되었던 4m가 넘는 유적지가 있는데, 수백 년 동안 거의 변하지 않은 보수적 생활방식을 보여준다.[6] 동굴에 머물 때 사람들은 주로 피클위드를 먹고 살았다. 피클위드는 염전 가장자리와 말라버린 호수 바닥에서 낮게 자라는 즙이 많은 식물이었다. 또한 사람들은 갖가지 식용식물을 섬유로 된 바구니(동굴 창고에 보존되어 있었다)에 채집한 뒤 그 씨앗을 말리거나 치밀하게 짠 바구니 쟁반 위에 놓고 불로 볶았다. 그런 다음 껍질을 벗기고 맷돌이나 석판으로 갈았다. 또한 호거프 거주자들은 32종의 작은 동물을 사냥했고, 34종의 새를 덫, 그물, 창으로 잡았다. 그들은 여러 종류의 음식을 섭취함으로써 기아의 위험을 최소화했다. 이 동굴은 계절마다 넓은 지역을 돌아다니는 도중에 잠시 머무는 곳이었다.

수천 년간 계절마다 사용된 또 다른 장소도 있다. 네바다 동부 고지대에 위치한 보너빌호(고고학자들은 '보너빌 장원'이라고 부른다) 부근의 암반 거처다. 이 호수는 1만 8천 년 전 빙하시대에는 거의 내해였으나 지금은 말라버린 지 오래다. 지역 집단들은 1만 2500년 동안 종종 이 암반 거처에 들렀다. 기원전 6000년경 사람들은 메밀과 야생 호밀 등의 온갖 씨앗과 잣을 먹었다. 이 기본적인 식단은 수천 년 동안 변함이 없었다.[7]

그런 환경에서 생존하려면 분산해야 했고, 이동성, 식량과 물에 관한 정보, 건조한 주기와 습한 주기, 중세온난기를 잘 헤쳐나가는 전략이 필요했다. 파이우트족과 쇼쇼니족 같은 그레이트베이슨의 부족들은 늦여름과 초가을에 수확한 잣을 주요한 겨울 식량으로 삼았다. 19세기의 기록은 사람들이 긴 막대기로 나무에서 녹색 잣송이를 떨어뜨린 뒤 불에 구워 씨앗을 빼내어 볶고 갈았다고 말해준다. 잣은 풀이나 가죽으로 엮은 주머니에 담아놓으면 4~5년 동안 보관이 가능했다. 견과는 3~7년 주기로 대량 수확할 수 있었는데, 저장해둔 견과가 풍부하면 한 철을 넘기기가 한결 수월했다.[8]

잣은 오랫동안 그레이트베이슨의 생활에서 주식이었으나 나무는 가뭄에 취약하다. 가뭄이 들면 나무좀이 창궐하기 때문이다. 이 곤충이 나무에 구멍을 파고 알을 낳으면 그 애벌레가 나와 나무를 죽이는 것이다. 미국 삼림국 통계에 따르면 2001년부터 2005년까지 애리조나와 뉴멕시코에서만도 가뭄으로 약 8천만 그루의 잣나무가 죽어 삼림 전체가 방대한 갈색으로 변했다. 1천 년 전의 혹심한 가뭄이 잣나무 숲에 얼마나 큰 피해를 주었는지는 알 수 없지만, 중세 오랜 기간 견과 수확량은 크게 줄었다. 이 상황에서 가뭄에 살아남을 수 있는 유일한 방법은 가급적 다양한 식용식물을 먹는 것이었다. 이런 방식은 주식이 부족할 경우 보완하는 역할을 했다.[9]

습한 시기에도 인구밀도는 증가하지 않았다. 습한 시기에는 식량과 물이 풍부했으므로 아프리카의 사헬에서처럼 가족 집단들이 사막 전역으로 부채꼴로 퍼져나갔다. 가뭄기에 사막 펌프가 사람들을 밖으로 몰아낼 때 그들은 그나마 물 사정이 좋은 곳을 찾아갔다. 식생활은 장소에 따라 크게 달랐다. 네바다의 일부 집단처럼 습지에 사는 어떤 집단은 식단의 50%가 물고기였다. 그와 반대로 캘리포니아의 오언스 호숫가에 사는 사람들은 거의 식물만 먹고 살았다. 이동성과 다양한 식생활은 최악의 시기에도 효과적이었다. 자주 이동하는 캘리포니아 사막의 쇼쇼니족은 무려 5천~6천 년 동안이나 고향에서 살아왔는데, 수렵-채집 생활이 얼마나 적응성이 뛰어난지 보여주는 좋은 사례다.

*

　남쪽의 모하비 사막은 사정이 더 심각했다. 이곳은 지금도 여름의 고온으로 악명이 높지만, 고대인들에게는 그레이트베이슨보다 더 혹독하고 건조한 환경이었다. 1890년대에 인류학자 데이비드 프레스콧 배로스(David Prescott Barrows)는 모하비 사막에서 수천 년 동안 살아온 카후일라족 인디언의 식량 구하는 관습을 조사했다. 그는 이들이 건조한 상태에 대처하는 전략이 서부 사막의 다른 곳과 똑같다는 것을 발견했다. 습한 시기에도 그들은 모두 기온이 가장 한랭하고 물이 가장 풍부한 곳에서 살았다. 카후일라족의 식생활은 폭넓었다. 식용, 재료, 약으로 쓰는 식물은 수백 가지나 되었다. 카후일라족은 가을에 6가지 종류의 도토리를 수확했고, 메스키트(mesquite. 콩과의 잡목; 옮긴이)를 재배했다. 0.5헥타르의 메스키트면 콩을 200말이나 생산할 수 있었다. 식용 선인장, 고지의 나무에서 채취한 견과, 대추야자 등 먹을 수 있는 식물의 가짓수는 많았다. 모든 식량의 80%는 거주지로부터 8km 이내에서 얻었다. 하지만 아무리 식물이 다양하다 해도 환경이 워낙 예측 불가능하기 때문에 수천 년 동안 서부 사막에서 살아오던 조상들처럼 삶은 늘 불안정했다. 다행히 식용식물이 많고 항상 이동한 덕분에 극심한 가뭄에도 생존이 가능했다.

　폭넓은 식생활과 이동성이라는 똑같은 전략은 수천 년간의 기후변화에 잘 통했다. 그런데 1천 년 전 모하비 사막의 환경은 얼마나 혹독했을까? 이를 알기 위해 기후학자들은 바로 숲쥐(Neotoma)가 만든 패총을 이용한다. 600년에서 적어도 1200년까지의 패총은 건조한 환경에서 살았던 식물을 함유하고 있는데, 물을 좋아하는 식물의 흔적은 찾아보기 어렵다. 또 900년에서 1300년까지는 이후에 닥친 소빙하기와 달리 샘물이 증가했다거나 호수의 수위가 높았다는 기록이 거의 없다. 그 이전과 이후의 겨울 강우량은 분명히 더 적었다.

800년 이후 모하비에 가뭄이 길어진 결과 각종 수원이 줄어들었고 샘물의 양도 줄었을 것이다. 짐승과 물새를 끌어들이는 얕은 사막 플라야(playa. 큰비가 내린 뒤 일시적으로 형성되는 사막의 물웅덩이; 옮긴이) 호수도 말라버렸을 것이다. 물이 많지도 않은데다 넓은 곳에 산재되어 있었으므로 건조한 환경에서 물을 찾아 이동하는 일도 그만큼 위험이 컸을 것이다. 모하비 강변의 큰 수원과 마르지 않는 오아시스 부근에는 800~1300년의 고고학 유적들이 얼마간 있다. 그나마 이곳은 지속적인 가뭄기에도 지하수가 지표면에 가까이 있는 편이었다. 사막의 다른 곳에서는 아주 드물게 큰비가 내린 직후 몇 주일 이외에는 거주가 불가능했다. 중세온난기의 삶은 힘들었고 사막 가장자리에서나 생존할 수 있었다. 그러나 이 환경에 적응한 사람들은 가뭄에도 잘 견뎠다.

변화무쌍한 사막에서의 삶을 무엇보다 잘 보여주는 것은 카후일라호의 운명이다.[10] 모하비 동쪽의 콜로라도강은 매년 봄 범람해 방대한 삼각주에 많은 수로들을 만든다. 700년경에는 이 흐름의 변화가 오래 지속되면서 강물이 지대가 낮은 솔턴호로 흘러들어 호수를 13m 깊이의 욕조처럼 만들었다. 정점에 달했을 때 이 내해는 길이 185km, 너비 56km, 깊이 96m에 달해 북아메리카 최대의 호수들 중 하나가 되었다. 이 큰 호수는 600여 년 동안이나 콜로라도강의 배수로로 기능하다가 침니(silt)층이 상승해 수로의 입구를 막은 뒤에는 닫힌 웅덩이가 되어 반세기쯤 뒤에 말라버렸다.

콜로라도강의 범람 덕분에 카후일라호는 수백 년간 수위가 1m 내외로 상당히 안정적이었다. 지질학적 조사로 온난기에 호수의 수위는 매우 높았다는 게 밝혀졌다. 대단히 건조한 환경의 한가운데 갑자기 넓은 호수가 생겨난 것은 늘 가뭄에 시달리는 현지 수렵-채집자들에게 하늘이 내린 선물이나 다름없었다. 그러나 불행히도 염수인 탓에 식수로 사용할 수는 없었다. 그래도 호숫가에는 단기적인 거주지들이 많이 생겨나 사람들은 물고기를 잡고 주변에 풍부한 물새를 덫으로 사냥했다.

온난기는 모하비와 그레이트베이슨 일대를 거주가 불가능한 지역으로 만들었다. 사람들이 물을 가지고 다닐 수 있는 짧은 거리만 이동할 수 있었으므로 식량은 점점 구하기 어려워졌다. 식량 확보를 위한 경쟁이 심화되고 사회관계가 심한 압박을 받았다. 소규모 집단들은 견과의 수확량이 줄어든 상황에 대처해야 했고, 이웃끼리 서로 몸을 밀치며 야생 봄나물을 캐느라 야단이었다. 자연히 욕설이 난무했고 곤봉과 창으로 이웃을 습격하는 일도 있었다. 급기야 집단이 쪼개져 한 무리가 거주지를 떠나 다른 곳으로 이동하기에 이르렀다. 굶주림과 갈증에 대한 불안과 금욕적 체념이 가득한 거친 사회 환경이었다.

건조한 미국 서부에서 생존하려면 협동해야 했으며, 무엇보다도 넓고 척박한 환경에서 물과 식량자원에 대한 정보가 중요했다. 이런 환경에서는 물만 있으면 그런대로 먹고살 수 있었지만, 가뭄이 닥쳐 사막 펌프가 동물, 인간, 식물을 가장자리로 내몰면 식량이 크게 부족해졌다. 유럽과 북극권이 상대적으로 기후가 온화했던 시기를 맞았을 때 건조했던 미국 서부의 방대한 지역은 궁핍과 고통에 시달렸다. 아무리 적응력과 기동력이 유일한 구명줄이라는 것을 아는 사람들이라 해도 생존은 쉽지 않았다. 그러나 사람들은 환경에 대한 지식과 기회를 포착하는 능력으로 살아남았고, 지구상에서 보기 드물게 엄혹한 환경에서 수천 년간 극단의 홍수와 가뭄을 견뎌내게 해준 생활방식을 고수했다.

◀태평양 수십 년 주기 진동▶

태평양 수십 년 주기 진동(Pacific Decadal Oscillation, PDO)은 태평양의 장기적인 변동을 가리킨다. 한랭한 시기에는 열대 태평양 동부에 정상 해수면보다 낮은 해역이 생겨난다(바다가 온난해지면 물이 팽창해 해수면이 상승한다). 그에 따라 정상 해수면보다 높고 정상 수온보다 온난한 쐐기 모양의 해역이 태평양 북부, 서부, 남부와 연결된다. 온난기에는 태평양 동부가 온난해지고 서부는 한랭해진다. 이 수온 변화는 제트류의 경로를 바꾼다. 한랭기에는 제트류가 더 북쪽으로 물러가 서부의 강우량이 줄어든다. PDO는 20~30년 주기로 반복된다. 이 장기적인 변동에 엘니뇨와 라니냐의 영향도 겹친다. 현재 우리의 기후는 한랭기로 접어드는 시점이므로 앞으로 20~30년간 북아메리카 서부 대부분의 지역에서 강우량이 줄어들 것이다.[11]

생존을 위한 이동

가뭄으로 도토리 새싹이 시들고

들소가 이유 없이 이동하고 연어가 회귀하지 못하면,

여러 지역 사람들의 생존 자체가 뿌리째 흔들렸다.

그러나 캘리포니아에 폭넓게 분포된 식량자원을

효과적으로 획득하는 방법을 개발하면,

옥수수 수확이 실패해도 그런 결과로 이어지지 않을 수 있다.

식량 부족과 고통스러운 굶주림은

어쩔 수 없지만 기아는 면할 수 있다.

앨프레드 크뢰버,
「캘리포니아 인디언 편람」(1925)

가뭄을 견디게 해준 도토리 도토리는 탄수화물이 풍부하고 오래 저장해둘 수 있어서 미국의 건조한 서부지역의 소중한 식량자원이 되어주었다.

해협은 ••

유리처럼 매끄럽고, 눈 덮인 산봉우리들은 맑고 파란 겨울 하늘과 선명한 대조를 이룬다. 선원들은 가벼운 동남풍을 받으며 노를 젓는다. 어제는 북서쪽에서 불어온 강한 겨울 폭풍과 진눈깨비에 몹시 시달렸으나 오늘은 언제 그랬냐는 듯 잔잔하고 쾌청한 날씨다. 해가 서쪽으로 뉘엿뉘엿 지면서 화려한 분홍색의 기다란 자취를 바다 위에 남긴다. 상어들이 수면 위로 올라와 지느러미와 꼬리를 살짝살짝 움직이면서 느긋하게 햇볕을 쬐고 있다. 뱃전에 판자를 붙인 낡은 카누들은 거울 같은 수면 위를 미끄러져간다. "배를 구름만큼 높이 들어올렸다가 바다 밑으로 처박아버리는 태평양의 매우 높은 파도"는 다 어제 일이다.[2] 선원들은 해초를 깔고 앉아 몇 시간이나 똑같은 뱃노래를 부르면서 계속 노를 젓는다. 한 소년이 전복 껍데기로 황급히 바닥의 물을 퍼낸다. 뱃노래가 조용한 대기를 뚫고 메아리치는 동안 석양이 서서히 저물고 뭍이 가까워진다.

미국 서부 온난기의 대가뭄은 전통적인 이동 전략의 한계를 드러냈다. 사람들이 죽었고 굶주림도 있었다. 캘리포니아 남부 같은 지역에는 사회의 성격 자체가 크게 달라져 더욱 위계적이고 전제적인 체제로 바뀌었다. 하지만 그런 역경 속에서도 서부의 주민들은 끈질기게 살아남았다. 만약 유럽의 탐험가, 선교사, 이주민 들이 수백, 수천 년 동안 번영한 문화 방정식에 새롭고 완전히 낯선 인자를 도입하지 않았더라면, 원주민들의 전통적 생활방식은 영원히 지속되었을 것이다.

서부의 사회들이 전부 사막에서 살았던 것은 아니다. 더 서쪽으로 태평양까지 진출한 집단은 현재 캘리포니아에 해당하는 곳에서 지구상에서 가장 다양한 환경이 펼쳐져 있는 것을 발견했다. 그곳에는 작은 산과 계곡, 국지적 습지, 풀이 무성한 분지, 얕은 호수 등이 있었다. 특히 샌프란시스코만과 샌타바버라해협 같은 지역에는 물고기와 조개가 풍부한 어장과 바다 포유류가 사는 암초 해역이 풍부한 식량자원을 제공하므로 많은 집단들이 연중 내내는 아니더라도 대부분의 기간 동안 한곳에 머물러 살 수 있었다. 바다나 영구 하천과 호수에서 떨어진 곳에 사는 사람들은 철따라 나는 야생식물이나 널리 흩어진 식량에 크게 의존했다. 남녀노소 가릴 것 없이 누구나 식량자원에 관한 지식이 해박했으나 그 자원을 제대로 이용하려면 끊임없이 이동해야 했다. 이런 이동성 때문에 가뭄 주기에 취약한 측면이 어느 정도 완화되었지만, 가뭄에 민감한 잣 같은 식량을 제외하고는 오랜 기간 저장해두고 먹을 만한 식용식물이 드물었다. 그래도 그레이트베이슨 일대와 캘리포니아에 사는 집단들은 놀랄 만큼 영양이 풍부한 식량자원을 찾아냈다. 그것은 바로 탄수화물을 많이 함유한 도토리였다.

도토리는 기원전 2000년 이후 참나무가 자라는 캘리포니아의 여러 지역에서 식량으로 이용되었는데, 처음에는 보조식량이었다. 당시의 기후는 지금보다 한랭하고 습했다. 캘리포니아의 인구가 꾸준히 증가한 탓에 식물의 씨앗처럼 오래전부터 식량으로 이용해왔던 식물이 부족해졌다. 이 무렵에 기근이 있었음은 유골에서도 확인된다. 도토리가 폭넓게 이용되기 전인 기원전 1000년 전의 유골은 후대의 유골보다 영양실조의 징후를 많이 드러내고 있다. 해리스 선(Harris Line. 일시적인 성장 장애로 인해 사지의 뼈에 나타나는 선)이나 치아 과형성(dental hyperplasia)이 그런 예다. 도토리를 대량 섭취하는 방향으로 전환된 이유는 인구가 과밀해지고, 식량이 크게 부족해지고, 영양실조가 잦아진 탓일 것이다. 흥미롭게도 도토리를 주식으로 삼은 이후 탄수화물 과다 섭취로 충치가 크게 늘었다.[3]

식생활이 바뀌자 사람들은 즉각 여분의 노동력을 이용해 풍부하고 영양 많은 도토리를 가공하고 보관했다. 새로운 주식은 대량 저장이 가능했다. 불과 몇 주일이면 1년치 식량을 수확할 수도 있었다. 반복되는 기근에 대처하는 다른 유일한 해법은 남서부의 사람들처럼 옥수수와 콩을 재배하는 것이었다. 도토리를 채집하는 사람들도 농경을 잘 알았지만, 도토리가 지천으로 널려 있는데 굳이 밭을 개간하고 경작할 이유가 없었다. 그리스도의 시대에 이르러 도토리는 오리건에서 남서부 사막에 이르기까지 캘리포니아 전역의 주식이 되었다.

도토리는 1000~1500년 전 캘리포니아의 삶을 혁명적으로 변화시키지 못했다. 이 소박한 견과는 인구가 점점 늘고 지형적으로 제한된 세계에 사는 사람들에게 그저 예측 가능한 식량자원일 뿐이었다. 중세온난기에 가뭄이 길어지자 도토리에 의존하는 삶은 갈수록 기근의 위험에 노출되었다. 도토리 수확량은 건조한 환경에 큰 영향을 받았기 때문이다.

*

　1100년, 어느 더운 가을날 캘리포니아의 참나무 숲. 갈색의 햇빛이 땅바닥에 들쭉날쭉한 그림자를 드리우고 있는 가운데 사람들은 도토리 수확기를 맞아 분주하다. 모두들 아침 일찍부터 빈 바구니를 들고 참나무로 달려간다. 어른들은 나무 열매를 따먹는 사슴을 사냥하고, 소년들은 나뭇가지를 잡고 살짝살짝 흔든다. 익은 도토리가 떨어지면 여자들과 노인들은 함박웃음을 지으며 살이 오른 도토리를 주워 바구니에 담는다. 그들은 땅바닥을 조심스럽게 손으로 쓸면서 갈라지거나 썩은 도토리를 버리고 오래 저장할 수 있는 도토리만 줍는다. 소년들이 나무에 기어오르자 여자들은 도토리가 가득 찬 바구니를 집으로 가져가 가죽 주머니에 쏟아붓는다. 도토리 수확은 새벽부터 해 질 녘까지 계속된다. 연중 도토리를 쉽게 수확할 수 있는 기간은 며칠에 불과하다.

　초기 캘리포니아 주민들이 역사상 처음으로 도토리를 먹은 것은 아니었다. 시리아에서는 이미 1400년 전에 도토리를 주식으로 삼았다. 중세 유럽의 농부들도 도토리를 많이 먹었고 미국 중서부의 아메리카 원주민들도 그랬다.[4] 19세기까지도 도토리는 이탈리아와 에스파냐 농촌 식단의 약 20%를 차지했다. 그러나 극히 다양한 환경과 고질적인 가뭄이 특징이었던 캘리포니아만큼 도토리가 중요한 곳은 없었다. 도토리는 영양가가 높고 장기간 저장이 가능하다. 환경이 잘 맞으면 큰 바구니나 특별히 설비된 곳간에서 2년이나 보관할 수 있으므로 예측 불가능한 환경에서 살아가는 사람들에게는 더없이 귀중한 식량이다. 500년경 캘리포니아 인디언 수천 명은 풍부하게 수확되는 도토리에 의존해 살았다. 16세기에 에스파냐와 접촉할 무렵 캘리포니아 원주민은 한 해에 6만 톤의 도토리를 수확했다. 이는 오늘날 기업적으로 재배하는 옥수수의 수확량보다 많은 양이다. 많은 집단들이 도토리를 식단의 절반 이상에 이용했다. 식단을 폭넓게 활용한다는 전통적 방책은 도토리의 풍요 앞에 무너졌다.

우리가 도토리의 섭취에 관해 잘 알 수 있는 이유는 많은 고고학 유적에서 도토리의 잔해와 도토리를 갈고 빻은 흔적이 발견되기 때문이다. 또한 오늘날 전통사회의 식생활 관습을 관찰해도 도토리의 수확, 가공, 저장에 관해 많은 정보를 얻을 수 있다. 많은 사람들이 맛있는 도토리 빵을 즐긴 것도 도토리 식습관(balanophagy)이 성행한 한 원인이다. 그 결과 우리는 이 중요한 고대(와 현대)의 식량을 아주 잘 알게 되었다.

오리건에서 캘리포니아까지 서식하는 참나무의 종류는 15종이다. 여건이 좋을 때 캘리포니아 참나무는 1헥타르당 784kg의 도토리를 생산한다. 이것은 중세 유럽의 농업생산량과 맞먹으며, 에스파냐인이 왔을 무렵 캘리포니아 주민들의 대여섯 배나 되는 인구를 부양하기에 충분한 양이다. 하지만 불행히도 도토리 수확량은 숲에 따라, 심지어 나무에 따라 천차만별이었다. 또한 대부분의 참나무 종은 2~3년에 한 차례만 많은 도토리를 생산했다. 이런 점을 알고 있었던 고대의 채집자들은 여러 지역에서 도토리를 수확했다. 오래 보관할 수 있다는 장점은 불규칙한 수확량을 극복하는 데 도움이 되었지만, 도토리는 큰 결함을 가지고 있었다. 수확과 가공에 품이 많이 드는 노동집약적 작물이라는 점이다. 껍질을 벗기고 빻는 일은 시작에 불과하다. 도토리는 쓴맛이 나는 타닌산을 함유하고 있기 때문에 물에 불리지 않으면 먹을 수 없다.[5] 도토리를 가공하는 것은 씨앗을 빻는 것보다 시간이 더 오래 걸렸다. 빻은 도토리 2.7kg으로 1kg의 음식을 만들려면 약 4시간이 필요했다. 하지만 노력의 성과는 충분했다. 도토리 견과나 가공된 분말을 장거리 여행이나 카누에 가져가면 영양가 높은 빵과 죽을 만들 수 있었다.

900년경 중세온난기가 시작될 무렵 채집자 집단들은 점차 항구적인 주거지를 만들기 위해 애썼다. 평생토록 고향에서 8km 이상 여행하지 않는 경우가 대부분일 정도로 그들의 세력권은 상당히 좁았다. 이처럼 좁은 지역에서 활동했으므로 각 집단들은 상호의존하는 경우가 많았다. 가뭄으로 환경의 생산성이 위축되자 식량을 확보하기 위한 방편으로 다른 집단과 친족관계를 맺는 것이 매우 중요했다. 각 집단들은 도토리 숲, 어장, 식용씨앗을 구할 수 있는 장소 같은 지역 식량 공급원을 장악했다. 그들은 자체의 필요를 충당할 때보다도 더 집약적으로 식량 공급원을 이용했다. 그렇게 해서 얻은 식량은 10여 개 작은 촌락들과 각 촌락의 지배자들 간에 복잡한 상호연관의 그물을 형성하는 널리 분산된 공동체들에 배급되었다.

캘리포니아처럼 고도로 지역화되고 다양한 환경에서는 남들의 도움이 없으면 생존이 불가능했다. 공동체들 간에 교환되는 물자와 상품의 종류는 극히 다양했다. 도토리와 사냥한 짐승의 고기에서 조갯살, 소금, 약용식물 같은 필수품에 이르기까지 온갖 식품들이 교역되었다. 방수 바구니를 만드는 데 필요한 아스팔트, 바구니와 활을 만드는 목재 등도 거래되었다. 화산유리인 흑요석은 특별한 지역, 예컨대 캘리포니아 북부의 메디슨 호수 고원 같은 곳에서만 나오는 고가의 물건이었다. 다행히 흑요석은 산지에 따라 뚜렷한 특징을 가지고 있으므로 분광분석을 해보면 어디서 나온 것인지 확인이 가능하다. 메디슨호의 흑요석은 80km 떨어진 곳에서도 거래되었다.[6] 전복과 올리벨라 조개 구슬은 인구가 증가하고 세력권이 작아진 온난기에 캘리포니아 전역에 수백만 개가 유통되었다. 태평양 조개 구슬은 고대의 모하비 교역로를 타고 남서부 멀리 농경 공동체에까지 전해졌다. 손에서 손으로 그레이트베이슨까지 전해진 구슬 목걸이도 있었다. 그러나 환경이 점차 제한되면서 대부분의 무역은 필수품을 서로에게 의존하고 있는 사람들 사이에서 국지적으로 이루어졌다.

중세온난기에 가뭄이 길어지자 오랜 교역 방식도 붕괴했다. 참나무는 가뭄에 취약하므로 도토리 수확량은 정상적인 몇 년 주기의 변동폭보다 더 크게 줄어들었다. 우리는 긴 가뭄이 참나무에 어떤 영향을 미치는지 알지 못한다. 참나무는 오랜 건기에 잘 견디는 편이지만, 한 철 건조한 것과 여러 해에 걸쳐 건기가 닥치는 것은 다른 문제다. 예를 들어 1986년부터 1992년까지 6년간의 가뭄으로 캘리포니아 중부 해안지대의 참나무 수천 그루가 죽었다. 특히 더 건조하고 토양이 비옥하지 못한 남쪽 사면의 피해가 컸다. 1992년에는 종류와 무관하게 모든 참나무의 10%가량이 죽었다.[7] 1993년부터 기후가 습하지 않았다면 참나무의 고사율은 비약적으로 증가했을 테고 화재나 벌레 같은 원인으로 죽는 정상 비율을 크게 상회했을 것이다. 그 10%의 수치를 1천 년 전에 적용하고 가뭄이 더 길고 잦았다는 점을 감안하면 도토리 수확량은 참담한 수준이었을 게 틀림없다.

안타깝게도 고고학은 익명의 역사 기록이기 때문에 그 건조한 수백 년을 살았던 사람들의 목소리는 전하지 않는다. 오로지 일부 증거만이 우리에게 전해질 뿐인데, 미국의 5번 주간(州間)도로를 건설하는 현장에서 발견된 묘지 두 곳에서 나온 유골이 그 예다. 묘지는 중세 가뭄기의 것이며, 도토리를 주식으로 삼은 샌조아퀸 계곡의 요쿠트족 인디언들이 묻혀 있다. 생물인류학자 엘리자베스 웨이스(Elizabeth Weiss)는 컴퓨터단층촬영을 통해 대퇴골 피질의 두께를 측정했다.[8] 대퇴골 피질의 두께는 한 사람의 평생에 걸친 식단과 영양 상태를 누적하여 반영한다. 그 결과 2천 년 전의 묘지에 묻힌 사람들은 1100~1200년 전 긴 가뭄기의 유골에 비해 대퇴골이 더 굵었고 상처의 흔적이 더 적었다. 반면 가뭄기에 살았던 사람들은 대퇴골이 더 가늘고 수명이 짧았으며, 상처와 영양실조의 흔적이 많았다.

도토리는 확실히 긴 가뭄의 대비책이 못 되었다. 도토리를 주식으로 삼고 다른 것을 거의 먹지 않은 사람들은 가뭄에 제대로 견디지 못했다. 하지만 상세한 내용을 알기 위해서는 연구가 더 필요하다.

샌프란시스코만과 샌타바버라해협 일대는 사정이 조금 달랐다. 여기서는 풍부한 해양 환경 덕분에 사람들이 오랜 기간 동안 한곳에 정착할 수 있었다. 샌타바버라해협의 경우에는 이따금 엘니뇨가 발생해 해수면 온도의 상승이 해양의 생산성에 영향을 미칠 때를 제외하면, 해안 부근에서 자연 용승이 일어나 멸치가 풍부했다. 하지만 이 유리한 여건에도 삶은 불확실했다. 특히 가뭄이 식수 공급에 영향을 줄 때는 더욱 어려웠다.

　　컨셉션곶의 남쪽에 있는 샌타바버라해협은 기후의 또 다른 로제타석이다. 이곳에서 채취된 깊이 200m 심해 표본은 16만 년 전 과거를 정확하게 말해준다. 맨 먼저 나온 17m짜리 표본은 1만 1천 년 전의 과거를 나타내며, 해저의 급속한 침전 속도는 정밀한 기후 정보를 제공한다. 우리는 실제로 과거 3천여 년에 걸쳐 25m 간격의 온도 변화에 관한 기록을 가지고 있다. 표본에는 두 종류의 플랑크톤성 유공충이 풍부했다. 하나는 수면 가까이에 살았고 다른 하나는 약 60m 심해에 서식했다. 해양학자 제임스 케넛(James Kennett)은 이 유기체의 산소동위원소 함유량을 분석하고 작은 조개 표본 20개의 방사성탄소연대를 측정한 결과 해수면 온도 변화의 주기를 재구성할 수 있었는데, 전반적으로는 평균 12.5°C쯤으로 온난한 편이었다.[9] 케넛온도곡선에 따르면 지금으로부터 2900년 전에서 1500년 전까지는 온난했고, 1500년 전에서 500년 전까지는 한랭한 주기였으며, 그 이후 현대까지는 온난했다. 빙하기 이후 해수면 온도가 가장 낮았던 때는 1500~500년 전인데, 중세온난기를 포함하는 시기다.

샌타바버라해협의 해양생산성은 한랭기와 온난기에 따라 상승하고 하락했다. 유공충을 조사해보면 한랭기에는 60m 심해와 해수면의 수온 차이가 별로 크지 않다. 해협의 자연 용승이 매우 강해 바닷물이 늘 수직으로 섞이기 때문이다. 이 과정은 1000~500년 전 사이에 특히 격렬했다. 2900~1500년 전 온난기에는 용승과 해양생산성이 크게 줄었다. 또한 1500~800년 전에는 해수 온도가 상당히 안정적이었다.

샌타바버라해협의 기후변동은 육상의 기록과도 부합한다. 특히 해수면 온도가 낮은 시기는 북아메리카 서부 대부분의 지역이 긴 가뭄을 겪은 시기와 일치한다. 이 점은 캘리포니아 동부 화이트산맥에 있는 브리슬콘소나무 나이테의 기록으로 확인된다.

샌타바버라해협은 추마시족 인디언이 아주 오래전부터 조상 대대로 살아온 고향이었다. 16세기에 처음으로 이 해변에 닻을 내린 유럽 탐험가들은 연안의 채널제도와 본토에 대규모 촌락들이 있었고 인구가 많았다고 보고했다.[10] 사실 수백 년 동안 해안 인구는 비교적 희박했다. 그러다 3천 년 전 이후 이웃한 공동체들 간에 그리고 해안·연안의 섬들·내륙 간에 교역 활동이 급속히 활발해졌다. 태평양 연안에 있는 고고학 유적의 수로 미루어보면, 어업이 발달함에 따라 인구도 늘었다. 인구밀도는 용승 작용으로 해양생산성이 높아진 1300년 전 이후에도 계속 증가했다.

이 변화가 가장 두드러지게 나타난 곳은 식량자원이 희박하지만 조개잡이와 연안 어장이 풍부한 채널제도다. 이곳에서는 450년 이후 약 1천 년 동안 해수 온도가 낮았던 덕분에 용승이 강력해 온갖 종류의 물고기가 풍부했다. 이 시기에는 해안 인구가 폭발적으로 증가했고 태평양 연안에 항구 거주지가 많아졌다. 채널제도에는 대규모 촌락들이 마치 각자 독자적인 어장과 채집 권역을 가진 것처럼 서로 적절한 간격을 두고 발달했다. 이 촌락들은 대부분 역사시대에도 존속했으므로 그 주민들은 19세기 후반과 20세기 초반의 선교사 기록과 구승 전설에도 등장한다. 예를 들어 샌타바버라해협 남쪽 끝자락에 위치한 샌부에나벤추라 인디언 공동체에 살았고 추마시어도 알았던 후안 에스테반 피코(Juan Estevan Pico)는 1884년 11월 20일 섬 주민 21명의 명단을 기록했다.[11] 거기 나온 사람들 중 무려 11명의 족장이 세례를 받았는데, 그 시기는 주로 1814년에서 1822년까지였다. 하지만 유럽에서 온 질병이 창궐하고, 해협을 낀 교역이 붕괴하고, 가뭄이 길어지자 섬 인구는 급감했다.

다도해에서 가장 큰 샌타크루즈섬의 경우 큰 촌락들은 대부분 안전한 만에 있었다. 주민들은 해안선 전체를 조망할 수 있었으며, 초소 역할을 하는 전략적 위치의 곳에서는 인근 촌락들을 한눈에 볼 수 있었다.[12] 각 촌락들은 장기적으로 식수를 확보할 수 있는 요충지에 자리 잡았다. 시간이 흐르면서 경계선이 점점 더 굳어졌고 묘지로 구분되는 경우도 많아졌다. 예를 들어 샌타로자섬의 묘지는 해안과 내륙 양편의 대규모 촌락이 사용했는데, 그중 일부는 영역 표시의 용도였을 것으로 추측된다.

섬의 인구가 늘면서 다툼도 늘었다. 이 무렵 식량을 확보하기 위한 격렬한 싸움의 흔적은 유골에서도 쉽게 확인할 수 있다. 생물인류학자 패트리샤 램버트(Patricia Lambert)와 필립 워커(Phillip Walker)는 서로 싸우다가 팔이나 코가 부러진 흔적, 두개골의 상처를 치료한 흔적, 창이나 화살에 맞은 상처 자국을 많이 찾아냈다.[13] 유골들의 대부분은 머리에 가벼운 둔기로 맞은 상처가 나 있었다.

영양실조와 폭력은 기후가 매우 불안정한 시기에 크게 늘었고 사회변화를 초래했다. 샌타바버라해협의 바다는 수온이 대체로 차고 생산적이었으나 육상은 대체로 건조했다. 950년부터 1250년까지 나이테와 심해 표본에도 큰 가뭄의 기록이 있다. 가뭄이 들자 작은 촌락들은 서로 합쳐 큰 촌락을 이루었으며, 물이 많지 않은 섬 주변과 본토의 여러 지역은 사실상 버려졌다.

폭력적 다툼과 식량을 확보하려는 경쟁은 대가뭄기들 동안 잠복되어 있다 나타난 결과였다. 섬의 모든 촌락에서는 처가살이 방식으로 가정이 구성되었다. 즉 여자가 태어난 고향 마을에 그대로 살면서, 결혼하면 외부에서 남자가 들어오는 식이었다. 이 제도는 이웃 촌락들끼리 남자들 간에 혈연관계가 형성되어 튼튼한 동맹이 구축되는 장점이 있었다. 역사적 인구에 관한 언어학적 연구 결과, 대가뭄기에 섬과 본토 주민은 마치 전혀 다른 두 집단인 것처럼 언어가 서로 달랐다는 점이 밝혀졌다. 처가살이 관습은 아마 식량이 부족하고 인구가 과밀한 본토에서 공격해올지 모른다는 위험에 대비하기 위해 발달했을 것이다.

섬 인구가 늘자 붉은 전복 같은 귀중한 식품이 부족해졌다. 살이 많은 조개는 얕은 바다에 서식하며 상당한 크기로 자란다. 여자들

몇 명이면 썰물 때 얕은 바닷물에 들어가 바위에 붙은 전복을 캘 수 있었다. 여자들은 해안의 수심이 가장 얕아진 시기에 바구니를 물에 띄워놓고 자맥질해 전복을 캤다. 집으로 돌아오면 뼈 도구로 능숙하게 전복을 열고 부드러운 살을 두드려 다진 다음 불에 구웠다. 온난기에 전복은 한층 크기가 작아졌지만, 사람들은 식단을 더 넓혀 연해의 켈프(kelp. 바닷말의 일종; 옮긴이) 지역에 서식하는 물고기들 이외에 다른 물고기들도 섭취하는 방식으로 식량 부족을 타개했다. 그레이트베이슨의 채집자들처럼 추마시족도 식단을 확대하는 방식의 장점을 깨친 것이다. 1100년경 어부들은 바느질로 꿰매 만든 '토몰'이라는 카누를 타고 더 깊은 바다로 나가 갈고리와 밧줄로 상어나 참치 같은 심해 물고기들을 잡았다. 또한 북쪽 먼 지역에서 오래전부터 사용하던 정교한 회전촉 작살로 바다 포유류도 사냥했다. 이렇게 고기잡이를 확대한 것은 모진 가뭄기에 식단을 넓히려는 의도적인 노력이었다.

채널제도에는 식용식물이 많지 않았고 본토에서 아주 중요한 도토리도 드물었다. 수백 년 동안 섬 주민들은 샌타크루즈섬의 질 좋은 처트(chert. 석영으로 된 단단한 퇴적암; 옮긴이)로 된 송곳으로 조개 구슬을 만들어 도토리와 맞바꾸었다.[14] 섬의 일부 유적에서는 본토에서만 나는 식물의 잔해를 볼 수 있는데, 1200년 이후 전개된 조개 구슬 무역의 생생한 증거다. 조개 구슬 무역은 가뭄이 심화되고 식량 경쟁이 격화된 10세기경에 비약적으로 발전했다. 그 무렵 사람들은 생선을 주식으로 삼았으며, 물고기가 풍부한 어장과 카누를 정박할 수 있는 해변을 찾아 항구적인 촌락을 건설하기 시작했다.

가뭄기에 채널제도의 정치·사회적 환경은 매우 불안정했다. 어족 자원이 풍부했던 시기에 인구가 늘어나면서 가장 좋은 어장과 조개잡이 터를 차지하려는 경쟁은 더욱 심화되었다. 앞에서 보았듯이 폭력이 발생하고, 사람들이 죽고, 권역의 경계선이 굳어지고, 모두들 점점 공격적인 방어로 선회하기 시작했다. 불가피하게 일부 개인이나 친족집단이 특정한 어장이나 좋은 농토를 장악하는 경우도 생겨났다. 그 권력은 권위로 이어졌고, 누대에 걸쳐 발달한 사회적 위계에서 높은 지위를 보장했다. 지역사회는 점차 서열화되었고, 족장들끼리 서로 결탁해 다스렸다. 여러 촌락을 지배하는 족장도 출현했다. 족장들 중에는 카누 선장도 있었는데, 전문 기술을 밑천으로 후대에 그들은 공식 조합을 결성했다.

섬 사람들은 가뭄에 대한 대응으로 촌락에 조밀하게 모여 살았다. 지도자들이 급성장한 본토와의 무역을 장악하게 되면서 폭력적 다툼이 줄어든 것으로 보인다. 많은 사람들이 영양실조에 시달렸으나 본토에 비해서는 사정이 나았다. 내륙은 가뭄으로 옥수수 수확량과 야생 식용식물이 크게 줄었다. 섬에서처럼 본토에서도 각 공동체는 심한 가뭄에 대해 전형적인 대응책을 택했다. 즉 항구적인 수원으로 거주지를 옮기는 것이다. 오늘날에도 공업도시의 변두리 빈민가로 많은 인구가 몰릴 경우에는 흔히 그렇듯이, 당시에도 심각한 수질오염과 위생 문제가 발생했다. 또한 작은 촌락을 이루어 살 때보다 이질 같은 전염병이 퍼지기가 쉬웠다.

결국 섬과 본토의 족장들은 식량 부족이 초래한 경쟁과 다툼을 완화하기 위한 사회적 장치를 개발했다. 1300년경 갈등이 표면화되는 것을 막는 복잡한 동맹과 기타 장치가 등장했다. 이것은 섬-본토 무역과 더불어 내륙 멀리, 남서부 집단들과의 거래가 폭발적으로 증대한 것과 긴밀한 관련이 있었다. 이 장치는 온난기 대가뭄이 물러간 이후에도 오랫동안 유지되었다. 특히 예측 불가능한 강우와 변화하는 해수 온도로 인해 기후변동에 취약해진 지역에서 효력을 발휘했으며, 연안 어장과 도토리 수확으로 살아가는 사람들도 앞 세대의 경험을 선례로 삼았다.

추마시족은 이웃 집단들만이 아니라 내륙 먼 곳과도 접촉했다. 그들의 교역망은 멀리 남서부에까지 미쳤다. 그러나 남서부에 사는 푸에블로족 농부들은 똑같은 재앙적 가뭄에 다른 전략으로 대응했다.

*

오후의 찌는 듯한 무더위가 뉴멕시코 차코캐니언을 휩싸고 있다. 무겁고 조용한 대기가 푸에블로 보니토의 빈 방들을 지나가는 관광객들의 어깨를 짓누른다. 서쪽 지평선에 몰려 있는 거대한 먹구름이 차코캐니언의 벽에 내리쬐는 밝은 햇빛을 조롱하고 있다. 구름이 점점 높아진다. 멀리서 번개가 위협적인 기세로 번쩍이고 천둥이 불길하게 으르렁거린다. 갑자기 맹렬한 돌풍이 차코캐니언을 쓸고 지나가더니 굵은 빗방울이 모래 바닥에 흩뿌려진다. 관광객들은 황급히 비를 피할 곳을 찾아 달린다. 회색의 벽이 다가오는가 싶더니 폭풍이 아래쪽으로 경로를 바꾸자 곧 사라져버린다. 다시 밝은 햇빛이 차코캐니언의 바닥을 뜨겁게 달군다.

건조한 환경에 사는 사람이라면 누구나 기후의 충격에 대비해야한다. 남서부의 푸에블로족은 이동해야만 생존할 수 있는 환경에서뛰어난 적응력과 기회를 포착하는 능력을 갖추고 있었다. 현대 남서부의 테와 인디언들에게 전해 내려오는 구승 전설은 분명히 말한다. "이동, 구름, 바람, 비는 하나다. 인간은 열심히 이동해야 한다."[15] 그레이트베이슨의 집단들은 이동을 통해 살아남았다. 해안고기잡이 집단들은 이동을 통해 인구밀도가 높은 촌락들을 형성했다. 그들은 모두 사냥도 하고 야생식물도 채집했으나 옥수수와 콩을 재배하면서 농토 주변에서 살아간 집단들도 있었다. 농경은 사막 지역에서 좋은 선택이 아니었다. 도토리를 수확한 캘리포니아인디언은 굳이 농사를 지을 만한 동기를 느끼지 못했다. 그러나 물을 관리하는 능력이 뛰어난 남서부의 보수적인 농부들은 농경이 무척 어려운 환경에서 3천 년 이상이나 번영했다.

차코캐니언은 샌주안 분지의 한복판에 있다. 황량한 풍경이 끝없이 이어진 것처럼 보이는 곳이다.[16] 이 분지에는 어떤 형태의 물도 거의 없다. 여름에는 간혹 이슬비도 내리지만 주로 뇌우가 내리며, 겨울에는 12월부터 3월까지 눈이 내린다. 하지만 강우량은 아주 적고 매우 국지적일뿐더러 예측이 전혀 불가능하다. 엘니뇨 같은 단기적인 기후변동과 중세온난기 같은 긴 가뭄은 한 해 단위로운영되는 농경에 중대한 영향을 미칠 수 있었다. 차코캐니언은 길이가 약 30km이고 너비는 0.5~1.5km다. 큰비가 내린 뒤에는 차코 시내가 협곡을 가로질러 힘차게 흐른다. 또한 여러 개의 지류도 생겨나고 주변의 절벽 기슭에 지하수도 생성된다. 하지만 가뭄기에 협곡의 바닥은 바짝 말라 있다.

어떤 형태의 농경도 어려운 장소라고 생각되겠지만, 9~12세기에는 적어도 2200명의 사람들이 협곡 안에 거주했고 대형 묘지를 조성한 시대에는 인구도 제법 늘었다. 돌집 몇 채로 이루어진 작은 마을들이 많이 생겨났고, 흔히 큰 집이라고 불렸던 푸에블로도 9개나 있었다. 차코캐니언의 정착 주민들은 단순한 막대기와 괭이를 가지고 비옥한 땅을 경작했다. 작은 마을이 아니라 큰 집에 살았던 사람들이 얼마나 되는지는 알 수 없지만, 푸에블로 보니토 같은 곳은—모두들 각자 알아서 식량을 마련한다면—수백 명을 수용할 수 있을 만큼 넓었다. 협곡 자체의 수용력은 큰 집의 크기에 비추어보면 작았다. 협곡 남쪽의 농부들은 강우에 주로 의존한 반면 북쪽의 농부들은 바둑판 모양으로 잘 정리된 밭에서 옥수수와 콩을 재배했다.[17] 그들은 1.2m 너비의 수로를 이용해 저장된 물을 밭에 공급했다. 토담에 가둔 물을 단순한 돌문을 통해 밭에서 밭으로 흘려보내는 식이었다. 그 덕분에 농업생산력이 크게 높아졌으나 농경 방식이 덜 다각화된 탓에 큰 가뭄에는 더욱 취약해졌다. 소규모로서는 훌륭한 물 통제 방식이지만, 물의 양이 충분해야만 수로에 물을 채우고 밭에 공급할 수 있다는 것이 문제였다. 안타깝게도 물이 충분한 시기는 드물었다. 해법은 다각화였다. 각 가정이 다양한 미세환경에 맞춰 농사를 지음으로써 상호기금에 투자할 때처럼 위험을 분산해야 했다. 그러나 협곡을 찾아오는 모두를 먹일 만큼 생산량이 충분하지는 못했다.

푸에블로 보니토 차코캐니언에 거주하던 북아메리카 원주민들에게 푸에블로 보니토는 종교적으로도 중요한 곳이었다.

1050년부터 1100년까지 차코캐니언에 큰 집들이 늘어난 것은 주로 취약한 농경 방식 때문이었다. 이런 농경은 강우량이 좋은 시기에는 잘 먹혔으나 비가 내리지 않으면 재앙이었다. 하지만 이 뿌리 깊은 취약함에도 불구하고 차코캐니언 사람들은 겨우 2200명의 주민들이 사는 곳이라고는 믿어지지 않을 만큼 커다란 주택들을 지었다. 차코캐니언의 푸에블로는 대부분 반원형에 여러 층으로 되어 있으며, 많은 방과 더불어 온갖 종류의 의식을 치를 때 사용하는 '키바'라는 반지하실도 갖추고 있다. 이렇게 크고 화려한 집 때문에 어떤 사람들은 차코캐니언을 아메리카의 스톤헨지라고 부르기도 한다.

이 건조하고 외딴 협곡에 그렇게 웅장한 집을 지은 이유는 알 수 없다. 그러나 보편적인 합의에 따르면 차코캐니언은 9~12세기에 종교적으로 중요한 장소가 되었다. 먼 곳에서 사람들이 곡식, 목재, 터키석 같은 장식물, 열대 새의 깃털 같은 색다른 물건을 가지고 이곳을 찾았으며, 하지와 동지를 맞아 특별한 의식이 열리는 시기에는 더욱 많은 사람들로 붐볐다. 가장 웅장한 집인 푸에블로 보니토는 860년경에 생겨나 1115년경까지 화려한 건축의 역사를 향유했다. 이 무렵 차코캐니언은 샌주안 분지 일대의 문화적·정신적 중심지였다. 협곡에서부터 상징적이고 불규칙한 '도로망'이 방사형으로 뻗어 있는데, 그 기능과 상징적 의미는 아직 정확히 밝혀지지 않았다.[18]

학자들은 차코캐니언의 의미를 놓고 수십 년간 토론을 벌이고 있다. 협곡에서 가장 큰 권력을 누린 인물은 종교 지도자였을 것이다. 그들은 영적 지식의 관리자로서, 종교와 농경이 조화를 이룬 사회를 다스렸다. 차코캐니언 사람들은 농경과 훌륭한 물 관리, 복잡한 종교 신앙을 바탕으로 강우량이 비교적 풍부했던 시기에 번영을 누렸다. 그들의 생존을 결정하는 요소는 물 관리만이 아니라 정교한 의식과 춤, 신성한 지식을 관리하는 사람의 능력이었다. 그런 이유에서 건조한 협곡을 웅장한 배경으로 삼아 엄청나게 큰 집들이 세워진 것이다. 멀리서도 사람들이 찾아온 이유는 그곳이 지닌 강력한 종교적 비중 때문이었다.

차코캐니언은 샌주안의 기준으로 보면 비교적 오랫동안 강우량이 풍부했던 시기에 빠른 속도로 발전했다. 나이테는 미국 서부 대부분 지역에 맹위를 떨친 지속적인 가뭄이 1100년경부터 협곡에 닥쳤다는 것을 말해준다. 당시 차코캐니언은 목재와 건축 인력에 대한 수요가 절정에 달해 있었다. 이후 농업생산력이 위축되었고, 물 공급이 서서히 줄었다. 가뭄기를 묵묵히 견뎌낸 사람들은 아마 초자연적인 힘이 자신들을 버렸고 지도자들이 신들과 소통하는 능력을 잃어버렸다고 생각했을 것이다. 그로부터 반세기도 못 되어 큰 집들은 버려졌고, 차코캐니언 사람들은 다른 곳으로 이주했다.

*

이런 이주 형태는 강우량의 변동이 심하고 완전한 자급자족이 가능한 공동체가 없는 지역에서 흔히 구사하는 전략이었다. 남서부의 어디나 그랬지만 차코캐니언에서도 장차 농사가 실패하고 굶주림이 닥치리라고 예상하지 않았다. 모든 가정은 다른 곳의 공동체와 친족관계를 맺었고, 그들과 교역했으며, 필요할 경우 식량도 주고받았다. 게다가 물 사정이 좋은 지역에 사는 사람들은 언제든 친척이 농사짓기 어려운 여건에 처하면 자신들에게로 와서 함께 살 것이라고 생각했다. 차코캐니언은 넓은 지역에 영향력을 행사했다. 특히 1100년 이후 사람들이 이주한 북쪽과 서쪽에 차코캐니언은 강력한 영향력을 행사했다. 또한 애니머스강 상류의 애즈텍을 위시해 다른 푸에블로도 많이 발달했다. 거기서 북쪽 더 멀리 떨어진 목테주마 계곡과 메사베르데에서는 대규모 공동체가 번영했고, 믿을 만한 수원 부근에 인구가 많은 촌락들이 발달했다.[19] 하지만 1276년부터 1299년까지 또다시 극심한 가뭄이 들어 그렇잖아도 인구

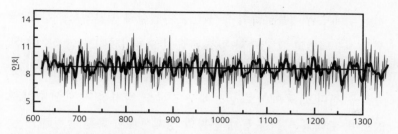

600~1300년 뉴멕시코 차코캐니언의 7~8월 강우량을 보여주는 도표 차코캐니언에서 나온 나무의 나이테 배열과 블룸필드의 순서분석법을 이용해 구성했다. 짙은 선은 일반적인 경향을 가리키며, 뾰죽한 선들은 강우량이 특별했던 해들을 나타낸다. 1140년대의 가뭄과 13세기의 대가뭄이 분명하게 식별된다.

과밀인 큰 집에 식량 공급이 점점 어려워지자 사람들은 충돌을 피하기 위해 푸에블로를 버리고 뿔뿔이 흩어졌다. 보건 문제로 유아 사망률이 높아지고 출산율이 낮아진 것도 인구가 감소한 원인이었겠지만, 위기에 대처하는 사회적·기술적 수단이 부적절한 것도 그런 추세에 한몫했다. 그래서 사람들은 전통적인 이동 전략에 의지했다. 물 사정이 나은 동쪽으로 간 사람들도 있었고, 많은 인구를 부양할 능력을 가진 우호적인 친척들이 이미 공동체를 이루고 있는 서쪽으로 떠난 사람들도 있었다.

푸에블로족에게 이동은 온난기의 가뭄에 대한 유일한 논리적 해결책이었다. 굶주림이 닥쳤고 식량과 물을 차지하려는 싸움이 빈번했다. 심지어 종교적인 식인의 흔적도 있다. 다행히 고대의 전통이 되살아나 가구별로 이동하는 방식으로 위기가 해소되었다. 일부 푸에블로에는 질그릇과 석기는 물론이고 무거운 맷돌까지 집주인이 놓고 간 자리에 그대로 남아 있다. 이동 전략은 성공했다. 수세기가 지난 뒤에도 푸에블로족의 유산은 구승 전설과 종교의식을 통해 생생히 전승되었고 그 건축과 농경 관습이 오늘날까지도 남서부에 이어지고 있다. 에스파냐인의 등장과 산업사회가 가져온 격변의 온갖 충격을 견디고, 푸에블로 공동체는 지금도 정치적 자율을 누리고 있으며, 고대의 의식을 통해 공통의 정체성과 조화를 증진하고 있다. 차코캐니언을 비롯해 지금 남아 있는 푸에블로들은 현대 푸에블로 사회의 먼 조상에 관한 기억을 말해준다. 이곳을 방문한 관광객들은 고대의 장소와 주민의 힘을 피부로 느낄 수 있다.

대량 이주는 아니었다. 원로들은 협곡의 생활 중심지인 큰 집을 버릴 마음이 결코 없었다. 한겨울 반지하 키바의 난롯가에서는 열띤 토론이 벌어졌다. 굶주린 아이들을 재운 방 안에서도 남편과 아내가 심사숙고를 거듭했다. 몇몇 남편들은 협곡을 나와 친척을 찾아갔다. 환영을 받을 만한 곳, 다음 파종기와 수확기까지 버틸 수 있는 식량이 있는 곳으로 이주하려는 계획이었다. 그 뒤 두세 가구가 짐을 꾸려 조상 대대로 살아온 작은 농장을 등지고 떠났다. 가슴에 회한이 어렸지만, 조상들도 틀림없이 허락할 것임을 알고 있었기에 후회는 없었다.

미국 서부의 대가뭄은 아직 원인이 제대로 밝혀지지 않았지만 태평양에서 일어난 바다와 대기의 복잡한 상호작용 때문에 발생했다. 태평양 수십 년 주기 진동의 한랭기, 엘니뇨와 라니냐의 지속적이고 예측 불가능한 변화를 초래한 그 상호작용은 중앙아메리카와 안데스에 정교한 문명을 파괴하고 식량 부족을 초래했다.

8

'물의 산'의 지배자들

또다시 굴욕, 파괴, 파멸이 온다.

하늘의 심장이 홍수를 계획했을 때

나무인형 난쟁이가 죽임을 당했다.

대홍수가 일어났다.

나무인형 난쟁이의 머리 꼭대기에서

물이 흘러내렸다.

「포폴부」, 마야인의 창조에 관한 책'

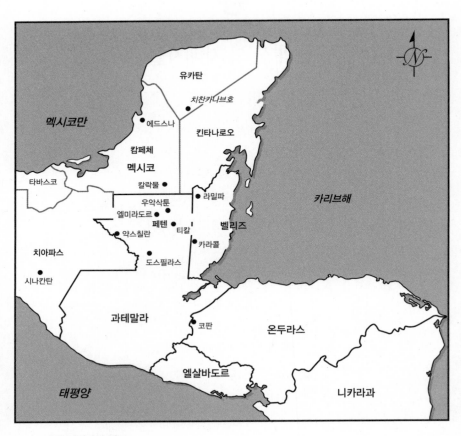

마야 저지대의 지도

북아메리카 ••

　　그레이트베이슨의 사냥꾼 집단들은 점점 물의 양이
줄어드는 수원 부근에 살다가 고지로 이동했다. 푸에블로족은 극심
한 가뭄을 맞아 수백 년 동안 그들 세계의 신성한 중심이었던 차코
캐니언의 푸에블로 보니토를 비롯한 큰 집들을 버렸다. 캘리포니아
남해안에 살던 추마시 인디언 집단들은 지속적인 가뭄으로 부족해
진 물과 귀중한 도토리 수확을 놓고 서로 싸웠다. 이 건조한 환경에
서 가뭄에 대한 무의식적인 반응은 적응력과 이동성이었다. 상호
의무와 원조의 뿌리 깊은 전통은 미국 서부에서의 삶에서 중요한
부분이었다. 이곳에서는 사막 펌프가 끊임없이 작동하면서 강우량
이 많으면 사람들을 빨아들이고 강우량이 적으면 사람들을 내뱉었
다. 남쪽 멀리 중앙아메리카에서는 고대 마야문명이 전성기를 맞았
을 무렵 온난기의 가뭄이 덮쳤다. 이 재난으로 무수한 인명이 죽고
마야 저지대 남부의 인구가 크게 감소했다.

*

　　1970년대에 마야 문자의 해독으로 고대 마야에 관한 지식이 크
게 늘었듯이, 최근 수십 년 동안 심해와 호수에서 채취한 표본은
1천 년 전 열대우림의 중심부를 가로지른 기후변화에 관한 통찰력
을 주었다. 그 결과 반복적인 큰 가뭄에 시달린 지역은 북아메리카
만이 아니라는 점이 밝혀졌다.

카리브해 동남쪽 베네수엘라 연해의 카리아코 해분은 가장 뚜렷한 결과를 보여주는 심해 표본의 원천이다. 열대수렴대(4장의 '기후 고고학' 참조)가 남북 운동을 한 결과로 생겨난 기후변동을 기록하고 있기 때문이다. 열대수렴대는 마야 저지대의 강우량을 크게 변화시켰고 바다를 건너 사헬지역에도 영향을 미쳤다. 포괄적인 견지에서 우리는 대서양 양편의 기후변화를 연결시킬 수 있다. 카리아코 표본에서 주목할 것은 매년 강물에 실려 바다로 가는 미세한 침전물 층이다.[2] 이 침전물의 특이한 점은 30cm의 두께마다 1천 년이 정확히 나타난다는 것이다. 얇은 층들로 이루어진 침전물은 강우량이 달라지면서 강의 산출물이 변화된 추이를 반영한다. 이것은 열대수렴대가 계절에 따라 변화한 결과인데, 검은색의 층은 강우량이 많은 여름과 가을의 우기를 나타내며, 밝은색의 층은 겨울과 봄의 건기를 나타낸다. 얇은 층에서 티타늄이 대량으로 발견된 것은 육지에 있던 침전물이 주변의 유역을 통해 해분으로 유입되었음을 보여준다. 티타늄 함유량이 많을수록 강우량이 많다는 의미다.

지난 2천 년간의 침전물 중에서 티타늄 농도가 가장 낮았던 시기는 약 500~200년 전, 소빙하기의 건조했던 수백 년간이다. 반면 해분에서 티타늄 농도가 높았던 시기는 중세온난기의 한복판에 해당하는 880~1100년이다. 그러나 티타늄 함유량은 전혀 일정하지 않았다. 최저 수치를 기록한 것은 200년경, 300년경, 750년경이었다. 기후학자에게는 다행히도 카리아코 해분은 마야 저지대와 같은 기후대에 속하며, 대부분의 강우량이 열대수렴대가 북단의 유카탄에 있는 여름에 집중된다. 열대수렴대가 남단에 오래 머물 때는 카리아코 해역과 마야 본토에 가뭄이 든다.

마야문명의 전성기는 엘미라도르 같은 도시들이 엄청나게 커진 150년경 이후였다. 엘미라도르는 기원후로 접어든 초기에 버려졌다. 카리아코 표본은 당시 그 일대에 가뭄이 있었음을 말해준다. 그러나 마야는 위기를 극복했다. 새 도시들이 성장하고 새로운 물 관리 전략이 적용되었으며, 비교적 습한 시기였던 550~750년에는 인구가 증가했다. 많은 마야 공동체들은 이내 토지 수용력의 한계에 이르렀다. 이 무렵 마야의 크고 작은 촌락들은 다년간의 가뭄에 몹시 취약한 상태였다. 가뭄이 예고 없이 닥쳤으나 매우 드물게 일어났으므로 가뭄의 기억이 세대에서 세대로 전승되지는 않았다.

카리아코 표본에 의하면 티타늄 함유량이 적었던 기간은 중세온난기가 시작되는 9세기에 집중된다. 유카탄의 치찬카나브호에서 나온 표본에서도 심한 가뭄의 흔적을 확인할 수 있다.[3] 두 기록은 이미 760년에 다년간의 가뭄이 시작되었고 이후 760년, 820년, 860년, 910년 등 약 50년 간격으로 가뭄이 재발했다는 것을 말해준다. 처음에는 장기적인 건조화 경향으로 시작했다가 이후 810년부터 약 3년간 심한 가뭄이 들었으며, 910년부터 시작된 가뭄은 6년이나 지속되었다. 바로 이 시기에 남쪽과 유카탄 저지대 중부의 마야문명이 붕괴했다.

치찬카나브호의 표본은 연대가 조금 정확하지 않지만(전후 20년 정도의 오차) 카리아코 표본과 똑같을 뿐 아니라 가뭄이 1075년까지 지속되었다는 것을 말해준다. 기후 기록은 이제 명료하다. 중세온난기 초기에 가뭄은 약 50년 간격으로 마야 저지대에 발생했는데,

같은 시기에 북아메리카 서부도 매우 건조했다.

*

　마야인들은 물에 매우 집착했다. 강우량이 불확실한 환경에서 살았으므로 그것은 당연한 일이었다. 그들은 문명이 '시발바'라는 저승에 있는 태초의 검은 물에서 시작되었다고 믿었다. 시발바에는 잔잔하고 검은 물 이외에 아무것도 없었다. "아직 인간도 없고, 짐승, 새, 물고기, 게, 나무, 바위, 계곡, 풀밭, 숲도 없다. 오직 하늘만이 있을 뿐 흙의 형상조차 분명하지 않다. 하늘 아래에는 바다만이 펼쳐져 있다. 바다에는 아무것도 살지 않는다. 모든 것이 쉬고 있다." 시발바는 잔잔하고 검은 웅덩이이지만 물이 움직이는 조짐이 있었다. "캄캄한 밤중에 속삭이고 출렁거린다." 물속에 조물주들이 있다. "번쩍이는 빛 속에서 푸른색의 케찰 깃털로 몸을 감싸고 있다."[4] 여기서 신들은 인간을 창조했다. 그런 다음에는 물을 밖으로 내보내 마야 세계에서 가장 신성한 곳인 지하로 흐르게 해서 농작물에 영양을 공급하고 인간의 삶을 가능케 했다. 물은 이 가장 화려한 아메리카 토착문명을 미묘한 방식으로 규정했으며, 정치권력과 사회 통제의 도구가 되었다. 마야인들은 대영주가 죽어 시발바의 검은 물로 내려갈 때 삶의 주기도 끝난다고 보았다. 비가 내리지 않고 가뭄이 마야 세계에 깃들면 문명의 토대가 흔들렸다.

　고대 이집트인처럼 마야인은 수백 년간 촌락을 이루어 살다가 고향을 강력한 군주들이 지배하는 대도시로 변모시켰다.[5] 하지만 닮은꼴은 여기까지다. 마야문명에는 이집트처럼 연례적인 홍수나 비옥한 범람 같은 안전망이 없었다. 도시와 촌락을 파라오의 국가처럼 커다랗고 통일적인 국가로 이어주는 큰 강도 없었다. 마야인은 멕시코만을 향해 불쑥 튀어나와 있는 페텐-유카탄반도를 농토로 만들었다. 이 반도는 무한대의 시간에 걸쳐 깊은 대양으로부터 들어올려진 거대한 석회암 선반이다. 이곳에는 높이 45m에 달하는 커다란 마호가니나무들이 빽빽하고 사포딜라와 빵나무도 많았다. 숲은 사라지고 거친 풀과 작은 나무들로 덮인 트인 초원으로 바뀌었다. 덥고 습하고 배수도 좋지 않은 마야 저지대는 가장 좋은 시절에도 물 때문에 어려움이 큰 취약한 곳이었다. 기공이 많은 석회암반이 물을 흡수해 지하수면의 변화가 늘 변화무쌍했다. 큰 문명이 들어설 만한 위치라고 보기는 어렵다.

유카탄 저지대 고전 마야문명(250~900년)의 지역을 상공에서 바라보면 특색 없는 녹색의 카펫처럼 보인다. 그러나 획일적으로 보이는 것은 착각이다. 빽빽한 나무들 아래에는 놀랄 만큼 다양한 환경이 펼쳐져 있다. 고대 마야 농부들에게 특별한 어려움을 안겨준 환경이었다. 연간 강우량은 1350~2000mm였으나 양이 충분하지 않고 예측도 불가능했다. 보통 건기가 4~6개월 동안 지속된 뒤 5~10월에 1년 동안 내릴 비가 대부분 내렸다. 호수, 샘, 항구적 하천은 극히 드물었다. 소규모 촌락의 농경에도 오랜 건기에 대비해 물을 모으고 저장하고 관리하는 창조적인 방법이 필요했다.

*

    그 이유를 이해하려면 마야문명의 시초로 거슬러가야 한다. 기원전 1000년경 장기간에 걸쳐 항구적인 농경 공동체를 부양한 것은 해안 평원과 몇 군데 작은 배수로뿐이었다. 공동체의 다수는 어업에 종사했다. 지역 인구가 증가함에 따라 작은 집단들은 시내와 주변의 늪지를 따라 내륙으로 이동했다. 이후 600년 동안 작은 촌락들은 하나의 문명권으로 성장했다.

    기원전 3세기에 많은 사람들은 저지대 일대에 산재한 공동체를 이루어 살고 있었다. 노련하고 부지런한 농부인 그들은 물을 관리하고 환경을 변형시키는 다양한 방식을 개발해 생산성을 최대로 끌어올렸다. 수세대에 걸쳐 시행착오, 기아와 풍요를 겪으면서 사람들은 전략적 요충지—예를 들면 우기에 지면의 빗물을 저장하는 얕은 천연 분지 같은 장소—에 자리를 잡았다.[6] 이곳에서 그들은 저수지를 조성해 빗물을 저장하고, 그 부근에 최초의 대규모 종교 중심지를 건설했다. 어느 모로 봐도 웅장하기 짝이 없는 건축물이었다. 기원전 150년에서 50년까지 단 두 세기 만에 과테말라의 페텐에 16km^2 면적의 엘미라도르가 건설되었고, 70m 높이의 천연 언덕 위에 단타 피라미드가 세워졌다.[7] 이 도시는 구릉지대 한복판에 있는데, 우기에 형성되는 커다란 천연 유역을 통해 물이 공급되었다. 중심부 가까이에 위치한 저지대의 늪이나 얕은 호수 옆에는 둑길이 조성되었다. 대규모 천연 분지를 이용한 단순한 물 관리 방식 덕분에 엘미라도르는 번영을 누렸고, 물 저장소로서 기능했다. 이런 저

단타 피라미드 엘미라도르는 마야문명 전성기에 커졌다가 가뭄이 닥치자 버려졌다.

수지는 넓은 농촌 지역의 필수적인 시설이었다.

　상당한 규모를 자랑하는 시설들도 있었다. 캄페체의 에드스나 사람들은 기원전 400~150년에 방대한 웅덩이를 만들었는데, 여기서 파낸 흙의 양은 무려 175만 m³로, 멀리 멕시코 고원의 테오티우아칸에 있는 커다란 태양 피라미드보다도 큰 부피였다.[8] 그러다가 1~2세기에 엘미라도르와 에드스나처럼 한창 발달하던 중심지들이 갑자기 붕괴했다. 피라미드와 사원은 버려져 숲으로 변했으며, 주민들은 그 주변으로 흩어져 작은 촌락들을 이루고 살았다. 학자들은 심한 가뭄으로 저수지가 고갈되고 단순한 물 관리 방식이 무용해졌기 때문이라고 믿는다.

　250년부터 마야문명의 고전기가 시작되면서 물 관리 전략이 달

마야의 수로 유적 마야인들은 이런 수로를 통해 저지대의 늪이나 얕은 호수, 시내로부터 도시의 중앙으로 물을 끌어들였다.

라졌다. 처음으로 마야 지배자들은 높은 산마루와 언덕에 궁전, 피라미드, 사원을 세웠다. 그들은 중심지를 천연 수원지에서 옮겨 제례 구역 가까이에 대규모 저수지를 세우기로 했다. 그에 따라 칼락물, 코판, 티칼과 같은 큰 도시들은 정교한 물 관리 시설을 개발했다. 물 관리 시설은 마야 세계의 상징적 복제물인 광장과 피라미드를 세우는 과정의 일부였다. 피라미드는 '물의 산'이 되었다. 이 중대한 중심지를 건설하는 데 촌락 주민 수천 명이 동원되었다. 첫 단계는 돌을 파내 저수지와 수조로 사용할 인공 분지를 조성하는 일이었다. 물을 공급하는 시설이 없으면 일꾼들이 마실 물도 없고 작업조를 편성하거나 바닥과 벽에 석회암 모르타르를 섞는 일도 불가능했다. 막대한 노동력이 투입되었다. 더구나 그렇게 건설한 도심을 유지하려면 어지간한 농경 촌락보다 훨씬 많은 양의 물이 필요했다.

마야의 지배자들은 각자 자신의 웅장한 도시 건축물 주변에 가장 큰 저수지와 수조를 세웠다. 이곳에서 그들은 사람들을 모아놓고 정성 어린 공공의식을 치렀다. 무용수들이 높은 사원 옆의 광장에서 춤을 추었다. 피라미드 계단에서 노랫소리가 울려퍼지고, 횃불이 밤바람에 깜박이고, 사람들에게 향냄새가 퍼져갔다. 지배자는 시발바의 상징적 관문인 어두운 사원의 입구에서 나와 환각제로 황홀경에 빠진 군중 앞에 모습을 드러냈다. 그는 자신의 몸에서 피를 내는 행사를 치른 뒤 돌연히 사라져 초자연적 세계로 여행을 떠났다. 의식의 핵심은 산 자와 신과 조상의 관계, 지배자와 피지배자의 관계였다. 그런 행사를 통해 마야인의 삶과 정치권력의 복잡한 방정식에서 물이 얼마나 중요한지가 공인되었다. 아주 오래전부터 마야 사회는 공동체와 공동체를 상호의존의 필수적인 관계로 묶어주는 친족의 연계를 토대로 번영할 수 있었다. 필요할 경우에는 친척을 돕고 식량과 노동력을 제공해야 했다. 마야문명이 촌락의 테두리에서 벗어나고 새로운 지도자들이 등장한 뒤에도 전통적인 친족 연계가 여전히 지배자와 백성 간의 형식적인 관계를 규정했다. 그러나 그 연계의 성격은 단순한 상호관계에서 더 정교한 사회계약으로 변화했다. 마야 지배자들은 신에게서 권력을 받았다면서 특별한 초자연적 능력을 가졌다고 선언했다. 그들은 마음대로 초자연적 세계를 넘나들 수 있는 무당이 되었고, 산 자와 조상, 영적 세계의 힘

티칼의 복원 모형 마야의 큰 도시들은 정교한 물 관리 시설을 개발했다. 피라미드는 '물의 산'이었다.

을 매개하는 역할을 했다. 지배자들은 초자연적인 보호를 제공하고 비와 풍년을 오게 해주었다. 그 보답으로 백성들은 공물과 세금을 식량과 노동력의 형태로 바쳤다. 백성들은 부름을 받고 귀족과 공익을 위해 일했으며, 문서화되지는 않았으나 사회적 불평등을 정당화하는 약속에 묶여 있었다. 비만 충분히 온다면 그 암묵적인 계약은 유효했다. 그러나 지배자의 오류가 드러날 경우에는 사회 혼란이 따랐다.

*

마야 도시들 가운데 가장 큰 티칼에는 1세기에 가장 웅장한 물의 산이 세워졌다.[9] 292년부터 869년까지 600년 가까운 역사에 31명의 지배자들이 등장했다. 현명한 정략결혼과 전쟁을 통해 티칼의 지배자들은 인근 도시들에까지 패권을 넓혔으며, 한때는 인구가 20만~30만 명에 달했다. 촌락들과 큰 공동체들로 둘러싸인 중심지 티칼의 인구가 어느 정도였는지 정확히는 알 수 없다. 그러나 도시의 물 공급이 전적으로 철에 따라 내리는 강우에 의존했다는 것은 확실했다.

티칼에 모인 물의 양은 엄청났다. 도시 주변의 큰 언덕에 모두 6개의 집수장이 있었다. 중앙의 집수장 한 곳만 해도 면적이 63헥타르에 달했으며, 강우량이 1500mm였던 해 — 가뭄이 들지 않은 때의 정상적인 강우량 — 에 90만 m^3의 물을 저장할 수 있었다. 약간 경사진 포장도로와 방향 전환용 둑을 이용해 빗물을 돌과 진흙으로 막은 중앙 저수지로 흘려보내는 방식이었다. 저수지들을 전부 합치면 물 저장량은 10만~20만 m³에 달했으므로 건기에 도시 둑길 아래에 설치된 수문을 통해 제한적으로 물을 공급하기에 충분했다. 꼭대기 바로 아래 주택들에는 작은 가정용 수조가 있는데, 아마 중앙 저수지로부터 물을 공급받는 시설일 것이다. 중앙 언덕의 발치와 티칼의 늪지 가장자리에는 4개의 대형 저수지가 설치되어 있는데, 이것들은 거주 지역에서 한번 사용한 물을 재활용하는 용도였다. 5만~17만 5천 m³의 빗물이면 도시를 둘러싼 늪지 가장자리의 토지를 약 85헥타르 정도 관개할 수 있었다.[10] 연중 내내 물이 공급된다면 현지 농부들은 한 해에 두 차례 수확이 가능했을 것이다.

티칼의 수리시설은 방대하고 복잡했다. 작은 공동체가 사용하는 단순한 수리시설과는 비교도 할 수 없었다. 보통 촌락에 설치된 얕은 수조의 물은 한 차례의 건기, 즉 몇 개월을 버틸 정도에 불과했다. 하지만 티칼의 방대한 저수지는 주민들의 물 부족을 크게 감소시켜줄 수 있었다. 2~3년간 비가 오지 않거나 조금 온다 해도 티칼의 수리시설은 거뜬히 버틸 수 있었다. 작은 촌락에 그런 긴 가뭄이 든다면 주민들이 촌락을 버리고 떠나야 할 정도로 치명타였을 것이다. 그러나 티칼의 수리시설도 다년간의 가뭄에 견딜 정도는 못 되었다.

*

광장의 군중은 조용히 고개를 들어 피라미드 꼭대기의 사원을 바라본다. 깜박이는 횃불이 어둑한 새벽에 깊은 그림자를 만들어낸다. 향의 연기가 신성한 산의 사면을 가로질러 떠돈다. 군중의 위쪽, 사당으로 들어가는 컴컴한 문 주변에는 흰 옷을 입은 귀족들이 늘어서 있다. 드디어 군주가 등장한다. 길게 기른 머리를 밝은색의 깃털로 묶어 등 뒤로 늘어뜨린 모습이다. 가슴을 드러내고 화려한 흰색 로인클로스(loincloth. 허리에 두르는 간단한 옷; 옮긴이) 차림에 팔과 다리는 짙푸른 색의 옥구슬로 장식했다. 흰색 외투를 입은 한 귀족이 종이와 가오리 가시가 담긴 커다란 질그릇을 그의 앞에 놓는다. 군주는 쭈그리고 앉아 생선 가시로 자신의 성기를 세 차례 찌른다. 갈색 종이가 선홍색으로 변하는 동안 군주는 춤을 추면서 무아지경에 빠진다. 그가 손에 든 머리가 둘 달린 뱀의 상징물은 신과 소통하는 길을 나타낸다. 소라 껍데기로 만든 나팔 소리가 울리자 신이 저승에서 나온다. 광장에 밀집한 군중은 북소리를 들으며 황홀경에 빠져든다. 밝은색의 옷을 입은 귀족들이 군주 앞쪽 단 위에서 춤을 춘다. 신성한 상처에서 흐르는 피가 그들의 팔과 다리에 묶은 천으로 배어 나온다.[11]

　마야의 군주들은 신에게서 권력을 받았다고 주장하면서 뛰어난 조상이나 신과의 혈통을 조작했다.[12] 왕권과 마야문명을 규정하는 세계는 평범한 촌락민의 경험과 밀접하게 연계되었다. 지배자들은 숲의 동식물, 파종과 수확의 고대적 리듬, 건기와 우기의 교체로부터 권력을 만들어내고 그 권력의 상징을 취했다. 신민들처럼 그들도 영적인 것과 인간적인 것, 조상과 현대라는 맥락에서 세계를 바라보았고, 군주의 영역과 백성의 영역을 구분했다. 황홀경에 빠져

마야의 통치자 파칼 2세의 부조 마야의 군주들은 신과
같은 조상의 후손, 수확과 마야의 생활을 지키는 수호
자로 간주되었다.

피를 내는 행위, 왕의 죽음과 왕위 계승을 둘러싼 정교한 의식은 하늘이 내려준 물의 공급을 통제하는 권리가 군주에게 있다는 것을 나타냈다. 물의 산은 물을 영적인 영역에서 지상으로 끌어들이는 수로에 해당했다.

저수지와 수조를 갖춘 물의 산이 있었기 때문에 티칼의 지배자는 저지대에 사는 많은 백성들에게 물을 공급할 수 있었다. 마야 군주들은 스스로 강력한 초자연적 능력을 지닌 신적 지도자라고 내세웠다. 하지만 그들의 실질적 권력은 물 같은 핵심 자원을 통제하는 권한에서 나왔다. 바꿔 말하면 백성들이 인위적으로 조성된 환경에서 살고 있다는 현실이 곧 권력의 기반이었다. 마야인의 삶에서 핵심을 이루는 파종기, 생장기, 수확기는 전부 종교의식과 관련이 있었으므로 종교행사는 마야인의 중요한 일상이었다. 티칼 같은 도시에서 군주는 권위적 지배에 의해 물을 통제하지 않았다. 그보다는 종교행사를 통해 수리시설을 건설하고 작동하는 데 필요한 노동력을 동원했다. 물의 산은 그 정성 어린 공공행사의 무대였다.

그 행사가 어땠는지는 상세히 알 수 없지만, 마야 귀족의 죽음을 나타내는 두 가지 은유가 무엇인지는 알려져 있다. 하나는 물의 세계인 저승으로 떨어지는 것인데, 보통 땅의 괴물의 입, 즉 지상의 표면에 난 틈 속으로 들어가는 것으로 간주된다. 또 하나는 카누를 타고 땅 밑의 끝없는 물속으로 들어가는 것이다. 둘 다 군주를 물과 연관시키는 은유다. 군주는 피라미드 묘지 부근에 위치한 물이 가득한 저수지의 거울 같은 표면에 해당하는 존재다. 중심지에 살든, 자체의 수조를 갖춘 외딴 마을에 살든, 생존은 궁극적으로 대도시의 존속 가능성, 즉 물의 산에 달려 있었다. 긴 가뭄기를 맞아 외곽 지역의 농부들은 큰 도시의 가장자리, 마야 세계에 물을 공급하는 중추인 인공적 물의 산 근처로 모여들었다.

*

마야 군주들이 방대한 저수지를 조성한 덕분에 물 공급은 한결 예측 가능해졌다. 그러나 물의 원천은 오로지 하늘에서 내리는 비였다. 강이나 지하수 등 어느 정도 안정적인 물 공급원을 가진 사회와 달리 마야는 인공적인 시설은 훌륭했으나 단기적인 기후변동에 매우 취약했다.

지역의 기후는 언제나 걷잡을 수 없었다. 몇 해 동안 가뭄과 흉년이 들었다가도 폭우가 내리고 토양이 침식되는가 하면, 예기치 못한 폭풍이 몰아쳐 농사를 망치기도 했다. 마야인들은 아주 단순한 방법으로 농사를 지었지만, 주변 숲의 환경에 관해 포괄적인 지식을 가지고 있었다. 다른 열대 농부들처럼 그들도 화전을 했다. 숲의 한 구획을 베어내고 나무와 덤불을 불태운 다음 그 재를 천연비료로 이용해 농사를 지었다. 첫비가 내릴 때 파종하고 2년 동안 경작한 뒤 토질이 떨어지면 그 땅을 버렸다. 이 밀파(milpa. 옥수수, 콩, 호박 등 몇 가지 작물을 섞어 짓는 멕시코의 전통 농법; 옮긴이) 밭은 기본적으로 땅을 새로 개간하고 재생하는 방식이었으므로 그 주변에 있던 빽빽한 숲은 수세기 동안 인구가 증가하면서 점차 사라졌다.

땅을 경작하려면 풍부한 경험과 무한한 인내가 필요했다. 호우가 내린 뒤에도 맹렬한 열대의 햇볕이 내리쬐면 금세 흙이 단단해졌다. 하지만 저지대는 획일적이지 않았다. 다행히 마야인들이 사는 다양한 환경에서는 다른 형태의 농경도 가능했다. 습지가 많은 지역에서는 늪지나 철마다 범람하는 주변의 하천보다 높게 직사각형 구획으로 돋워 올린 밭을 조성했다. 이 비옥한 밭에서 콩과 옥수수 등 몇 가지 작물을 재배할 수 있었다. 또한 농부들은 언덕 사면에 계단처럼 돌로 단을 쌓고 침니를 채워 폭우가 내려도 흙이 아래로 흘러내려가지 않도록 했다.

어떤 농법을 사용했든 마야인들은 뛰어난 농사꾼이었다. 그들은 다양한 미세환경에 알맞게 여러 가지 작물을 재배했으며, 경작지를 대단히 세심하게 선택했다. 모든 것이 혼합식이었다. 즉 생산성이 높은 늪지, 돋워 올린 밭, 밀파, 계단식 사면 등 여러 가지 방식이 혼합되었다. 마야인들은 수백 년에 걸쳐 환경을 관리하고 조작했으며, 늘 분산된 공동체를 이루어 살았다. 지역의 현실은 많은 인구가 한곳에 집중되면 그 인구를 부양할 수 없었기 때문이다. 하지만 인구밀도는 보기보다 꽤 높았다. 남부 저지대의 일부 지역에서는 인구밀도가 1km^{2}당 230명이나 되었다. 그래서 가뭄 같은 재앙이 닥쳐도 사람들은 지역 환경에서 벗어나 이동할 수 없었다. 인구는 점차 과밀해졌다. 도시 인구가 증가할수록 토지가 한계에 봉착했다. 농부들이 부양해야 하는 귀족이나 비농업 인구가 점점 늘어갔다.

마야문명은 이집트나 바빌로니아처럼 중앙집권적 국가를 이루지 못했다. 1970년대에 20세기의 위대한 과학적 개가로 마야 상형문자가 해독되었는데, 그에 따르면 마야는 혈통, 전쟁, 개인적 출세에 사로잡힌 야심 차고 탐욕스러운 군주들이 저마다 도시국가들을 지배하면서 서로 치열한 경쟁을 벌이는 세계였다. 예를 들어 티칼은 기원전 1세기에 두각을 나타냈다. 219년 티칼의 군주 사크-모치-소크는 강력한 왕조를 창건해 인근의 우악삭툰을 정복했다. 3세기 뒤 이 왕조의 영토는 면적이 2500km²로 늘어났다. 이 도시는 변화무쌍한 세계에서 권력을 다투는 많은 중심들 가운데 하나에 불과했다. 동맹 군주가 죽으면 어지러이 이합집산이 벌어졌다. 각도시의 지배자는 이웃 도시를 정복하고, 그 지도자를 제물로 바치고, 정략결혼을 통해 새 관계를 공고히 다졌다. 그러나 아무리 정치적 거래, 전쟁, 정교한 의식, 왕권이 복잡하게 얽혀 있어도 마야 세계는 결국 빗물에 의존했다. 그래서 중세온난기의 가뭄이 저지대에 닥치자 마야문명은 뿌리째 흔들렸다.

*

가뭄은 과연 마야문명을 붕괴시킬 만큼 강력했을까?[13] 파종기가 올 때마다 농부들은 모험하는 심정이었다. 그저 첫비를 기다려 씨앗을 심고 큰비가 내려 마른 땅을 적셔주기만을 기다릴 수밖에 없었다. 어떤 해에는 비가 내렸다. 또 어떤 해에는 몇 주일 동안 지평선에서 구름이 일었으나 몇 차례 굵은 빗방울이 떨어졌을 뿐 소나기는 내리지 않았다. 몇 km 밖에서 비가 내려도 검은 구름은 촌락을 비껴가기 일쑤였다. 작은 마을과 농경 공동체에 사는 사람들은 멀리 떨어진 중세 유럽의 사람들처럼 근근이 연명했다. 누구나 평생토록 여러 차례의 굶주림을 경험했다. 군주가 종교행사를 통해 굶주린 공동체에 식량을 어느 정도나 배분했는지는 알 수 없다.

마야문명의 초기 수백 년 동안에는 건기에 이용할 수 있는 야생 식량이 천연의 완충 장치와 같은 역할을 했다. 그러나 농촌 인구가 증가하자 숲의 부양 능력은 큰 압박을 받았다. 사람들은 덤불과 숲을 개간해 토지를 늘렸고 부드러운 흙을 가혹한 태양 아래 드러냈다. 원시림이 사라지고 재생 식물로 대체되었다. 건기에 기근을 해소해줄 야생 식량자원은 점점 적어졌다. 7~9세기에 풍요와 기근, 풍년과 흉년의 차이는 상당히 좁아졌다.

인구가 증가한 시기에는 비농업 인구가 더 많이 늘었고 귀족을 꿈꾸는 사람도 꽤 있었다. 고위 관리, 상인, 사제 들 중에는 귀족 혈통을 주장하고 나서는 사람들이 점점 늘었다. 마야 사회는 귀족과 비생산자의 수가 더 많은 불균형 상태가 되었고, 사람들은 서열에 따른 특권을 예민하게 의식했다.[14] 세월이 갈수록 백성들과 농부들은 식량과 공물에 대한 책무로 어깨가 무거워졌다. 농촌 인구가 토지를 잠식하면서 삼림 벌채가 가속되고 농업생산력이 한계에 도달했다. 한편 엘리트는 장기간의 가뭄이 가져온 건조함과 굶주림의 모진 현실로부터 대체로 유리되어 있었다.

1천여 년의 간격을 두고도 우리는 남부 저지대 마야문명의 멸망이 마치 그리스 비극처럼 진행되었다는 것을 알 수 있다. 가뭄은 중세온난기 초기에 해당하는 9세기 초에 시작되었다. 한두 해가 지날 때까지 촌민들은 굶주림 속에서도 식량과 공물의 혹독한 요구에 응한다. 티칼처럼 대도시인 코판에서 물의 산은 여전히 상당한 양의 물을 저장하고 있지만, 그 수량은 차차 줄어든다. 위대한 지배자를 거울처럼 매끄러운 근원적인 물과 이어주는 공공행사도 여전히 치러진다. 이런 의미에서 군주들은 역사의 형성에 적극적으로 참여하는 셈이다. 늘 그래 왔듯이 그들은 자신들의 역사의식을 바탕으로 가뭄에 견디고 대응하기 때문이다. 이를 위해 그들은 식량을 배급하고, 악의 힘을 달래고, 종교의식을 치르고, 예전의 적과 전략적 동맹을 맺고, 전쟁을 벌인다. 하지만 가뭄은 끝나지 않고 이내 저수지가 바닥을 드러내기 시작한다.

오랫동안 사람들은 군주를 신과 같은 조상의 후손으로, 수확과 마야 생활을 지키는 완벽한 수호자로 간주했다. 그러나 이제 군주는 조롱하는 듯한 쾌청한 하늘, 무자비한 더위 앞에서 결함을 노출한다. 군주가 무너지면서 티칼과 코판 같은 도시들이 붕괴한다.[15] 굶주림과 물 부족 현상이 지속되자 사회불안이 분출된다. 백성들이 자만심에 찬 귀족들에게 반기를 든다. 그들은 지도자를 버리고 시골로 뿔뿔이 흩어진다. 결국 도시의 잔해에는 위대한 군주의 후손들만이 남게 된다.

암울한 시나리오지만, 기후학적 기록으로 알려진 것처럼 다년간의 가뭄에 마야문명이 취약했다는 사실을 감안하면 충분히 가능한 추측이다. 가뭄 자체가 마야문명을 붕괴시켰다기보다는 건기의 경제·정치·사회적 영향이 그 원인이었다. 10세기 후반 페텐 같은 도시들과 유카탄 남부는 굶주림과 만성적인 물 부족에 시달린 주민들이 떠나면서 황폐해졌다. 메소포타미아와 나일강변에서 수천 년 전에 그랬듯이 가뭄과 기근은 사회불안과 반란을 초래했으며, 완벽한 군주라는 이념에 토대를 둔 엄격한 사회질서를 무너뜨렸다.

　물론 마야문명이 붕괴한 과정은 이보다 훨씬 더 복잡하며, 여러 가지 정치·사회적 요소들이 얽혀 있다. 어떤 곳에서는 주변에서 문명이 무너지고 있는데도 엘리트들이 예전처럼 전쟁을 계속했다. 고고학자 아서 데머리스트(Arthur Demarest)는 5년 동안 마야 유적 여섯 군데를 발굴했는데, 그중에는 과테말라 북부 페텍스바룬 지역의 중무장한 요새 중심지인 도스필라스가 있었다.[16] 그의 주장에 의하면 초기의 마야 군주들은 기습전을 즐겼으나 8세기에는 전쟁의 양태가 전면전으로 바뀌었다. 지배자들은 점점 호전적으로 변해 이웃들을 정복했다. 왕국이 점차 커지더니 마침내 더 작은 부족국가들로 나뉘어 서로 요새를 세우고 싸우기에 이르렀다. 이런 상태와 만성화된 전쟁은 연약한 정글의 생태에 악영향을 미쳤다. 도스필라스에는 수km의 도랑과 해자가 있다. 데머리스트의 발굴 팀은 성벽의 발치에서 많은 창촉, 참수된 유골, 지금은 사라진 울타리와 탑이 있었던 흔적을 찾아냈다. 집약농경은 마야 환경에 통하지 않았다. 더욱이 당시는 장기간의 가뭄으로 이미 수리시설에 과부하가 걸린 상태였다. 결국 전쟁에 빠진 귀족들은 아메리카에서 가장 역동적이고 혁신적인 문명을 파괴하고 말았다.

*

　1100년 이후 기후 조건은 한층 습해졌으나 남부 저지대의 마야문명은 복구되지 못했다. 그래도 유카탄 북부의 대도시들은 번영을

세노테 세노테는 석회암 가장자리에 구멍이 생겨 노출된 지하수를 말하는데, 유카탄반도와 카리브해의 섬들에서만 발견되는 독특한 지형이다. 세노테는 마야어로 '쓸 수 있는 지하수'를 뜻한다.

계속했는데, 여기에는 '세노테(cenote)'라는 천연 우물이 큰 역할을 했다. 사람들은 이 석회암 우물을 통해 지하수를 얻을 수 있었다. 마야문명은 1519년 에르난 코르테스(Hernan Cortés)와 에스파냐 정복자들이 동부 지평선에 모습을 드러낼 때까지 축소된 규모로 존속했다. 그런데 만약 더 주기적이고 긴 가뭄이 마야 저지대를 덮쳤다면 어떻게 되었을까? 온난화가 지속되고 지하수면이 낮아져 세노테가 말라버렸다면 어떻게 되었을까? 그렇다면 또 한 차례 폭발이 일어났을 게 틀림없다. 이번에는 마야 세계 북부의 도시들과 왕국들이 파괴되었을 테고, 사람들은 또다시 분산되어 유일한 방어책인 소규모 자급자족 공동체를 이루었을 것이다. 그렇게 되었어도 코르테스와 그의 무리는 고원지대에 있는 아스텍문명의 중심부로 쳐들어갔을까? 현실과 달리 건조한 환경이었어도 정복과 공물, 멕시코 분지의 늪지에 농경의 기반을 둔 아스텍문명이 탄생하고 발달할 수 있었을까? 여기에는 다양하고 흥미로운 역사적 가능성이 있다.

저지대 마야문명의 파괴는 인간 사회가 예측 불가능한 수자원으로 살아갈 때, 인간 활동의 결과 원래 부양할 수 있는 것보다 더 많은 물을 요구하게 될 때 어떤 변화를 겪을 것인지 진지하게 생각하도록 해준다. 마야인들은 물의 산을 건설하고 많은 관개수로를 만들었으나 결국 가뭄, 홍수, 엘니뇨의 힘 앞에 무력했다. 게다가 지배자들이 사회를 먹여 살리는 사람들의 고통을 살피지 못했기에 피해가 더욱 컸다. 이런 사정은 로스앤젤레스처럼 물 수요가 많은 도시를 가진 현대 캘리포니아나 대수층이 갈수록 줄어드는 애리조나의 투손 같은 곳과도 닮은 점이 있다.

온난기의 기록적 가뭄은 적도 아래 지역에도 강력한 기후 충격을 가져왔다.

조직화된 오아시스

왕과 군주의 시신은 그들의 자손들만이 아니라
모든 백성들의 숭배를 받았다. … 사람들은
하늘에 있는 그들의 영혼이 백성들을
보살피고 돕는다고 믿었다.

베르나베 코보 신부,
「인디언의 역사」[1]

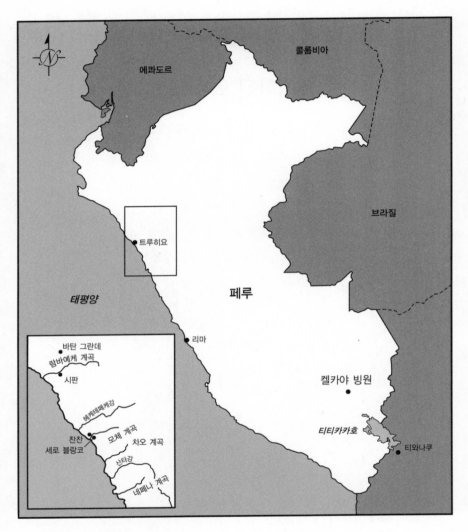

에콰도르

콜롬비아

브라질

트루히요

태평양

페루

리마

켈카야 빙원

바탄 그란데

람바예케 계곡

시판

헤케테페케강

티티카카호

모체 계곡

차오 계곡

찬찬

세로 블랑코

티와나쿠

신타강

네페냐 계곡

9장에 나오는 곳들

1200년 ••

페루 해안의 모체 계곡. 어둠이 절벽 위로 낮게 드리운 이른 아침, 태평양은 조용하고 매끄럽다. 몇 주일 동안 안개가 가시지 않고 낮에는 바닷물이 무심하게 들고 난다. 파도가 규칙적으로 저지대 해안을 휩쓴다. 갈대를 바닥에 깐 어부들의 집이 모래밭 가까이 밀집해 있다. 모닥불이 어슴푸레하게 빛난다. 외투를 입은 사람들이 그늘 속으로 들어갔다가 나온다. 해변에는 갈대 카누들이 나란히 놓여 있다. 며칠 동안 사용한 뒤 말려놓은 것들이다. 파도가 부서지는 곳에서 젊은이들이 카누 한 척을 물에 띄우려 하고 있다. 굽은 뱃머리가 가파른 파도 위로 솟아오르자 잽싼 동작으로 카누에 올라탄다. 그들은 웃음을 터뜨리며 해안을 따라 노를 저어가면서 새들이 이리저리 날아다니는 것을 본다. 이내 그들은 왼쪽으로 방향을 틀어 갈매기들이 자맥질하는 곳으로 향한다. 그곳 바다에는 작은 물고기들이 가득하다. 배가 오는 것을 보고 새들이 끽끽거리며 다른 곳으로 날아간다. 사람들은 섬유로 된 가벼운 그물을 던져 바다에 우글거리는 멸치를 건져올린다. 금세 뱃전이 멸치로 가득해지면서 카누가 무거워진다. 사람들은 파도를 쉽게 헤치며 해변으로 카누를 몰고 와 모래 위에 부드럽게 상륙시킨다. 해변에서 기다리던 사람들이 갈대배를 들어 만조선 위쪽으로 올린다. 그러고는 은빛으로 빛나는 멸치를 배에서 내린다. 젊은 선장은 다시 고기잡이를 하러 출발하고, 해변의 사람들은 멸치를 말리고 갈아 식품으로 처리하는 작업을 시작한다.

라마 대상은 해변의 식품인 생선을 천에 싸서 내륙 방면으로 100km까지 운송한다. 대상이 가는 비옥한 강 유역에는 노란 사막을 배경으로 푸른 옥수수밭이 선명하게 보인다. 라마는 안데스 고원에서 해변까지 며칠 동안 이동하면서 오카, 감자, 울루쿠 등 탄수화물이 풍부한 산에서 난 식품을 운송한다.[2] 이제 라마는 생선과 말린 해초를 싣고 돌아오는 중이다. 특히 말린 해초는 요오드 성분을 섭취하지 못하는 고지의 농부들이 흔히 걸리는 갑상선종에 효험이 있다. 생선, 면화, 해초는 까마득한 옛날부터 주요한 교역 상품이었다.

현재 페루의 건조한 북해안은 상호연관된 안데스 세계의 고지대와 저지대의 한쪽 극이었다. 이곳에서는 장기적인 가뭄과 엘니뇨가 항상 문명을 위협했다.

*

멀리 떨어진 세계 각지의 기후적 사건들이 서로 연관되어 있다는 사실은 중세온난기를 이해하는 데 대단히 중요하다. 기후학자들은 얼음 표본, 나이테, 심해 표본, 기타 연대 확인이 가능한 자료를 이용해 가뭄이나 엘니뇨 같은 사건들을 한데 묶는다. 물론 아무리 그 연관을 뒷받침하는 기록이 충실하다 해도 어디까지나 가설일 뿐이다. 하지만 처음으로 우리는 온난기에 가뭄이 어느 정도로 널리 퍼졌는지 알기 시작했다. 나이테 자료를 보면, 10~13세기에 북아메리카 서부와 남서부에 닥친 긴 건기는 태평양 수십 년 주기 진동이나 태평양 동부의 한랭기와 연결된 것으로 생각된다. 또한 카리브해의 카리아코 해분에서 나온 표본과 유카탄의 호수들에서 나온 표본은 8~11세기에 중앙아메리카의 마야 저지대에 닥친 혹된 가뭄이 더 남쪽에 머물고 있었던 열대수렴대와 연관된다는 것을 보여준다. 그렇다면 안데스의 가뭄을 건기가 발생한 원인으로 추가할 수 있을까? 만약 그렇다면 페루 사막 해안의 풍요한 환경이 장기적 가뭄에 적응한 과정을 재구성할 수 있지 않을까?

18세기 독일의 박물학자 알렉산더 폰 훔볼트(Alexander von Humboldt)는 유럽의 과학자들 중 최초로 안데스를 탐험했다. 그는 척박한 고원지대에 그토록 다양한 동식물이 번성하는 것을 보고 크게 놀랐다. 산악의 농부들은 줄기차게 고위도 지역을 공략하면서 깊은 계곡의 사면에 계단식 밭을 꾸며 살아가고 있었다. 산지(山地)는 가파른 기슭을 거쳐 페루의 저지대 해안으로 이어진다. 안데스의 발치는 산에서부터 태평양까지 흘러내리는 강들이 가로지르고 있다. 황량한 해안 평원에는 비가 거의 내리지 않는다. 산에서 내려오는 물이 약 40개의 강과 시내를 이루고 있지만 저지대임에도 구릉이 워낙 많아 관개가 어렵다. 그래도 북해안에는 농부들이 밭과 수로를 연결할 수 있는 지형을 가진 넓은 지역이 두 곳 있다. 치카마-모체 계곡과 모투페-람바예케-헤케테페케 지역이 그곳이다.

문명은 말할 것도 없고 어떤 공동체도 그렇게 험한 환경에 처한 경우는 거의 없었다. 지구상에서 가장 건조한 지역 중 하나였고, 장·단기적 기후변동으로 하룻밤 만에 환경이 극적으로 변화될 수도 있는 곳이었다. 그래도 물이 풍부한 좋은 시절이면 농부들이 물을 잘 관리하고 관개시설을 갖춰 옥수수, 콩, 면화, 기타 식용작물을 재배할 수 있었다. 농경을 위해 무엇보다 중요한 것은 수로, 저수지, 전문적인 물 관리 기술이었다. 농부들에게는 다행히도 해안 사람들은 농업 생산물에만 의존하지 않았다. 태평양 해안에는 조개가 대량으로 서식하는 곳이 많았으며, 특히 북쪽으로 흐르는 한류(홈볼트 해류)의 영향으로 영양분이 풍부한 천연 용승이 일어나 연해에 멸치가 무척 풍부했다. 산업적 남용으로 자원이 고갈되기 전에 멸치 떼는 믿을 수 없을 만큼 많았다. 1865년 미국의 고고학자이자 외교관인 이프레임 스콰이어(Ephraim Squier)는 작은 배를 저어가다가 노에 끈적한 덩어리가 달라붙는 것을 보았다. "바다의 대형 포식자들을 피해 해안으로 밀려온 작은 물고기들이 단단한 덩어리를 이루고 있었다." 물고기들이 빽빽이 뭉친 띠가 2km에 달해 아녀자들도 쉽게 "모자, 대야, 바구니, 속치마로 건져올렸다."[3]

넘을 수 없을 것 같은 역경을 딛고, 페루 북해안에서는 수백 년 동안 부유한 국가들이 번영했다. 농업, 어업, 장거리 무역의 조합은 건조하고 척박한 환경에서 성공을 거둘 수 있었던 하나의 요인이었다.

*

강우량이 좋은 시기에 해안 강 유역의 농업은 물의 공급만 원활하다면 상당히 높은 생산성을 올릴 수 있었다. 좋은 시절에도 도시와 촌락의 주민들은 최대한 물을 모으고 보존해야 했다. 한두 해 가뭄이 들면 굶주림이 닥친다는 것을 잘 알고 있었기 때문이다. 그러

안데스의 계단식 밭

나 얼음 표본은 안데스 사람들이 그보다 훨씬 더 긴 건기를 겪었다는 것을 말해준다. 오하이오 주립대학교의 로니 톰프슨(Lonnie Thompson)은 오래전부터 페루 안데스 남부의 켈카야 얼음 표본을 연구해왔다. 그 결과 그는 6세기에서 14세기 초까지 넓은 지역에 걸쳐 네 차례의 가뭄이 있었고, 그중 절정은 1245~1310년의 긴 건기라는 사실을 알아냈다.[4] 이 13세기의 대가뭄은 고원지대의 사회들, 특히 잉카 이전에 티티카카호 남해안에서 번영했던 티와나쿠 국가에 막대한 피해를 주었다.[5] 티티카카호에서 나온 표본에 따르면 가뭄의 시작은 1150년을 전후한 시기였다. 호수의 수위는 12세기 후반 50여 년 동안 12~17m가량 낮아졌는데, 이것은 현대의 평균강우량으로 치면 10~12% 감소한 수치에 해당한다. 티와나쿠는 시내와 풍부한 지하수를 이용하는 돋워 올린 밭 농법에 크게 의존했다. 가뭄이 길어지자 티와나쿠의 그런 농법은 더 이상 버틸 수 없었다. 결국 도시가 붕괴하고 인구는 더 작은 공동체로 흩어졌다. 사람들은 가뭄에 잘 적응하는 라마를 기르고 알파카를 재배하는 토착 낙농과 건조농법으로 돌아갔다.[6]

가뭄은 더 넓은 지역을 휩쓸었다. 파타고니아 남쪽 끝의 아르헨티노호는 남반구 편서풍 벨트에 속해 있어 이 바람에서 빗물을 공급받는다.[7] 시에라의 호수들처럼 아르헨티노호도 강우량의 표준과 같은 역할을 한다. 수위가 상승하면 남쪽의 드러난 분지에서 자라는 자작나무들이 물에 잠긴다. 이 자작나무들은 50~100년간 살다가 1051년경에 죽었다. 북쪽으로 200km 떨어진 카르디엘호도 같은 시기에 가장 낮은 수위에서 점차 물이 불어나 연안의 관목 뿌리들을 덮었다. 방사성탄소연대측정 결과 관목들은 1021년부터 1228년까지의 기간에 죽었는데, 이는 캘리포니아 가뭄이 끝난 시기와 거의 일치한다.[8] 7장에서 보았듯이 이 시기 북반구 중위도의 호우 궤적은 캘리포니아 북부에 머물렀다. 그 이유는 극지 소용돌이(높은 대류권에서 제트류가 선회하는 현상)가 수축되어 북쪽과 남쪽을 온난화했거나, 지속적인 고기압 능선이 자리 잡았기 때문이다. 이 두 가지 조건은 현대에도 발생한다. 극지 소용돌이의 수축은 파타고니아 남부에도 가뭄을 가져오지만 이유는 다르다. 파타고니아의 호수들은 안데스의 바람이 불어가는 쪽과 서풍이 가장 강력한 지대에 위치한다. 그 결과 안데스의 비그늘(rain shadow. 바람이 불어가는 쪽의 강우량이 적은 산비탈)이 깊어지고 가뭄이 닥친다. 중세의 이 비정상적 대기 순환은 기온보다 강우량에 더 큰 변화를 초래했다. 안데스의 경우도 마찬가지다. 이곳의 얼음 표본은 강우량의 변동이 티와나쿠만이 아니라 건조한 북해안에 위치한 치무족의 국가 치모르에도 영향을 미쳤다는 완벽한 증거를 제공한다. 하지만 티와나쿠와달리 치모르는 그 가뭄기를 견뎌내고 번영했다. 이것은 기후의 또다른 악당인 엘니뇨를 감안하면 놀라운 일이다.

*

'아기 예수'라는 뜻의 엘니뇨는 앞에서도 여러 차례 등장했지만주역을 맡은 것은 안데스 역사 드라마에서다. 가뭄과 달리 엘니뇨는 단기적인 기후 사건으로, 건조한 페루 해안에 호우를 가져온다.엘니뇨는 몇 년간 공들인 관개시설을 단 몇 시간에 쓸어버릴 수 있으며, 농업생산량을 몇 년 동안은 아니더라도 몇 개월 동안 격감시킬 수 있다. 또한 엘니뇨는 열대 해류를 몰고 와 북쪽으로 흐르는 한류인 훔볼트 해류를 대체한다. 이렇게 되면 연해의 용승이 늦춰지고 멸치 떼는 더 찬 물을 찾아 이동한다. 불과 몇 개월 만에 해안 생활의 두 가지 토대가 붕괴해버리고, 수많은 사람들이 삶의 터전을잃게 된다.

1892년 페루의 선장 카밀로 카리요(Camilo Carrillo)는 리마 지리학협회의 회보에 수록한 논문에서 지역 어부들이 엘니뇨라고 부르는 열대 역류가 "크리스마스 직후에 자주 관측된다"고 썼다.[9] 이후 엘니뇨를 다룬 과학 논문들이 봇물처럼 쏟아져나왔다. 엘니뇨는 멸치 어업을 일시적으로 위축시키고 산악과 해안에 호우를 가져오는 국지적 현상으로 기후학적 관심을 끌었다. 그러다 1969년 UCLA의 해양학자인 야코브 비에르크네스(Jacob Bjerknes)는 태평양의 대기 순환과 열대 바다의 수온 변화가 서로 연관이 있다고 보았다. 그는 엘니뇨가 남방진동의 요동 운동과 관계가 있으며, 국지적 현상이 아니라 전 지구적으로 작용하는 기후의 힘이라는 것을 밝혀냈다. 현재 엘니뇨는 전 세계 기후에 대한 영향력에서 계절에 버금가는 힘으로 간주된다(더 상세한 설명은 '기후 고고학'을 참조하라).

컴퓨터 모델이 점점 발달했음에도 기후학자들은 여전히 엘니뇨/남방진동의 예측 가능한 유형을 확립하지 못하고 있다. 1690년부터 1987년까지 297년간의 역사 기록을 보면 페루에서 그런 기후적 사건은 87차례, 즉 2~3년 간격으로 발생했다. 하지만 그 이전의 기후 기록은 확실하지 않다. 그 이유는 엘니뇨의 지속 기간이 1~2년으로 짧은데다 고고학 유적의 홍수 침전물 이외에 별다른 지질학적 자취를 남기지 않기 때문이다.

치모르가 여러 차례 엘니뇨에 시달린 것은 확실하다. 모체와 헤케테페케 계곡의 치무족 유적에는 대규모 홍수의 흔적이 있다. 헤케테페케 계곡에서 10여 군데를 발굴한 결과, 기원전 2150년에서 1770년까지 4천 년 가까운 기간에 네 차례의 대규모 홍수가 일어났고 이후 전면적 재건이 이루어졌다는 것을 알 수 있었다.[10] 리마에서 서쪽으로 80km 떨어진 태평양 대륙붕의 해분에서 나온 해저 표본은 800~1250년에 엘니뇨의 빈도수가 현저히 줄어든 것을 보여준다. 엘니뇨의 흔적은 에콰도르 고원지대의 몇몇 호수에 남은 것이 고작이었다.[11] 오늘날의 관점에서 중요한 것은 1230년의 엘니뇨다. 이때 대형 엘니뇨가 해안을 덮쳐 막대한 홍수 피해를 유발했다. 그밖에도 수백 년간 여러 차례 엘니뇨/남방진동이 일어나 페루 해안에 큰 영향을 미쳤다. 폭포처럼 흐르는 강물에 쓸려와 강둑의 벽에 박힌 암석과 자갈 침전물이 홍수의 흔적을 말해준다. 또한 건기에 일어난 사구 활동의 자취도 있다. 인간 거주지까지 바람에 날려온 미세한 모래가 두꺼운 침전물 층을 형성한 것이다. 가뭄과 엘니뇨는 넓은 지역에 걸쳐 발생했으나 그 효과는 국지적 지형이나 기타 요인에 따라 달랐고 피해도 장소에 따라 천차만별이었다.

가뭄과 엘니뇨는 모든 해안 농부와 어부의 마음속에 깊이 새겨진 현실이었다. 아무런 예고도 없었고 간격도 일정치 않았다. 지진 같은 구조적 활동이 해안을 갑자기 융기시키고 대규모 산사태를 초래하듯이, 가뭄과 엘니뇨도 돌연히 닥쳐 계곡의 농토를 파괴해버렸다. 게다가 강풍이 사막화를 유발하고 사구를 이동시켜 비옥한 토양을 잠식했다. 그것은 엄청난 잠재적 위험이었다. 그렇다면 치모르는 그런 잠재적 재앙에 어떻게 적응했을까?

*

400년의 어느 날 저녁. 모체 계곡, 현재 트루히요 시 부근에 있는 세로 블랑코의 광장과 피라미드에 석양이 긴 그림자를 드리운다. 기술자, 농부, 하급 관리 등 수많은 군중이 태양신 피라미드의 그늘

안에 들어간 넓은 마당을 가득 채우고 있다. 초가지붕을 얹은 작은 사원이 광장 위로 우뚝 서 있다. 사원의 입구는 열려 있지만 캄캄하다. 북소리가 울리고 신성한 불에서 나온 연기가 인공 산의 사면을 가로질러 퍼진다. 갑자기 군중이 조용해진다. 모두들 피라미드 꼭대기로 시선을 모으고 있다. 금색과 은색의 옷을 입은 남자가 석양의 햇살을 받으며 사원 밖으로 나온다. 그는 손에 왕홀을 들고 똑바로 서서 서쪽 지평선을 엄숙하게 바라본다. 금속의 빛이 기울어가는 햇살을 받아 오렌지색으로 타오른다. 살아 있는 태양신이 신민들 앞에 모습을 드러낸다.[12]

치무족의 역사가 얼마나 오래인지는 알 수 없다. 그들의 많은 제도와 관습은 10세기까지 1천 년 동안 북해안 대부분을 지배했던 모체족에 기원을 두고 있다.[13] 모체 왕국은 람바예케를 비롯해 계곡 몇 곳을 지배했는데, 아마 몇몇 귀족 가문들과 친족관계로 결합하고 속국으로 거느리는 형태를 취했을 것이다. 정치·경제적 권력을 장악한 소수는 초자연적 능력을 가졌다고 간주되는 사람들이었다. 1100년 이후 치무족이 해안에서 두각을 나타낼 무렵 모체족은 이미 오래전의 기억이 되었다. 모체족을 다스렸던 신화적 군주들의 이야기는 구승 전설을 통해 화려하게 전해졌을 것이다.

모체는 650년경에 붕괴했다. 그 원인은 정치적 환경의 변화나 야심 찬 이웃들과의 경쟁도 있었지만, 대가뭄기와 대형 엘니뇨가 연속으로 닥친 탓이기도 했다. 그러나 그들의 정치제도와 종교 신앙은 약간 변형된 형태로 살아남았다. 900년 이후 정치적 중심은 시칸 왕조로 넘어갔다. 전설에 따르면 시칸 왕조의 마지막 군주인 펨펠

렉은 왕실의 조상인 나임랍이 멀리서 가져온 고대의 신성한 석상을 제멋대로 람바예케 계곡에서 자신의 수도가 있는 레체 계곡의 바탄 그란데로 옮겼다고 한다. 분노한 백성들은 펨펠렉을 태평양에 빠뜨려 죽였고, 이웃한 모체 계곡의 치무족 군대가 왕국을 점령했다.

치무족은 800년경부터 모체 계곡에서 중요한 정치 세력으로 떠올랐다. 그들의 문명은 과거에 깊이 뿌리박고 있었는데, 그 뿌리들 중 하나가 당시에는 거의 잊혔던 모체였다. 초기 치무 지배자들은 한때 강력한 권력을 누렸다가 해변 평원에 분산된 거점들을 잃은 모체 귀족이었을 것이다. 이후 4세기 동안 이 치모르의 군주들은 정치권력을 팽창시켰다. 1200년경 그들은 페루 북부 해안의 넓은 지역을 지배했다. 이들이 만든 문화적 관습과 정치적 제도, 예컨대 국가를 위한 강제노동과 정교한 도로망 등은 에스파냐인들이 도착했을 때 안데스를 지배하던 잉카문명의 구조로 흡수되었다.

모체 군주들과 그들을 계승한 시칸 군주들은 의식의 중심지를 건설하는 데 큰 공을 들였다. 의식의 중심지 옆에는 진흙벽돌로 쌓은 인공 산이 우뚝 서 있었다. 마지막 피라미드 도시인 바탄 그란데는 치무족이 시칸을 정복했을 때 들이닥친 대형 엘니뇨로 파괴되었다. 치모르의 군주들은 거기서 한 가지 교훈을 깨달았다. 그들이 건설한 수도는 예전과 전혀 달랐다. 피라미드에 공을 들이는 대신 그들은 식량 공급을 안정시키는 데 주력했다. 진흙벽돌로 산을 쌓는 대신 그들은 대규모 단지를 조성하고 성벽을 둘렀다. 이런 식으로 그들은 모체 계곡 입구에 위치한 수도 찬찬에서 화려한 고립 생활을 즐겼다.[14]

찬찬의 유적 의식에 쓰이던 연못이다.

　전성기의 찬찬은 후대의 런던이나 파리, 멕시코 고원의 테오티우아칸에 맞먹을 만큼 세계적인 규모의 대도시였다. 1200년 찬찬의 도심은 면적이 $20km^2$에 달했으며, 귀족, 기술자, 기타 숙련 노동자들이 도심에 살았다. 찬찬의 인구가 얼마나 되었는지는 알 수 없지만, 상당수의 기술자들이 도심 구역의 남부와 서부 가장자리에서 진흙과 등나무로 소박한 오두막을 짓고 살았다. 대장장이, 직조공, 기타 전문가 들로 구성된 기술자의 수는 2만 6천 명가량이었다.[15] 왕실 단지 근처에도 3천 명이 살았고, 인근의 진흙벽돌로 경계가 지어진 구역에는 귀족과 관리 약 6천 명이 살았다. 게다가 찬찬과 태평양 사이의 땅이 트여 있는 것으로 미루어 도시를 더 확장할 계획이 있었던 것으로 보인다. 치무 왕국의 정확한 인구는 알 수 없지만, 약 25만 명에 달했을 것으로 추산된다.

　치모르 지배자들은 주변과 차단된 도시 한복판의 단지에서 국가

의 성장과 조직력을 강화하는 데 힘썼다. 이집트학 학자들은 이따금 나일강 유역을 가리켜 '조직화된 오아시스'라고 말하는데, 해안 강 유역들을 중심으로 하는 치모르도 바로 그랬다. 통치 방식이 어땠는지는 알기 어렵지만, 에스파냐 기록에 따르면 지역 귀족들을 엄중히 감독하면서도 그들에게 상당한 권한을 부여하는 체계였다. 후대의 잉카를 준거로 추측한다면, 치모르 군주들은 전국에 관리를 파견해 지역의 경제적 현황을 점검하고 모든 가정의 행동, 특히 어업과 농업을 감독했을 것이다. 군주들은 효율적인 교통체계를 바탕으로 군사력과 공물 제도를 결합해 성장하는 국가를 관리했다. 모든 물자는 찬찬 같은 중심지로 집결되었다. 여기서 기술자들은 섬세한 금은 장신구, 깃털 머리장식 등 소유주의 위신과 권력을 나타내는 물건들을 제작했다. 산업화 이전의 다른 문명권들처럼 치모르 군주들은 훈장과 값비싼 선물로 충성과 무훈을 표창했다. 또한 그들은 국가 전체의 존망이 무력이나 공물로는 획득할 수 없는 식량의 수급에 달려 있다는 것을 잘 알았다. 안정적인 농업 기반이 없으면 치모르는 매우 취약할 수밖에 없었다.

치모르의 수도는 늘 엘니뇨 홍수와 장기적 가뭄의 위협에 시달렸다. 거기에 주민들 가운데 비농업 인구도 크게 늘었다. 소수의 귀족과 다수의 기술자 이외에 도시 행정을 위해 많은 관리들이 필요했으므로 무엇보다 식량 공급에 최대의 권력이 집중되었다. 다행히 지배자들은 수백 년간 관개의 경험, 토질 보존, 수리시설에 의지할 수 있었다. 그들의 실용적인 생존 전략은 대단히 효과적이었다.

*

1200년의 헤케테페케 계곡. 넓고 건조한 하상에 드문드문 녹색의 밭이 보인다. 수세대가 지나도 일상은 거의 변하지 않았다. 약 열흘에 한 번씩 농부들은 계곡 측면의 수로에서 흘러드는 물을 통제하는 수문 가에 모인다. 마을 관리가 지켜보는 가운데 돌문이 열린다. 귀중한 물이 수로에서 쏟아져나와 좁은 도랑을 타고 밭으로 흘러간다. 하루 종일 세심한 관개 작업이 진행된다. 사람들은 좁은 수로를 열고 닫으며 농작물에 물을 골고루 주고 농부들에게 할당된 양의 물을 공급한다. 작업하는 동안 말은 거의 하지 않는다. 모두에게 익숙한 일이기 때문이다. 그들은 몇 개월씩 비가 내리지 않아도 물을 구할 수 있다는 것을 잘 안다.

치모르는 1245년부터 1310년까지 대규모 엘니뇨가 가져온 심각한 가뭄에 어떻게 생존했을까?[16] 바탄 그란데의 운명은 치모르의 지배자들에게 성장하는 도시에 식량을 공급해야 한다는 경각심을 주기에 충분했을 것이다. 수백 년 동안 모체 촌락 같은 해안에 사는 농부들은 농업 방식을 매우 탄력적으로 운용했다. 이를테면 비옥한 토지를 소규모로 경작한다든가, 샘과 저수지에서 최대한의 물을 얻을 수 있도록 농토를 해안 언덕에 배치하는 것이다. 그처럼 가급적 확보할 수 있는 물의 양에 맞춰 토지를 이용하는 소규모 농경 방식은 인구밀도가 상당히 낮을 때 적합했다. 모체족의 전략은 노동력이 비교적 적어도 되고 정교한 관개 기술이 필요하지 않다는 장점이 있었으나 인구, 특히 비농업 인구가 늘어나면 그런 소규모 농경으로는 늘어난 인구를 제대로 부양하기 어려웠다. 이와는 대조적으로, 급속한 도시의 성장과 인구 팽창에 직면한 치모르의 지배자들은 농경을 긴밀히 조직하고 다각화하기 위해 애썼다. 이를 위해 그들은 '미타'라고 불리는 전통적인 노동력 강제 동원에 의존했다. 이것은 매년 대형 건물을 건축하거나 각종 공공사업을 벌일 때 백성들을 동원할 수 있는 제도였다.

찬찬은 대형 우물들을 파서 물을 확보했다. 최초의 공공구조물은 지하수가 지표면에 가까이 위치한 바닷가에 건설되었다. 도시 동부의 저지대에는 지하수면이 높아 태평양으로부터 상류 쪽으로 5km나 뻗은 정교하고 복잡한 침상원(沈床園. 주위보다 낮게 만든 정원; 옮긴이)을 꾸밀 수 있었다. 또한 1100년경 치모르의 미타 노동자들은 도시 북쪽과 서쪽의 평지에 물을 대기 위한 방대한 운하를 건설했다. 이 운하를 통해 도심의 대수층에도 물이 공급되었다. 그해에 발생한 대형 엘니뇨가 찬찬 상류의 관개시설을 파괴하고 모체강의 경로를 바꿔버리자, 고집스러운 지배자들은 길이 70km나 되는 계곡 간 운하를 파서 북쪽의 치카마강으로부터 도시 위쪽의 토지에 물을 공급하려 했다. 하지만 이 거창한 계획은 성사되지 못했다. 도시가 상류 쪽으로 팽창한다면 물을 공급하기 위해 우물을 더 깊이 파야 했으므로 자연히 더 많은 노동력이 필요했다. 결국 도시는 지하수면이 얕은 태평양 연안으로 축소되었다.

치무족은 영토 전역을 복잡한 운하망으로 연결해 강 유역의 각지에 물을 공급했다. 길이가 30~40km나 되는 운하도 있었다. 헤케테페케 계곡의 북쪽 사면에만도 수백 년에 걸쳐 총연장 400km 이상의 운하가 건설되었다. 이 방대한 운하망은 한꺼번에 사용된 적이 없었다. 운하 전체를 메울 만큼 물의 양이 많지 않았기 때문이다. 지역에 따라 물 배급 시간이 달랐으므로 운하에 의존하는 공동체들은 정확한 물 배급 시간표를 만들어 사용했다. 오늘날 현지 농부들은 열흘에 한 번씩 농작물에 물을 주는데, 아마 치무 시간표의 관습을 이어받았을 것이다. 운하망을 이용하는 사람들은 한 구역이 홍수로 파손되거나 건기에 샘이 마를 경우 다른 구역에서 물을 끌어댈 수 있었다. 치무 운하망은 극단의 기후 불안을 완화할 수 있는 현실적인 방법이었다.

또한 치무족은 폭우가 쏟아질 경우에 대비하기 위한 기술도 개발했다. 카논시요의 파르판수르 같은 주요 중심지의 지배자들은 관개용 운하의 일부분으로 튼튼한 둑을 쌓아 홍수를 막았고 큰 협곡을 잇는 수도로도 활용했다. 홍수가 일어나면 둑이 범람하는 물의 흐름을 완화했다. 이 수도는 돌로 된 도랑을 갖추고 있어 구조물을 손상하지 않고 물을 흘려보낼 수 있었다. 보수한 흔적이 많이 남아 있는 것으로 미루어 이런 방법이 완전히 성공했다고 볼 수는 없다. 하지만 재앙적인 홍수를 막는 데 적지 않은 역할을 한 것은 분명하다.

농부들은 해안 지역에 돌로 초승달 모양의 축대를 쌓았다. 이 시설은 모래가 관개용 운하와 밭으로 흘러드는 것을 어느 정도 막아주었다. 버려진 축대가 많은 것으로 볼 때 이 방어 전략은 홍수 통제 시설보다 효과가 적었던 듯하다.

초기 수백 년 동안 모체족은 다양한 환경에 적응할 수 있고 비교적 적은 노동량으로 유지할 수 있는 조방농경(집약농경과 반대로 경작 면적에 비해 노동과 자본을 덜 투입하는 농경; 옮긴이)으로 가뭄과 홍수에 대비했다. 엘니뇨가 홍수를 가져오거나 건기가 닥치면 공동체 전체가 다른 장소로 이동하고, 촌락마다 농경 체계를 재건했다. 따라서 비옥한 농토를 차지하기 위한 경쟁이 심했으며, 농경을 중앙화해서 관리하려는 시도는 거의 없었다. 하지만 치모르는 인구밀도가 더 높았기에 대응 방식도 달랐다. 모체족은 거주지를 계곡의 여기저기로 분산시켰으나 치무족은 큰 도시를 건설하고 지역적 규모에서 농경을 전개했다. 탄력적이고 노동집약도가 덜한 농경을 개발한 모체족과 달리 치무족은 많은 노동력을 투입해 전면적인 농경 환경을 조성했다. 예를 들어 치모르 군주들은 대형 저수지를 쌓고 언덕 사면을 계단식으로 만들어 물의 흐름을 유도했다. 극단적인 가뭄에도 운하는 깊은 하상으로부터 물을 끌어내 계단식 사면을 따라 먼 곳까지 운반되었다. 이런 기간시설을 가졌기 때문에 치무족은 넓은 새 밭을 일굴 수 있었다. 그들은 먼 거리에서 물을 끌어와 예전에는 연간 한 차례의 수확만 가능했던 지역에서 두세 차례나 수확했으며, 홍수도 거뜬히 극복했다.

개간의 경제성이 없어지자 치모르의 군주들은 개간 대신 정복으로 토지를 획득했다. 지배자들이 흔히 그렇듯 그들은 정복을 합리화하기 위해 인류학자들이 분할상속이라고 말하는 제도를 개발했다. 한 군주가 죽어 단지 내의 무덤에 묻힌다. 그의 미라는 마치 그가 계속 살아 있는 것처럼 궁정을 주재한다. 조신들도 역시 그가 살아 있는 것처럼 시중을 들고, 말을 건네고, 공공행사에도 그의 시신과 함께 행진한다. 후계자는 아무런 재산도 없이 권좌에 오른다. 자신의 조직을 부양하는 데 필요한 과세의 기반도 없다. 유일한 방도는 새 땅을 정복하고 새 주민을 획득하는 것뿐이다. 그런 배경에서 군사 원정이 일상화되었고, 치모르는 산타강에서 헤케테페케강까지, 람바예케 너머까지 영토를 팽창했다. 이윽고 찬찬의 군주들은 해변의 1100여 km에 달하는 지역을 다스리게 되었다. 농업의 견지에서 보면 그 전략은 적절했다. 전성기에 치무족은 약 5만 헥타르에 해당하는 열두 곳의 강 유역을 지배했고, 그 영토를 오로지 괭이와 삽으로 경작했다.

치모르는 큰 도시를 기반으로 부채꼴의 충적토에 자리를 잡았다. 인접한 산악지대의 인구를 거느렸고 발달한 도로망으로 제국을 연결했다. 치모르의 지배자들의 행정은 매우 엄격했다. 물 공급을 관리하는 데 엄청난 투자를 한 것을 감안하면 그럴 수밖에 없었다. 그들은 백성들을 큰 도시로 강제 이주시키고 개별적 이주를 엄금했

찬찬 유적의 전사상

다. 그런 중앙집권적 통제로 치모르의 지배자들은 불확실한 환경과 엘니뇨 같은 지역적 차원의 기후변동에 대응했다. 재해가 발생하면 농사를 한 지역에서 다른 지역으로 이전하고, 사용 가능한 관개용 운하를 최대한 활용하고, 미타 노동력을 동원해 수도와 운하를 보수했다.

해안 사막에서 농경이 가능한 곳은 10%도 못 되었으므로 치모르는 어업에도 주력했다. 역사 문헌에 따르면 치모르 어부들은 자체의 방언을 썼고, 자기들끼리 통혼했으며, 독자적인 지도부를 두고 별도의 공동체를 꾸렸다. 그들은 내륙의 농부들처럼 전문가였다. 대체로 자급자족을 했고, 해변에 위치한 침상원에서 카누의 재료인 갈대를 길렀다. 또한 그물과 밧줄을 만들기 위한 면화와 부구

치무족의 갈대 카누

로 사용할 조롱박도 재배했다. 어부들은 잡은 생선을 농부들의 농
산물과 교환했다. 집 근처 해안에서 연중 적어도 280일 동안 조업
이 가능했으므로 치모르 해안의 주민들은 가뭄에도 잘 견딜 수 있
었다. 엘니뇨가 발생할 때는 자급할 정도의 고기잡이가 가능했지
만, 용승이 늦어지거나 중단되면 멸치 어획량이 격감했다. 그런 시
기에는 생선 거래량도 줄 수밖에 없었다. 전문가들의 사회에서는
공동체마다 자체적으로 위험에서 벗어나는 전략을 개발했다.

　지속적인 건기를 맞아 문명이 붕괴했던 마야와 달리 치모르는
계곡 환경에 맞는 엄격한 행정을 바탕으로 긴 가뭄과 특별히 강력
한 엘니뇨에도 살아남았다. 하지만 도시의 규모가 커지는 데는 달
리 대책이 없었다. 인구가 늘면 막대한 잉여식량이 필요했다. 마야
군주들은 백성들을 궁지에 몰아넣었다. 인구 증가, 식량을 더 생산
해야 한다는 항구적인 압력, 과도하게 착취된 열대우림 환경이 정

치·사회적 붕괴를 낳은 주요 원인이었다.

치모르 도시들이 중세온난기를 견딜 수 있었던 이유는 군주들이 자급 농경을 엄중히 감독해 가뭄, 홍수, 궁핍에 대응했기 때문이다. 이를 위해 그들은 대규모 노동력과 철권통치를 바탕으로 하는 정교하게 조직된 오아시스를 건설했다. 그들은 마야처럼 다양한 미세환경을 경작함으로써 번영을 누렸다. 치모르와 마야는 둘 다 물 부족 현상에 근본적으로 단순한 기술로 대응했으나 막대한 노동력을 투입해야 했다. 두 사회 모두 엄격한 사회질서, 산 자의 세계와 초자연적 세계를 매개하는 종교의식에 의존했다. 마야의 경우 경직된 이념을 고수한데다 귀족들이 늘 전쟁을 일삼았던 탓에 지속적인 가뭄이 닥치자 발달한 도시와 사회 전체가 파멸로 치달았다. 치모르는 마야 저지대에 닥친 것보다 더 긴 가뭄에 시달렸으나 양자 사이에는 중대한 차이가 있었다. 마야처럼 치모르도 엄격히 서열화된 사회였다. 그러나 치모르는 지구상에서 가장 건조한 지역 중 하나인데다 강우량이 적고 먼 곳에서 물을 끌어와야 했다. 이런 현실 앞에 농부나 지배자나 할 것 없이 평생에 한 번은 긴 건기를 겪어야 했으므로 이에 대비해 식량 공급원을 분화하고 물은 한 방울이라도 최대한 아낄 수밖에 없었다. 그런데 마야와 달리 치모르는 가까운 해안에 어업 자원이 풍성했으므로 관개 작업과 멸치잡이를 통해 식량 공급원을 다양화할 수 있었다. 결국 그들은 주어진 기회를 잘 포착해 성공을 거둔 것이다. 치모르가 마야처럼 실패하지 않고 성공한 이유는 가뭄을 일상적 조건으로 여기고 조상 대대로 어렵게 얻은 경험을 잘 활용한 덕분이었다.

치모르는 안데스 일대의 끊임없이 변화하는 정치 환경에서 강력한 세력으로 떠올랐다. 그러자 고원지대에서 만만찮은 경쟁 세력이 일어나 부유한 해안 국가에 탐욕스러운 시선을 던졌다. 치모르의 군주들은 왕국 내의 모든 측면을 통제했으나 단 한 곳, 산에서 내려온 물을 계곡에 공급하는 분기점만은 그들의 통제 바깥에 있었다. 1470년경 야심 찬 잉카 정복자들은 고원에서 내려와 그 전략적 수원지를 차지하고 치모르를 정복했다. 치모르 왕국은 타완틴수유, 즉 '사방의 나라'에 속하게 되었고, 치모르의 기술자들은 잉카의 수도인 쿠스코로 대거 이주했다.

그레이트베이슨에서 남아메리카까지 인간 사회들을 파괴한 대가뭄의 원인은 열대 태평양에서 일어나는 대기와 바다의 상호작용이라고 생각되지만 아직 우리는 그것에 관해 거의 알지 못한다. 이제 우리는 엘니뇨/남방진동이 기후에 거대한 영향을 미친 그곳의 해역으로 가서 온난기에 관해 더 상세하게 알아보아야 한다.

◀엘니뇨, 라니냐, 남방진동 ▶

남방진동은 열대 태평양 동부와 서부 간에 표면기압이 역전되는 불규칙한 시소 운동이다. 동부의 표면기압이 높으면 서태평양의 표면기압이 낮아지고 그 반대면 반대 현상이 일어난다. 대양의 온난화와 기압의 역전 현상은 보통 동시적으로 발생한다. 영국의 기후학자 길버트 워커(Gilbert Walker)는 1920년대에 남방진동을 발견했다. 그는 태평양의 기압이 높으면 인도양의 기압이 낮아진다는 것을 알아냈다. 남방진동의 불규칙한 운동은 두 지역의 강우량과 풍향을 변화시켰다. 1960년대 초반 기후학자 야코브 비에르크네스는 남방진동을 엘니뇨와 연관시켰다. 여기서 '엘니뇨/남방진동', 즉'ENSO'라는 용어가 생겨나 과학 문헌에 널리 사용되었다. 태평양 동부가 온난해지면 동부와 서부 간의 해수면 온도 편차가 심해진다. 그에 따라 무역풍이 약해지고, 동서 기압 편차가 줄어든다. 이런 변화가 일어나려면 열대 태평양 동부와 서부 간의 기압 변화가 필요한데, 이것이 바로 남방진동의 시소 효과다.

엘니뇨는 몇 년마다 태평양의 북동 무역풍이 약해지고 중력의 힘이 개입할 때 일어난다. 뉴기니의 태평양쪽 동해안 상공에서 서풍이 강해지면 해수면 밑에서 켈빈파(Kelvin wave. 태평양에서 동쪽 남아메리카 방면으로 퍼지는 매우 긴 해양파동; 옮긴이)가 일어나 해수면을 동쪽으로 밀어낸다. 서쪽에서는 무역풍이 수온을 상승시킨다. 무역풍이 약해질 때 물은 동쪽으로 흐른다. 그 결과 200m 이하 해저의 수온이 한랭해진다. 이 변온층은 태평양 동부에서 해수면에 더 가깝다. 켈빈파가 동쪽으로 작용할 때 변온층이 동쪽에서 가라앉고 온난한 물이 그 위로 분출되어 아메리카 해안으로 향한다. 이때 남방진동의 방향이 바뀌고 엘니뇨가 발생한다. 이제 서쪽의 물이 한랭해진다. 심한 가뭄이 오스트레일리아와 인도네시아를 덮치고, 건조한 갈라파고스제도와 페루 해안에는 비구름이 형성된다. 남아메리카의 온난다습한 대기는 제트류를 발생시켜 북쪽으로 흘려보낸다. 멕시코만에 폭풍

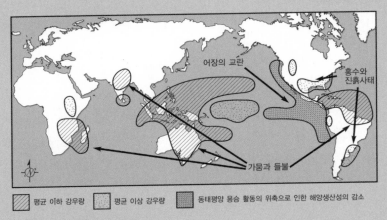

대형 엘니뇨의 전 지구적 효과

어장의 교란

홍수와
진흙사태

가뭄과 들불

평균 이하 강우량   평균 이상 강우량   동태평양 용승 활동의 위축으로 인한 해양생산성의 감소

이 몰아치고 캘리포니아에 호우가 쏟아진다. 위 지도에서 보듯이 대형 엘니뇨의 효과는 전 지구적 규모로 일어난다.

라니냐는 온난해진 바닷물이 태평양 중부와 동부로 퍼져 켈빈파의 일부가 남아메리카 해안에서 튕겨나올 때 일어난다. 튕겨나온 켈빈파는 아시아로 왔다가 다시 튕겨나간다. 그 결과 서부의 변온층이 깊어지고 동부의 변온층이 얕아진다. 동쪽에서 부는 무역풍이 강해지고, 서태평양의 온난한 물웅덩이가 커진다. 용승이 재개되고, 동부의 해수면이 한랭해진다. 엘니뇨가 한랭한 환경에 꺾이고, 그 반대의 불규칙한 현상으로 라니냐가 등장한다.'어린 소녀'라는 뜻의 라니냐는'아기 예수'의 한랭건조한 대립물이다. 라니냐는 현재까지 정체가 별로 알려지지 않았으나 엘니뇨보다 지속 기간이 더 길고 엘니뇨처럼 인간 사회에 큰 영향을 미친다. 특히 태평양 동부가 한랭해지면서 가뭄의 피해가 커진다.

ENSO는 예나 지금이나 기후변화의 강력한 엔진이었다. 워낙 변화무쌍한 탓에 전혀 예측할 수 없지만, 계절의 변화에 못지않게 전 지구적으로 강력한 영향을 미친다.

무역풍을 거슬러

몇 가지 소스를 통해 들은 적이 있는데, 옛날에는 균형을
가장 민감하게 느끼는 것이 남자의 고환이라고 생각했다.
밤중이나 지평선이 어스름할 때 혹은 선실 안에서,
가까운 섬의 융기 부분을 찾는 데 그 방법을 사용했다.

토머스 글래드윈,
『동방은 커다란 새다』(1970)[1]

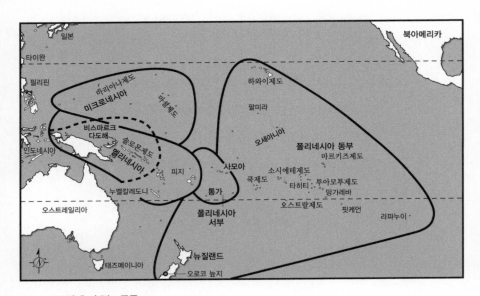

북아메리카

일본

타이완

필리핀

마리아나제도

미크로네시아

마셜제도

하와이제도

팔미라

비스마르크
다도해

솔로몬제도

멜라네시아

인도네시아

오세아니아

폴리네시아 동부

마르키즈제도

피지

사모아

소시에테제도

쿡제도

투아모투제도

타히티

망가레바

누벨칼레도니

통가

오스트레일리아

폴리네시아
서부

오스트랄제도

핏케언

라파누이

뉴질랜드

태즈메이니아

오로코 늪지

10장에 나오는 곳들

1200년 ••

남태평양의 새벽. 이중 선체의 대형 카누를 타고 있는 선원들이 지친 기색을 보인다. 벌써 17일 동안이나 항해한 끝에 때맞춰 부는 서풍을 받았는데, 거친 파도에 돛이 앞뒤로 까딱거린다. 어둠이 물러나고 새벽이 밝아오면서 별들이 하늘에서 하나둘씩 자취를 감춘다. 노련한 항법사는 먼 수평선을 바라보다가 아무것도 보이는 게 없자 머리 위를 맴도는 새들에게로 시선을 옮긴다. 그러고는 그는 가만히 서서 다리를 벌리고 눈을 감은 채 수평선 너머 보이지 않는 섬에 부딪히는 파도의 진동을 발을 통해 느낀다. 몇 분 동안 그는 꼼짝도 하지 않고 서 있다. 그때 도선사가 수평선을 바라보며 뱃머리의 약간 오른쪽을 가리킨다. 지시를 받은 키잡이가 항로를 바꾸자 바람이 그의 오른쪽 어깨에 비껴 맞는다. 다른 카누도 그대로 따른다.

해가 솟는다. 갑판 위의 그림자들이 짧아진다. 정오가 되자 바람이 좀더 강해진다. 카누가 속력을 내지만 조타수는 파도에 대해 같은 각도를 유지한다. 이제 항법사는 말린 생선을 먹고 물을 조금 마신다. 그는 뱃머리에 서서 먼 곳을 바라본다. 아무 일도 없이 몇 시간이 지나간다. 해가 서쪽으로 기울고 도선사의 그림자가 뱃머리의 파도 위에 드리운다. 석양이 가까울 무렵 그는 말없이 팔을 들어 정면을 가리킨다. 멀리 나무들로 빽빽한 숲이 선명한 수평선 위에 드러난다. 파도에 오르락내리락하는 카누에서는 간신히 보일 정도다.

카누는 어둠을 뚫고 섬의 서쪽 끝을 향해 조용히 항해한다. 뭍이 너무 가까워지면 선원들이 카누를 들어올려야 한다. 동틀 무렵이 되자 야트막한 언덕 위에 커다란 야자수들이 보인다. 선원들은 생명의 조짐을 찾는다. 촌락에서 피워 올린 불이나 적의 동태가 있는지 열심히 바라본다. 아마 무인도인 듯하다. 도선사는 카누를 동쪽으로 이끌고 안전거리를 유지하면서 상륙할 곳을 찾는다. 그의 눈에 절벽이 끊어진 모래 해변이 들어온다. 카누는 돛을 내리고 노를 저어 안전한 정박지로 향한다. 키 큰 나무들이 빽빽한 곳이다.

두 카누의 선원들은 자신들도 알지 못하는 사이에 역사상 가장 대담한 탐험 항해를 완료했다. 그들이 폴리네시아 동부의 망가레바섬에서 동쪽으로 항해해 라파누이(이스터섬)에 상륙한 것은 도박이나 다름없었다. 정상적이라면 북동풍을 타고 쉽게 갈 수 있는 방향이었다. 그런데 몇 주일 전부터 무역풍이 서서히 약해지고, 온화하고 습한 날씨가 계속되었다. 그 뒤 미풍이 서쪽에서 불어왔는데, 평상시처럼 며칠에 그치지 않고 더 오래 불었다. 그래서 항법사는 수평선 너머에 무엇이 있는지도 모르는 채 출항했다. 두 카누가 새 보금자리에 상륙한 지 며칠 뒤 북동 무역풍이 다시 불기 시작했다.

우리는 폴리네시아를 낙원이라고 생각한다. 태평양 중부와 남부에 위치한 이 넓은 해역은 하와이, 뉴질랜드, 라파누이를 세 꼭짓점으로 하는 커다란 삼각형 모양을 취한다. 이곳의 삶은 극단적 기후나 가뭄과 홍수의 주기에 그다지 영향을 받지 않는다. 하지만 남태평양의 기후는 여느 지역이나 다름없이 예측 불가능하다. 특히 카누 항법사와 먼 섬으로 이주하는 사람들에게는 더욱 까다롭게 여겨진다.

라파누이는 인간이 거주하는 태평양의 섬들 가운데 가장 외딴

섬이다. 그 때문에 이 섬은 항해와 이후 역사의 관점에서 특수한 사례가 된다. 이 섬까지 가는 데도 특별한 기후 조건이 필요했다. 강한 무역풍을 거슬러 가야 했기 때문이다. 섬에 전해지는 구승 전설에는 '호투 마투아'(위대한 부모)라는 지도자가 나온다. 그는 대가족을 거느리고 이 섬으로 이주했다. 또한 그는 돼지와 개를 데려왔다고 하는데, 이 동물들은 폴리네시아의 삶에서 중요한 요소였으나 아마 상륙한 뒤에 죽었을지도 모른다. 이후 다시 그 섬으로의 항해가 있었는지는 알 수 없지만 그랬을 확률은 낮다. 오랜 기간 서풍이 불 가능성이 매우 희박하기 때문이다. 우리가 아는 한 망가레바나 다른 섬으로 귀환하는 항해도 없었다. 이주자들이 새 터전의 삼림을 신속히 제거한 탓에 아마 바다를 항해할 수 있는 카누를 만들 목재가 남지 않았을 것이다.

이주자들은 큰 어려움에 직면했다. 라파누이는 아열대에 속한다. 이는 곧 주변 해역에 산호가 전혀 없다는 의미다.[2] 물고기는 폴리네시아의 다른 곳보다 적다. 강우량도 더 적고 그나마 내린 비도 기공이 많은 화산토 속으로 금세 스며들고 만다. 민물은 찾기 힘들지만 섬 주민들은 고구마, 토란, 얌, 사탕수수를 재배해 물을 얻는다. 닭을 들여와 돌로 된 커다란 닭집에서 키웠지만 먹이는 주로 탄수화물이었다. 고립된 환경이라는 어려움에도 불구하고 1600년경 라파누이에는 1만 5천 명이나 되는 인구가 집약농경과 세심한 물 관리에 의존해 살았다.

다른 폴리네시아 사회들처럼 라파누이에도 귀족과 평민이 있었다. 구승 전설에 따르면 섬의 영토는 10여 개의 친족 집단이 나눠

모아이상 라파누이의 모아이상들은 모두 바다를 향해 서 있다.

차지했고 각 집단마다 해변을 하나씩 끼고 있었다. 그들은 경쟁적으로 기단을 쌓고 모아이라는 거석상을 세웠다. 지체 높은 조상들을 모델로 한 모아이들은 모두 바다 쪽을 향해 서 있다. 고고학자 조앤 밴 틸버그(Jo Anne van Tilburg)는 그 섬에서 적어도 887개의 모아이를 찾아냈다. 일부는 채석장에 그대로 있는 상태였다. 4세기 동안이나 섬 주민들은 모아이를 세우고 기단을 쌓았다. 아마 그 때문에 주민들의 식량이 25%는 더 필요했을 것이다. 생태적 대가는 참담했다. 첫 이주 시기부터 1600년경까지 이주자의 후손들은 섬 전체의 삼림을 개간해 토착 야자수들을 없애버렸다. 1700년대에 인구는 70%나 감소했다.

　라파누이의 이주는 수세기에 걸친 폴리네시아 카누 항해의 정점이었다. 고대의 항해자들은 수백 년 동안 태평양을 서쪽에서 동쪽으로 항해하면서 여러 섬들을 단계적으로 탐험했다. 항해 거리는 대부분 500km 정도가 고작이었지만, 망가레바에서 라파누이까지의 항해는 약 2500km였다. 그렇게 먼 거리를 작은 배로, 게다가 목적지도 확실하지 않은 상태로 항해한다는 것은 놀라운 일이었다. 항로에서 불과 몇 km만 이탈했어도 그 섬을 찾지 못하고 막막한 대양으로 들어갔을 것이다. 더구나 그들은 순풍을 받아 항해하는, 성능조차 충분하지 않은 카누를 타고 무역풍을 거슬러 동쪽으로 갔다. 폴리네시아인들은 조개껍데기 까뀌로 카누를 만들어 별, 바람, 대양의 큰 파도를 길잡이로 삼고 보이지 않는 먼 곳까지 항해했다. 에스파냐 탐험가 페르디난드 마젤란(Ferdinand Magellan)과 그의 후계자들에게 태평양은 횡단하는 데 몇 달이나 걸리는 끔찍한 바다였다. 마젤란해협에서 뉴기니까지만 해도 무려 1만 2천 km의 거리였다. 이 끝없는 대양은 "인간의 능력으로 헤아릴 수 없을 만큼 넓었다."[3] 하지만 폴리네시아인들에게 그 대양은 물고기가 가득한 생명을 주는 세계였고, 크고 작은 섬에서 농사를 지어 가족을 부양할 수 있게 해주는 축복의 세계였다. 사람들은 바닷가에 살면서 대양의 모든 변화에 익숙해졌고 끈기와 숙련된 기술로 대양을 항해했다. 하지만 우리처럼 그들 역시 삶과 항해가 기후의 강력한 힘에 예속되었다.

라파누이, 하와이, 뉴질랜드는 전부 온난기에 인간이 이주한 곳이었다. 불과 몇 년 전까지 생각했던 것보다는 조금 늦은 시기다. 그렇다면 여기서 흥미로운 문제가 제기된다. 중세온난기 ─ 환태평양 일대에 온난화와 가뭄이 닥친 시기—의 기후 조건은 폴리네시아인들에게 어떤 영향을 미쳤을까? 태평양 지역에는 그런 기후적 사건이 발생했을까? 그리고 그 시기에 사람들이 폴리네시아의 외딴섬들로 이주한 것과 어떤 연관이 있을까? 특히 1500년 이후까지 지속된 장거리 카누 항해와 관계가 있는 걸까?

*

태평양 지역의 중세온난기에 관한 기록은 매우 빈약하다. 그러므로 온난기가 보편적 현상이라고 확신 있게 말할 수는 없다. 수천 년의 세월을 말해주는 자료는 소수에 불과하며, 그것도 나무의 나이테나 열대 산호의 성장테가 대부분이다. 2002년 당시 남반구를 대상으로 한 천 년 단위의 온도 재구성은 아르헨티나, 칠레, 뉴질랜드의 세 곳에서만 가능했다. 하지만 그것만으로도 온도와 기후 조건이 지역에 따라 상당히 다양했다는 사실을 잘 알 수 있다. 늘 그렇듯이 기후 조건은 전 지구적 대기 순환과 복잡한 상호작용에 의해 추동되지만 그 영향은 국지적이었다.

뉴질랜드의 표본은 남섬의 서해안에 있는 오로코 늪지에서 채취했다. 실버소나무를 비롯해 크게 자라는 종들이 번성하는 곳이다.[4] 실버소나무는 부패에 견디는 힘이 강하므로 부분적으로 화석화된 통나무의 형태가 많이 남아 있어 나이테 분석에 알맞다.

에드윈 쿡(Edwin Cook)과 그의 연구 팀은 700년에서 1999년까지의 나이테를 연구했는데, 900년까지의 자료가 신뢰도가 높다. 정밀한 점검을 거친 이 연구에 따르면 1137~1177년과 1210~1260년에 두 차례 기온이 평균보다 높았다. 993~1091년에는 장기적인 한랭기의 흔적이 선명하다. 지난 1100년 동안 가장 추운 시기였다. 이후 1500년부터 급속히 한랭해졌고 그 뒤 현대까지 이르는 온난화가 시작되었다.

오로코 기록은 이 지역의 기온이 20세기 평균 기온보다 0.3~0.5°C 높았다는 것을 말해준다. 1210년부터 1260년까지의 시기는 1950년 이후의 온난화와 맞먹는다.

뉴질랜드는 폴리네시아와 사뭇 다르게 온난한 기후를 누리고 있다. 지리학자 패트릭 넌(Patrick Nunn)은 뉴질랜드 석순에서 나온 산소동위원소의 분석과 태평양 여러 섬에서 조사한 해수면 연구 등 폭넓은 기후 자료를 바탕으로, 중세온난기에는 기후가 온난건조했고 무역풍이 지속적으로 불었다고 주장한다.[5] 하지만 그는 반대편에 있는 나일강 범람의 자료를 지표로 이용해 1300년경에 엘니뇨 발생 빈도수가 급증했다고 말한다. 넌의 주장에 따르면, 1250년 이후 갑자기 한랭건조한 시기가 닥쳤고 폭우가 늘었으며, 이런 상태가 1350~1850년의 소빙하기까지 이어졌다. 넌은 이 1300년의 갑작스러운 변화를 가리켜 문화적·환경적 재앙을 초래한 대사건이라고 부른다. 이 1300년의 사건으로 인해 태평양 일대에서는 인간 거주지가 붕괴되고, 생존이 어려워지고, 항해가 감소하고, 경쟁이 치열해지고, 전쟁이 만성화되었다는 것이다.

넌이 제시하는 기후적 증거는 주로 해수면의 변화와 지질학적 침전물에 기록된 침수와 범람이다. 그러나 그런 기후 자료는 나이테와 정밀한 산호 성장테에 비해 정확하지 않다. 특히 근년 들어 집중적인 연구 대상으로 부각된 산호는 온난기에 관해 크게 다른 상을 전해준다. 산호의 연구 결과는 1300년경 태평양 일대에 재앙적인 기후변화가 일어났다는 생각을 뒷받침하지 않는다.

고기후학자 킴 코브(Kim Cobb)는 1998년 팔미라섬에 처음으로 갔다. 거기서 그녀는 환초의 서쪽 기슭에서 침식되지 않은 고대의 산호 꼭지 10여 개를 찾아내고 크게 기뻐했다. 이후 코브와 그녀의 연구 팀은 80여 개의 산호 꼭지 표본을 발굴하고, 과거 1천여 년에 걸친 대양의 온도 변화와 엘니뇨/남방진동의 유형을 밝혀냈다. 그녀가 찾아낸 표본들을 연결하면 중세온난기에 해당하는 928~961년, 1149~1220년, 1317~1464년, 나아가 유럽에 소빙하기가 절정이었던 1635~1703년까지 아우를 수 있다. 더 연장하면 1886~1998년의 현대 자료와도 연결된다.[6] O-18 함유량은 10세기와 20세기 중반을 제외하면 비교적 변동의 폭이 작다. 10세기의 한랭기는 상당히 중요하다. 다소 갑작스럽게 닥친 것으로 보이는데, 지난 1100년간 가장 한랭하고 아마도 가장 건조한 시기일 것이다. 20세기 중반과 후반은 지난 1천 년간 가장 온난하고 습한 시기였다. 팔미라의 산호가 믿을 만한 지표라면, 중세온난기의 상당 기간 동안 태평양 동부 일대는 한랭건조한 라니냐가 지배했을 것이다.

현재까지 팔미라의 산호 자료는 독보적이지만, 더 최근의 산호 자료는 더욱 독보적이다. 예를 들어 오스트레일리아의 그레이트배리어리프에서 나온 1565년에서 1985년까지의 표본은 유럽의 소빙하기에 해당하는 1635년에서 1703년까지 팔미라의 기온이 약간 온난했음을 말해준다. 또한 이 자료는 19세기 후반 북반구가 온난했던 시기에 열대 태평양이 한랭했다는 것도 보여준다. 그러므로 중세온난기에 태평양 대부분의 지역이 한랭했고 비교적 건조한 환경이었다고 믿을 만한 근거는 충분하다.

팔미라는 방대한 대양의 극히 일부분에 불과하다. 다른 장소, 예컨대 뉴질랜드 같은 곳에서 관측된 큰 변동에 비하면 상당히 안정적인 기온을 보여준다. 하지만 그곳의 기후 역사는 폭넓은 의미를 가진다. 코브와 그녀의 동료들은 태평양 동부와 서부의 해수면 온도 차이가 전 지구적 기온의 유형을 파악하는 중요한 열쇠라고 믿는다. 이 시나리오에 따르면 온도 차이는 10~12세기에 특히 컸고, 이 때문에 중세온난기에 태평양 일대는 다소 한랭건조한 환경이었다. 열대 태평양 중부에 그런 환경이 조성된 것은 주로 라니냐의 영향이었다. 바로 그 요인들의 조합이 미국 서부와 메소포타미아는 물론이고 세계 반대편 서아프리카의 사헬에까지 심한 가뭄을 초래했다. 또한 최근 계량적 실험과 공인된 대양-대기 모델에 바탕을 둔 컴퓨터 분석의 결과, 태평양 동부에서는 소빙하기(이 지역은 더 온난했다)에 엘니뇨/남방진동이 더 빈발한 반면 중세온난기에는 엘니뇨 활동이 줄어들고 한랭한 환경이었다는 것이 밝혀졌다.

여기서 수천 km 떨어진 리마 부근의 태평양 대륙붕에서 채취한 표본은 800~1250년에 엘니뇨/남방진동 활동이 줄었음을 보여준다. 또 에콰도르 안데스 산맥의 고위도 유적인 라구나 팔카코차에서는 1만 2천 년간의 호수 침전물이 나왔다. 이곳은 태평양 바깥에 해당하지만 같은 기후 조건의 영향을 받은 지역이다.[7] 이곳의 표본은 많은 강우량이 남긴 뚜렷한 흔적으로 엘니뇨의 증거를 보여주는데, 실제 빈도수는 훨씬 더 높았을 것이다. 엘니뇨의 자취는 7천 년 전부터 확인되지만 그 절정은 1200~1400년이었다. 이는 폴리네시아 동부에서 항해가 시작된 시기와 거의 일치한다.

팔미라 연구는 열대 태평양의 기후변화가 다른 지역의 변화에 뒤따랐고 명확히 드러난 중세온난기에 이어 한랭한 소빙하기가 닥쳤다는 오래된 가설을 뒤집었다. 여러 지역에서 밝혀진 바에 따르면 사실은 그 반대에 가깝다. 태평양 일대도 지역에 따라, 특히 위도에 따라 편차가 컸다. 인간의 거주에 중요한 곳은 이른바 남태평양 수렴대였다. 바람, 구름, 강우량이 적은 이 띠 모양의 지대는 태평양 중부 서쪽으로 바누아투에서 동쪽으로 오스트랄제도까지 해당하는데, 엘니뇨/남방진동에 따라 이동하고 변화한다. 엘니뇨 기간에 이 지대는 북동쪽으로 이동하는 반면 사이클론 활동은 동쪽으로 이동하고 더 잦아진다. 라니냐 기간에는 그 지대가 남서쪽으로 이동한다. 이는 해수면 온도와 강우량이 15~20년 주기로 동요하는 태평양 수십 년 주기 진동 때문인데, 온난한 시기에는 엘니뇨/남방진동이 더 강력해지고 잦아진다.

신뢰할 만한 기후 자료가 워낙 적은 탓에 중세온난기가 방대한 태평양 일대에 미친 영향에 관해서는 거의 알려진 것이 없다. 북반구 고위도 지역에서는 얼음 상태나 불과 몇 °C의 온도 상승이 커다란 결과를 낳은 반면, 태평양에서는 기후변동과 인간 거주가 모두 열대수렴대의 남북 이동과 남방진동 및 그것과 연관된 엘니뇨와 라니냐 활동의 영향을 크게 받았다. 이런 변동은 태평양 일대와 그 너머의 모든 인간 사회에 영향을 미쳤다. 태평양 전 지역에서 긴 라니나의 전 지구적 효과 — 이를테면 여러 지역에 가뭄이나 많은 강우량을 가져온 환경 — 는 수백 년간의 온난기를 초래했다. 라니냐가 사라지고 엘니뇨가 닥쳤을 때, 예컨대 13세기에는 무역풍이 위축되고 폴리네시아 선원들이 동쪽으로 항해해 새로운 외딴섬으로 이주했다.

*

1769년 4월 13일 제임스 쿡(James Cook) 선장은 마타비만에 엔데버호의 닻을 내렸다. 영국 플리머스에서 폴리네시아 한가운데까지 항해하는 데는 여덟 달이 걸렸는데, 그 기간 동안 거의 뭍을 보지 못했다. 당시는 경도 관측이 막 시작되었을 무렵이었으므로 그의 항해는 탁월한 항해술의 개가였으나, 그에 앞서 태평양을 횡단한 폴리네시아 카누 항해가들의 업적에 비하면 초라했다. 1513년 에스파냐 탐험가인 바스코 누녜스 데 발보아(Vasco Nuñez de Balboa)는 파나마 지협의 '견고한 봉우리'에서 태평양을 바라보았으나 그보다 수백 년 전에 폴리네시아 섬의 항해가들은 공해를 수천 km나 가로질러 지구상에서 가장 외딴 섬들에 정착했다.

타고난 뱃사람이었던 쿡은 무역, 전쟁, 장거리 항해에 사용되는 타히티의 카누를 칭찬하면서 이렇게 썼다. "이 사람들은 '프로' 혹은 '파히'라고 부르는 배를 타고 낮에는 해를, 밤에는 달과 별을 나침반으로 삼아 이 섬에서 저 섬으로 수백 리그(league. 1리그는 약

5km; 옮긴이)나 항해한다. 이런 사실을 알면 이 바다의 섬들에 어떻게 사람이 살게 되었는지 더 이상 궁금하게 여기지 않을 것이다."[8] 그의 친구가 된 능숙한 항해가인 투파이아는 그를 데리고 다니며 오스트레일리아나 미국만큼 커다란 태평양 해역의 해도를 머릿속에 그려주었다.

5년 뒤 3차 항해에서 쿡은 폴리네시아에서 가장 외딴 뭍인 이스터섬에 닻을 내렸다. 그 무렵 그는 어느 유럽 탐험가보다도 태평양과 그 일대 원주민들을 잘 알았다. 가는 곳마다 그는 서로 수천 km나 떨어진 섬들의 사회가 놀랄 만큼 유사하다는 것을 목격했다. 쿡은 그 사람들의 항해술을 보고 크게 놀랐다. "바로 이 민족이 뉴질랜드에서 이 섬까지 지구 면적의 4분의 1에 해당하는 이 방대한 대양의 많은 섬들에 흩어져 산다는 것은 놀라운 일이다."[9] 투파이아와 현지 항해사들과 이야기를 나눈 뒤 그는 폴리네시아인의 고향이 동남아시아이며, 그들의 조상이 서쪽에서 동쪽으로 섬들을 헤치며 항해했다는 것을 믿어 의심치 않았다. 최근에 들어서야 복제한 카누와 토착 항법으로 실험을 통해 고대 항해 전략을 재구성할 수 있었다.

*

그렇다면 태평양 거주지는 어떻게 형성되었고 기후변화는 그것에 어떤 영향을 미쳤을까? 지난 반세기 동안 고고학 연구가 급증한 덕분에 이제 우리는 태평양 연안의 식민화가 남서쪽 멀리 비스마르크해협과 솔로몬제도에서 시작되었음을 알게 되었다. 이곳에서는 이미 기원전 1500년부터 강렬한 해양 전통이 발달했다. 이 '라피타' 사람들은 수백 km 떨어진 섬들 사이를 오가며 아름다운 흑요석과 기타 물건들을 교역했다.[10] 농사를 지었으면서도 뛰어난 뱃사람이었던 그들은 돛이 달린 노걸이식 카누를 개발했고 뭍에서 멀리까지 항해할 수 있는 항해술을 구사했다. 3만 년 전 뉴기니와 동남아시아에서 솔로몬제도까지 항해했던, 단순히 시각에 의존하는 항해술과는 크게 달랐다.

기원전 1200년경 라피타 카누는 수천 년 동안 인간 거주지의 한계였던 솔로몬제도를 넘어가는 장거리 항해에 나섰다. 기원전 1100년에서 기원전 900년까지 라피타 사람들은 피지와 누벨칼레도니, 사모아에 정착했다. 2~3세기의 짧은 기간에, 즉 15~25세대 만에 라피타 뱃사람들은 4500km나 떨어진 태평양의 섬들에까지 이주했다. 그들이 왜 그런 탐험과 이주를 했는지는 알 수 없다. 토지 부족과 인구 과밀에 시달리던 북유럽인들처럼 폴리네시아인들도 그럴 만한 사정이 있기 때문에 바다로 나갔을 것이다. 폴리네시아 사회에서는 재산, 집, 관례적 특권, 심지어 비전의 지식조차 맏아들만 물려받았다. 둘째 이하의 자식들은 경제적 혜택을 별로 받지 못했다. 그래서 그들은 새 땅에서 새 터전을 일구고 자신의 가족이 식량을 넉넉히 확보할 수 있도록 하기 위해 바다로 나갔다.

항해 거리는 점차 길어져 피지와 통가 너머 쿡제도와 소시에테제도로 연장되었다. 이후 잠시 이주가 중단되었다가 얼추 그리스도의 시대에 이르러 폴리네시아 서부에서 동쪽으로 항해가 재개되었다. 10세기에 가까운 무렵 폴리네시아인들은 태평양 중부와 남동부의 외딴섬들에까지 이주했다. 하와이 이주는 800년경, 뉴질랜드는 1000년경이었고, 라파누이는 중세온난기인 1200년경에 이주가 이루어졌다.

*

최근의 방사성탄소연대측정 결과가 옳다면 폴리네시아인들의 항해는 중세온난기에 끝났을 것이다. 그렇다면 10세기 무렵의 항해 여건에 뭔가 특이한 점이 있었던 걸까?

대개의 경우 열대수렴대의 양편에서는 북동 무역풍과 남동 무역풍이 상시적으로 분다. 엘니뇨의 강력한 엔진인 워커 순환(Walker circulation. 남방진동으로 일어나는 태평양의 독특한 대기 순환; 옮긴이)도 무역풍에 도움을 준다. 작은 배를 타는 선원이라면 잘 알겠지만 순풍을 타고 항해하는 것은 천국의 경험이다. 며칠 동안 전속력으로 달릴 수 있다. 배가 도는 것을 막기 위해 돛대에 단단히 묶어둔 두 개의 삼각돛이 요란하게 펄럭인다. 낮에도 밤에도 배는 저절로 쉽게 나아간다. 한밤중에 반바지만 입은 채 불침번을 서면서 하늘 높이 뜬 보름달을 감상한다. 이것이 대양 항해의 절정이다. 하지만 바람이 앞에서 불어오는 역풍이면 지옥이 따로 없다. 거센 파도와 심술궂은 서풍을 거스르고 뱃멀미에 시달리며 고난이 지나가기만 기다릴 뿐이다.

현대의 요트처럼 태평양의 카누는 바람을 이기고 쉽게 나아간다. 현대에 복제한 카누는 바람에 대해 75도가량 비낀 각도로도 항해가 가능하다(90도는 물론 바람에 대해 직각 방향을 가리킨다).[11] 바람과 작은 각도를 이루면서 거의 평행하게 항해할 때도 전진 속도는 빠르지 않다. 바람이 힘차게 밀어주면 카누는 오히려 속도가 느려지고 원하는 경로에서 이탈한다. 내연기관이 발명되기 전까지 모든 선장이 그랬듯이 폴리네시아 항해가도 무역풍이 잦아들고 정상적인 역풍의 방향으로 이끌어줄 서풍이 불기를 기다렸다. 손에 꼽힐 만큼 탁월한 뱃사람이었던 쿡 선장은 자신도 순풍을 기다려본 경험이 풍부했기 때문에 순풍을 타고 가는 폴리네시아인들의 항해술을 잘 알았다. 투파이아는 그에게 이렇게 말했다. "11월, 12월, 1월 몇 달 동안에는 비를 머금은 서풍이 불죠. 섬 주민들은 그 바람을 어떻게 이용하는지 잘 알고 있으니까 동서 방향으로 위치한 섬이라 해도 이 섬에서 저 섬으로 교역하고 항해하는 데 어려움이 없어요."[12]

오늘날에는 태평양 무역에 관한 자료가 산더미처럼 쌓여 있으므로 우리는 투파이아가 쿡 선장에게 한 말이 무슨 의미인지 잘 안다. 남부의 여름에는 무역풍이 멈추고 서풍이 부는 시기가 있다. 실제로는 남서쪽이나 남동쪽에서 불어오는 바람인데, 동쪽 항해에는 이상적이다. 바람이 선미에 비스듬히 불 때 카누가 가장 잘 움직인다. 당시 동쪽 항해의 전략은 매우 다양했을 것이다. 주로 우호적인 서풍으로 시작했다가 기압 체계가 경로를 바꾸면서 풍향이 변하는 것을 자주 경험했기 때문이다. 현대에 몇 차례 실험 항해를 해본 결과, 폴리네시아 선원들이 인내심과 전문 지식을 가지고 늘 실제 위치보다 전방을 생각하면서 간접 경로를 이용했다면 동쪽 항해가 충분히 가능했으리라는 사실이 입증되었다.[13]

엘니뇨가 일어나고 있을 때는 서풍이 부는 게 일반적이다. 태평양 일대의 기압 편차가 역전되면, 무역풍이 약해지고 서풍이 오랜 기간 불 수 있다. 특히 여름에 자주 그런 현상이 일어난다. 서풍은 대개 태평양 서부와 중부에서 가장 강하지만, 멀리 라파누이와 그 너머까지도 분다. 대형 엘니뇨가 닥쳤을 때는 통가에서부터 마르키즈제도까지 곧장 항해할 수도 있다. 실제로 마르키즈에서는 피지에서 나오는 광물이 함유된 질그릇 조각들이 발견되었다.

오래전부터 과학자들은 중세온난기가 전 지구적 온난화를 야기했고 열대 태평양에도 온난화를 초래했다고 가정해왔다. 그것은 흔히 온난화의 결과라고 간주되는 엘니뇨가 더 자주 일어났다는 것을 의미한다. 태평양 무역풍에 대한 최근의 연구는 온난화에 대응해 워커 순환이 약화된다는 점에 주목한다. 실제로 중세온난기는 태평양에 우호적인 항해 조건을 만들어냈을까? 이것이 각별한 관심을 끄는 이유는 폴리네시아의 모든 섬들 가운데 가장 외딴 곳에 위치한 라파누이에 인간이 거주한 시기가 1200년이라고 알려져 있기 때문이다.

*

아열대 라파누이는 지구상에서 인간이 거주하는 가장 외딴 곳이다. 칠레에서 동쪽으로 3700km, 핏케언섬에서 서쪽으로 1300km 떨어져 있다. 면적은 171km²이고 가장 높은 곳이라고 해야 폴리네시아의 여느 섬들보다 낮은 해발 510m에 불과하다. 폴리네시아인들이 남북 길이가 14km밖에 안되는 태평양의 이 작은 점을 찾아냈다는 것 자체가 신기할 정도다. 이 항해는 근대식 육분의와 크로노미터, 심지어 현대의 GPS가 있어도 쉽지 않다. 그러나 고대 카누 선장들은 실제로 그 섬을 보기 오래전부터 그 섬이 있다는 것을 알았다. 아마 그곳에 둥지를 튼 새들이 큰 떼를 지어 날아다녔기 때문일 것이다. 관찰력이 좋은 선원은 수평선에 뭍이라고는 전혀 보이지 않는 300km나 떨어진 거리에서도 그 새 떼를 볼 수 있었다.

네덜란드 탐험가 야코프 로헤베인(Jacob Roggeveen)은 칠레를 출발해 17일간 항해한 끝에 1722년 4월 5일 라파누이를 발견했다. 그는 섬에 사는 폴리네시아인들이 환영해주는 것을 보고 크게 놀랐다. 배라고 해야 나무 조각들을 야자실로 꿰매어 만든 작고 물이 새는 카누가 고작이었다. 그들의 고향은 나무 한 그루도 없고 빈곤에 찌든 곳이었지만, 주민들은 말없이 바다를 바라보는 거석상(모아이)을 수십 개나 만들어 세웠다. 카누를 만들고 석상을 세우는 데 필요한 목재는 어디서 가져왔을까? 반세기 전 라파누이에 왔던 제임스 쿡은 섬 주민들이 "작고 야위고 겁이 많고 볼품없다"고 말하면서도 목재와 바다를 항해할 만한 카누가 없는 것을 보고 당혹스러워했다.

최초의 이주는 언제였을까? 고고학자 테리 헌트(Terry Hunt)와 칼 리포(Carl Lipo)는 얼마 전에 그 섬의 아나케나라는 곳에서 유일한 사구를 발굴했다. 그들은 3.5m 깊이에 잘 보존된 고고학 유적층을 발굴했다. 거기서 나온 마른 진흙과 오래된 흙에는 유물과 더불어 지금은 멸종한 커다란 라파누이 야자수 특유의 관상 뿌리가 들어 있었다. 또한 그 유적에서는 바다를 항해할 수 있는 카누를 타고 먼 바다에 가야만 잡을 수 있는 돌고래의 뼈가 대량으로 나왔다. 이 유적을 대상으로 여덟 차례 방사성탄소연대측정을 한 결과 최초로 거주한 시기는 1200년, 중세온난기의 정점이라는 사실이 밝혀졌다.[14] 주민들은 분명히 카누를 타고 먼 바다에 나가 고기를 잡았고 숲이 우거진 환경에서 살았던 것이다.

최초의 카누가 도착했을 때 이스터섬에는 빽빽한 야자수의 숲이 있었다. 지름이 2m가 넘을 정도로 커다란 나무들이 섬을 뒤덮고 있었다. 그러나 그로부터 3세기가 지나지 않아 야자수는 멸종했다. 아울러 라파누이에서 번성했던 다른 20종류의 나무도 마찬가지로 멸종했다. 키가 큰 종류인 토이(Alphitonia zizyphoides)와 상록수(Elaeocarpus rarotongensis)는 각각 15m와 30m까지 자랐으며, 폴리네시아에서 카누 선체로 널리 사용되었다. 이 나무들은 전부 1500년 이전에 멸종했다. 주민들이 카누의 재료, 건축자재, 모아이의 굴림대, 장작으로 쓰기 위해 빽빽한 숲을 없애버린 것이다. 게다가 외부에서 들어온 쥐도 한몫을 했다. 카누를 만들 나무가 사라지자 인구 감소 과정을 거쳐 살아남은 사람들은 핏케언이나 망가레바 같은 먼 섬들로 이주할 방법을 잃게 되었다. 실은 그 섬들도 이미 삼림 파괴로 재앙을 맞고 있었다. 숲을 제거한 대가는 완벽한 고립이었다. 핏케언과 망가레바의 교역은 1500년부터 끊겼고 돌까뀌 같은 물건도 사라졌다.

그런데 어떻게 카누를 타고 라파누이로 이주할 수 있었을까? 현대에 복원한 호쿨레아호는 1999년 망가레바에서 라파누이까지

가면을 쓴 사람들이 이중 선체로 된 타히티 카누를 저어 가고 있다. 장거리를 항해한 이중 선체 카누는 그림의 배보다 훨씬 더 컸다. 그런 카누의 그림은 전해지지 않지만, 이 그림으로도 선체와 돛의 모양을 개략적으로 알 수 있다(Philip de Bay, 1723년경).

17일 동안 항해했다. 그러나 이 배는 폴리네시아 카누 여러 척을 혼합해 만들었으며, 비교적 돛이 크고 예전의 노걸이식 카누보다 순풍을 타고 항해하는 성능이 우수하다. 예전의 카누가 정확히 어떤 것이었는지는 알 수 없지만, 아마 이중 선체에다 역풍을 뚫고 항해할 수 있는 장비를 갖추었을 것이다. 순풍을 타고 항해하는 능력은 호쿨레아호에 미치지 못했겠지만, 북유럽의 크나르도 우리가 생각하는 것보다 순풍을 타는 능력이 훨씬 더 우수했다는 점을 기억해야 한다. 이주 항해는 서풍이 특별히 강했을 때 이루어진 것이 거의 확실하다.

만약 고대 항해가들이 어느 방향으로나 항해할 수 있었다면, 어느 때라도 떠났을 것이다. 하지만 동풍이 불 때면 카누로 바람을 거슬러가기 어려웠으므로 항해가 산발적일 수밖에 없었다. 엘니뇨가 일어날 때면 1~2월에 동쪽에서 부는 무역풍이 끊기고 평균 3~5노트(시속 5.5~9.26km)의 서풍이 불었다. 이런 상황이면 폴리네시아 서부에서 동부로 항해할 때 카누의 속도는 1.5노트(시속 2.7km)에 불과했으며, 바람이 전혀 없거나 역풍이 부는 상황이 아니라면 약 22일이 걸렸다. 현대의 자료에 따르면 대형 엘니뇨가 일어날 때는 서풍이 동쪽 먼 곳까지 불지 않는 경우가 많다. 하지만 과거에도 반드시 그랬던 것은 아니다. 뭍을 발견하지 못했다면 언제든 배를 돌려 무역풍을 타고 돌아올 수 있었다. 그러나 그 위대한 발견의 항해가 애초에 가는 것만 염두에 두었는지, 아니면 돌아올 의도를 가지고 있었는지는 알 수 없다. 아마 고향의 정치·사회적 상황이 귀환을 불가능하게 만들었을 것이다.

가장 강력한 엘니뇨는 아무래도 엘니뇨가 가장 빈발할 때 일어나게 마련이다. 그래서 어솔 앤더슨(Atholl Anderson) 같은 고고학자는, 순풍을 받아 동쪽으로 항해한 것은 서풍이 자주 불 때였을 것이라고 추측한다. 폴리네시아의 항해가들은 컴퓨터 모델을 이용하지는 못했지만, 불규칙한 간격으로 그 일대에 서풍이 불고 다습한 조건이 길어지는 현상을 잘 알고 있었다. 동쪽으로 미지의 영역을 향해 항해하려면 섬들 간을 짧게 오갈 때보다 훨씬 더 긴 몇 주일간의 서풍이 필요했다. 앞에서 보았듯이 이것은 중세온난기가 끝나고 라파누이에 최초의 이주가 이루어질 무렵인 12~15세기에 엘니뇨가 더 잦았다는 것을 말해주는 증거다.

*

엘니뇨/남방진동이 고대 태평양의 기후에 중요한 역할을 했다는 데는 모두가 동의한다. 하지만 그것이 태평양의 항해에 어느 정도까지 영향을 미쳤는지에 관해서는 여전히 논란이 분분하다. 우리는 아직 엘니뇨가 실제로 이주에 중요한 요인이었는지 확신하지 못한다. 그러나 폴리네시아 섬 주민들이 바다 주변에 삶의 터전을 가진 다른 사람들처럼 바다와 뭍의 환경에 대해 해박한 지식을 가졌다는 것은 확실하다. 만약 중세온난기가 장거리 항해에 적합한 기후 조건을 가져왔다면, 그 뛰어난 뱃사람들은 그 기회를 즉각 포착했을 것이다.

◀산호와 기후변화▶

열대 태평양 중부에서 채취된 산호 표본의 연간 성장테를 분석하는 기법은 수 세기를 거슬러 올라가게 해주며, 정확도도 현대의 측정 기록에 필적할 정도다. 산호는 기후학자들이 바라는 과거 엘니뇨에 관한 귀중한 자료를 주며, 오래된 화석 산호일수록 더 먼 과거를 말해준다. 하지만 안타깝게도 그런 산호 표본은 매우 희귀할 뿐 아니라 주로 비바람에 씻겨 해변에 밀려온 뒤 이후의 폭풍에서 파괴를 면한 것들이다. 사후에 그렇게 험한 역사를 겪은 것을 감안하면 지금까지 전해지는 게 용하지만 대부분은 연대가 100~200년 정도에 불과하다. 나무의 나이테처럼 산호도 여러 표본을 페어맞춰 수십 개의 짧은 구획들을 근거로 더 긴 주요한 과정을 추론해 내야 한다.

산호가 기후 지표로 유용한 이유는 뭘까? 산호는 단단한 탄산칼슘으로 몸을 감싼 폴립이라는 작은 해양 무척추동물의 집합으로 형성된다. 수백 만 개의 폴립이 융합되어 정교한 구조물을 이루고 많은 가지들을 뻗는다. 폴립들은 이 구조물 속에 서식하는 조류에서 영양분을 취한다. 햇빛이 얕은 물을 투과해 조류에까지 닿으면 조류는 광합성을 통해 영양분을 만들어낸다. 그래서 산호는 어둡고 깊은 물속에서는 성장하지 못하며, 온도 25~29℃의 좁은 범위의 해역에서만 살 수 있다. 또한 산호는 매우 약해 수십 년 동안 살다가 비바람에 떨어져나가면 해변으로 밀려와 가루로 부서진다. 결함이 없고 수백 년 된 산호는 비바람이 적고 수온이 온난한 태평양 동부의 섬들에서만 발견할 수 있다. 이 지역에도 이따금 산호 꼭지를 떼어내 해변으로 밀어낼 강한 폭풍이 불기는 하지만 그다지 잦지 않은 탓에 산호가 무사히 보존될 가능성이 높다. 그래도 사람들의 왕래가 드문 외딴 팔미라섬*을 제외하면 잘 보존된 오래된 산호 표본은 무척 희귀하다.

팔미라의 곶에서 채취한 표본에는 산호 성장테가 기록되어 있다. 그 동위원소 함량을 분석하면 산호가 천천히 성장할 때 해수 온도의 변화를 알수 있다. 즉 한랭한 물에 사는 산호는 무거운 산소동위원소인 O-18을 많이 함유하고, 온난한 물에 사는 산호는 가벼운 O-16을 많이 함유한다. 고기후학자 킴 코브는 초정밀 질량분석을 통해 두 동위원소 함유량의 차이를 대단히 정확하게 측정했다. 그 차이가 0.02%였다는 것은 곧 수온의 변화 폭이 약 0.6℃였음을 의미한다.

우라늄-토륨연대측정으로 우리는 팔미라에서 나온 작은 산호 수십 개의 서로 중첩되는 연대들을 알 수 있다. 우라늄-토륨연대측정은 토륨-230연대측정이라고도 불리는데, 방사선을 이용해 산호 같은 탄화물의 연대를 측정하는 기술이다. 우라늄은 모든 자연수에 상당 부분 용해되므로 모든 산호에는 미량의 우라늄이 침전되어 있다. 반대로 토륨은 물에 용해되지 않으므로 우라늄-234가 붕괴를 시작해 토륨-230으로 바뀌어야만 산호 속에서 볼 수 있다. 우라늄-토륨연대측정은 방사성동위원소 토륨-230과 그 방사성 모체에 해당하는 우라늄-234 간의 평형이 회복되는 정도를 측정해 산호 표본의 연대를 계산하는 방식이다. 코브는 이 방법을 이용해 중요한 기후학적 기록들의 시초를 짜 맞출 수 있었다.

팔미라 표본은 엘니뇨의 온난다습한 조건과 라니냐의 한랭건조한 조건이 팔미라의 기후에 어떻게 강력한 영향을 미치는지 보여준다. 엘니뇨 시기에는 산호의 O-18 함유량이 적어지고 라니냐 시기에는 많아진다. 이것은 대단히 안정적인 기후변화의 기준으로, 서로 연대가 중첩되는 수십 개의 표본으로 정확한 우라늄-토륨연대측정이 가능하다. 예를 들어 12~14세기의 엘니뇨/남방진동은 지금에 비해 적었다.

---

* 팔미라섬은 하와이에서 남서쪽으로 1500km 떨어진 태평양의 작은 산호섬이다. 전부 합친 면적이 100헥타르에 달하는 50개의 작은 섬들이 말굽 모양으로 세 개의 석호를 둘러싸고 있다. 이 섬들은 해발 2m 정도밖에 안되므로 키 큰 나무들은 맑은 날이면 25km 떨어진 곳에서도 잘 보인다. 팔미라 주변은 산호와 모래가 기단처럼 에워싸고 있다. 팔미라라는 이름은 1802년 11월 7일 이곳에 대피했던 미국 선박의 이름에서 땄다. 국제자연보호협회는 2000년에 이 원시의 섬을 구입했다.

◀폴리네시아 토착 항해법 ▶

1769년 영국의 탐험가 제임스 쿡 선장이 타히티에 갔을 때 제기한 문제는 지금도 학자들의 큰 관심을 끌고 있다. 타히티인들은 어떻게 이 외딴섬으로 이주한 걸까? 단순한 카누 이외에 유럽인들이 사용하는 항해 도구도 없는 사람들이 어떻게 태평양의 가장 외딴 섬으로 이주할 수 있었을까? 쿡은 타히티의 항해가인 투파이아에게 뭍이 보이지도 않는 상황에서 카누 선장들이 어떻게 이 섬에서 저 섬으로 항해할 수 있는지 물었다. 투파이아의 대답은 낮에는 해를, 밤에는 달과 별을 나침반처럼 이용한다는 것이었다.

투파이아는 폴리네시아의 정신적 기록을 기억하고 있었다. 그는 여러 섬들이 어느 방향에 있고 각각 며칠이면 갈 수 있는지 말해주었고, 쿡은 그것을 토대로 개략적인 지도를 작성했다. 현대의 학자들은 투파이아가 말한 지역이 북동쪽으로 마르키즈제도, 동쪽으로 투아모투제도, 남쪽으로 오스트랄제도, 남서쪽으로 쿡제도에 둘러싸인 면적 250만 km²의 구역이라고 본다. 투파이아는 그 서쪽에 위치한 피지와 사모아도 알고 있었다.

후대의 탐험가들은 아무도 타히티 항해가들을 만나보지 못했다. 과거에 학자들은 우연히 부는 바람 덕분에 카누를 타고 태평양의 섬들로 이주할 수 있었다고 가정했다. 그러나 1965년 영국의 탐험가 데이비드 루이스(David Lewis)는 미크로네시아의 캐롤라인제도에서 나이 든 카누 항해가들을 만났다. 뭍에서 멀리 떨어졌을 때 그들은 중요한 별들이 천정을 지나는 경로, 너울의 방향, 먼 뭍에 부딪혀 팅겨나오는 파도, 심지어 바다와 뭍의 새들이 출발지에서 먼 다도해의 섬에 내려앉기 위해 날아가는 방향 등에 의지해 항해했다. 또한 그들은 바다와 하늘의 그런 지표들을 이용해 집으로 무사히 귀환할 수 있었다. 급속히 사라져가는 기술을 보존하려는 각오로, 루이스는 유럽에서 제작된 대양 항해용 뗏목을 타고 오로지 성도(星圖)와 한 폴리네시아 항해가의 도움만 받으며 쿡제도의 라로통가에서 뉴질랜드까지 항해했다. 1970년대에 루이스는 캐롤라인제도의 항해가들을 만나 해, 달, 별, 구름, 너울의 방향, 날아가는 새를 보고 항로를 파악하는 방법을 배웠다.

1960년대 후반 인류학자 벤 피니(Ben Finney)는 고대 폴리네시아 카누를 복제한 배를 타고 장기 실험을 시작했다. 피니가 처음으로 만든 배는 하와이의 어느 왕족이 소유한 카누를 복제한 길이 12m짜리 날레히아호였다. 바람이 센 하와이 바다에서 실험한 결과 그 배는 바람을 거슬러 항해할 수 있었다. 그래서 피니는 하와이에서 타히티까지 갔다가 돌아오는 항해를 계획하고, 태평양 일대의 여러 가지 카누 제작 방식을 혼합해 호쿨레아호를 만들었다. 하와이 사람인 허브 카와이누이 케인(Herb Kawainui Kane)이 제작한 이 배는 길이 19m의 이중 선체였고 게의 집게발을 닮은 모양이었다. 피니와 미크로네시아 항해가인 마우 피아일룩(Mau Piailug) 그리고 하와이 출신 선원들은 1976년 호쿨레아호를 타고 하와이에서 타히티까지 왕복하는 데 성공했다. 그 뒤에는 토착 항해술만을 이용해 2년 동안 태평양 일대를 순항하는 데도 성공했다. 호쿨레아호의 실험이 성공한 덕분에 고대 폴리네시아 항해술이 글과 구술을 통해 후대에 전승될 수 있게 되었다.

항해를 하려면 식량이 충분해야 했다. 식량은 말린 식물 뿌리가 대부분이었고 때로는 닭과 돼지도 배에 실었다. 말린 생선도 주요한 식량이었고 도중에 고기잡이로 생선을 보충하기도 했다. 민물은 조롱박에 담아 아껴 사용했으며, 소나기가 내리면 보충했다. 카누에는 대개 자급자족이 가능하도록 보급품을 실었으나 그래도 선원들은 식량과 물을 아껴 최대한 오래 버티려 했다. 실제로 하와이와 폴리네시아 동부 연해를 항해할 때를 제외하면 2주일 이상 항해하는 경우가 드물었다.

날치의 바다

온도계가 42℃를 가리킬 만큼 극심한 더위였다.
뜨거운 모래폭풍이 불어와 우리의 눈과 콧구멍을
세균이 가득한 먼지로 채웠다.
더러운 몸에서 나오는 악취가 옷, 머리털,
살갗에 배어 빠지지 않았다.

루이스 클롭시,
〈크리스천 헤럴드〉(1900)[1]

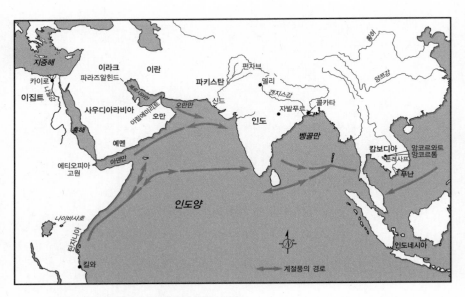

11장에 나오는 곳들과 일반적인 계절풍의 경로

"기근이 ••

　　인도에 만연해 있다. 어디서나 흔히 보는 사태다. 인도의 기근은 황폐하기 그지없는 재앙이다." 1896~1899년 인도 대기근의 참상을 목격한 빅토리아 시대의 어느 여행가는 이렇게 썼다.[2] 얼마나 많은 사람들이 기아와 기근으로 인한 질병으로 죽었는지는 알 수 없다. 적게 잡아도 190만 명에 달했을 것이다. 그 고통은 필설로 다할 수 없었다. 신문기자 줄리언 호손(Julian Hawthorne)은 인도에서 〈코스모폴리탄 매거진〉의 특별 통신원으로 근무했다. 기차를 타고 기근의 현장에 도착한 그는 철도 주변의 나무 아래 여러 가족의 시신들이 놓여 있는 것을 보고 충격을 받았다. "모두 웅크려 앉은 채로 죽어 있었다. 자칼들이 골수를 찾아 먹기 위해 필사적으로 시신을 뒤적일 때마다 남루한 옷자락이 펄럭거렸다."[3] 인도 중부의 자발푸르에서 미국 선교사들은 그를 시장에 데려갔다. 거기서 그는 뚱뚱한 상인들과 먹을 것을 구걸하는 "뼈만 앙상한 인간 찌꺼기들"이 큰 대조를 이루는 것을 보고 경악했다. 그는 구빈원에 들러 기근의 희생자들을 보았다. "넓적다리와 정강이뼈 사이에 무릎이 삐죽 나와 있는 모습이 해골이나 다름없었다. 팔꿈치도 앙상했다. 살점 하나 없는 턱과 머리를 털이 뽑힌 닭 같은 목이 간신히 떠받치고 있었다. 그들의 몸은 몸이 아니라 그저 뼈대만 남아 있는 것 같았다."[4] 역사가인 마이크 데이비스(Mike Davis)가 말하듯이 빅토리아 여왕 즉위 50주년인 1887년은 '죽음의 축제'였다. 영국 지배 당국이 구제 노력을 게을리한 것도 재앙을 더욱 부채질했다.

19세기 후반 인도의 대기근은 지금 대형 엘니뇨와 연관된 것으로 알려진 계절풍이 불지 않은 탓이었다. 그 사건 자체는 새로운 게 아니었다. 1천 년 전 남아시아와 동남아시아, 인도양 연안, 즉 나일강에서 중국까지 수많은 사람들의 삶은 계절풍과 엘니뇨, 라니냐의 복잡한 관계에 종속되어 있었다.

앞에서 보았듯이 중세온난기에 태평양 대부분의 지역에서는 라니냐가 길었고, 멀리 아프리카 북동부와 인도양 서해안까지 영향을 미쳤다. 계절풍이 에티오피아고원에 가져오는 비는 연간 흐르는 나일 강물의 90%를 차지한다. 일반적인 믿음과 달리 나일강의 여름 범람은 예측 불가능하고 해마다 다르다. 에티오피아에 가뭄이 드느냐, 많은 비가 오느냐에 의해 결정된다. 아스완댐이 세워지기 전까지 이집트 농부들은 범람원에 물이 너무 적을 경우 굶주림에 시달렸다. 수위가 평균보다 2m 낮으면 관개용수가 없는 상이집트의 4분의 3이 가뭄에 허덕였다. 그런가 하면 반대로 특별히 큰 홍수가 닥쳐 촌락 전체를 휩쓸어 버리기도 했다. 그래서 고대 이집트의 파라오들은 홍수가 어느 정도인지에 늘 신경을 썼으며, 오늘날 '나일로미터(Nilometer)'라고 부르는 정밀한 눈금이 그어진 장치로 홍수를 측정하고 예측하려 했다.[5] 그 계승자들도 마찬가지였다.

715년 우마이야 칼리프인 쉴레이만 아브드 알말리크(Sulayman Abd al-Malik)는 낮은 강물 수위와 그로 인한 사회혼란을 우려한 끝에 카이로 인근 로다(라우다)섬의 남쪽 끝에 나일로미터를 설치하게 했다.[6] 150년 뒤 아바스 칼리프인 알무타와킬(al-Mutawakkil)은 투르케스탄 태생의 천문학자 아부 아바스 아흐마드 이븐 모함마드 이븐

나일로미터 이집트의 군주들은 나일강의 홍수를 측정하고 예측하기 위해 '나일로미터'를 만들었다.

카티르 알파르가니(Abu'l 'Abbas Ahmad ibn Mohammad ibn Kathir al-Farghani, 서양에는 아프라가누스(Afraganus)라고 알려진 학자)의 권고에 따라 나일로미터의 전면 재건을 명했다. 이 위대한 천문학자는 구덩이의 주변에 돌로 테두리를 쌓고 팔각기둥을 세운 뒤 나일강과 세 개의 터널로 연결했다. 그 기둥에 새겨진 19이집트큐빗(1큐빗은 0.54m)의 척도는 강물의 최고 수위에서 최저 수위까지를 나타냈으므로 그것으로 홍수를 약 10m까지 측정할 수 있었다. 나일로미터의 벽에는 물, 식물, 번영과 연관된 코란의 문구가 새겨졌다. 이상적인 범람은 16큐빗이었고, 그 이하는 가뭄과 기근을 뜻했다. 19큐빗이면 재앙에 가까운 홍수였다.

로다 기둥은 기후학적 정보의 원천으로 여겨지지 않지만 그래도 1500여 년의 기간에 관한 기록이다. 고고학자이자 인구학자인 페크리 하산(Fekri Hassan)은 침니와 기타 요인들을 반영해 로다의 홍수 자료를 분석했다. 그에 따르면 930~1070년에는 범람 수위가 크게 낮았다가 1070~1180년에는 높아졌으며, 이후에는 나일강의 수위가 170년 동안이나 낮았다. 물이 부족하면 수확량이 적어지고 기근이 닥쳐 곡식 가격이 치솟았다. 칼리프가 나일로미터에 공을 들일 이유는 충분했다. 622년부터 999년까지의 기간 동안에는 범람 수위가 평년의 28%를 밑도는 저수위 기간이 102년이나 되었다.[7] 967년에는 이집트 인구의 4분의 1에 해당하는 60만 명이 기아나 기근과 관련된 질병으로 죽었다. 1220~1221년의 기근에는 카이로 한 곳에서만도 하루 100~500명씩 죽었다.

로다 나일로미터에 기록된 10~13세기의 긴 가뭄은 동아프리카에도 영향을 주었다. 케냐 중부의 나이바샤호는 1000~1270년에 심한 건기를 겪었다. 이 기간 중 강우량이 많았던 때는 1200~1240년뿐이었다. 반대로 소빙하기의 절정기였던 1770~1850년은 대체로 다습했다.[8] 나이바샤 기록은 전혀 특이한 게 아니다. 빅토리아, 탕가니카, 말라위 등의 호수들도 전부 1040년 이후 긴 가뭄을 겪었고 수위가 낮았다. 킬리만자로산도 11세기에 심한 건기를 맞았다. 그 호수들에 둘러싸인 동아프리카 고원 바깥에서는 목축민들이 2천여 년 동안 번영을 누렸다. 그들에 관해서는 알려진 게 거의 없다. 그들은 재산도 없었고 끊임없이 이동했지만, 긴 가뭄기에는 항구적인 수원 부근에 머물러 살았다. 대규모 가뭄이 닥치면 목초지가 해마다 줄어들었으므로 가축을 수천 마리나 잃었을 것이다. 하지만 다른 목축민들처럼 그들도 물 사정이 좋은 기간에 가축의 수를 늘려 장차 닥쳐올 손실에 대비했다. 사헬에 살던 목축민처럼 그들의 경우에도 가축의 수는 세계 반대편에서 발생하는 기후적 힘에 달려 있었다.

1천 년 전 아프리카 가뭄이 절정에 달했을 무렵, 이슬람교도 상인들은 현재 케냐와 탄자니아의 해안을 따라 작은 공동체를 건설했다. 그들은 수백 년 동안 상아, 목재, 열대 산물을 거래했지만 이제는 동아프리카 해안에 영구적으로 정착하게 된 것이다. 해안 환경은 덥고 건조했으므로 그곳을 선택한 것은 순전히 상업적인 동기에서였다. 건조하고 척박한 후배지에서는 내륙 멀리에서 온 목축민들이 여러 소도시를 이루어 살았다. 아프리카 문화와 이슬람 문화가 뒤섞인 이 작은 다국적 '돌 도시'(그들이 지은 산호 주택에서 이런 이름이 나왔다)들은 아프리카의 금, 철, 상아, 목재 무역으로 번영했다. 이 도시들은 계절풍과 큰 삼각돛을 단 우수한 다우(dhow. 아라비아해에서 많이 사용된 연안 항해용 범선; 옮긴이)에 의존했던 1천 년 전 방대한 상업 세계의 외곽기지였다.[9]

*

선원들이 보기에 북인도양은 대체로 세계에서 가장 평화로운 대양이다. 고대 아라비아 노래들은 이 바다를 '날치의 바다'라고 불렀다. 북인도양은 태평양보다 훨씬 작고 바람이 안정적으로 부는 데

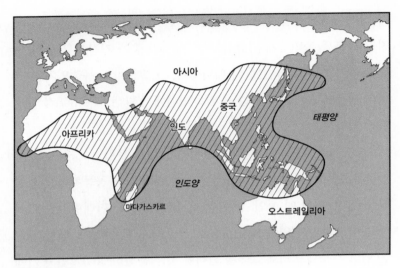

계절풍의 권역

다 커다란 만의 형상이다. 아시아에 가로막히고, 북쪽의 인도에 의해 아라비아해와 벵골만의 두 부분으로 나뉘며, 벵골만은 동남아시아의 동부 해역으로 이어진다. 인도양을 싸안은 아시아는 대양에 부는 정상적인 바람의 경로를 바꿔버린다. 적도 북부를 항해하는 선박은 계절풍 지대 안에 있다. 인도양 서부, 아프리카와 마다가스카르 사이의 모잠비크해협에서부터 아라비아해를 북쪽과 동쪽으로 통과해 벵골만 부근의 해역으로 들어가는 북동과 남서 계절풍은 수천 년 동안 대양의 항해를 좌우했다.

1세기에 어느 익명의 그리스-알렉산드리아 상인 혹은 선원은 『에리트레아해의 일주』라는 책을 남겼다. 저자 자신이 '일주'라는 제목을 붙인 데서 알 수 있듯이 이 책은 고대의 많은 선원들이 연중 어떤 날씨에나 항해했던 대양에 관한 일차적 지식을 준다. 저자는 아프리카에서 인도까지 여러 항구를 들르면서 항해했으며, 계절풍을 타고 먼 바다까지 가기도 했다. "사람들은 작은 배를 타고 카나와 에우다이몬 아라비아를 출발해 여러 만들을 거치며 연안을 항해했다. 선장인 히팔로스는 항구들의 위치와 바다의 상태를 관찰해 대양을 곧장 가로지르는 항로를 처음으로 발견했다."[10] 성서의 요한계시록은 홍해와 계절풍을 이용한 무역을 시적으로 묘사한다. "그 상품은 금과 은과 보석과 진주와 세마포와 자주 옷감과 비단과 붉은 옷감이요, 각종 향목과 각종 상아 그릇이요."[11] 이 무역에 힘입어 동아프리카 해안에는 남쪽 멀리 탄자니아 남부의 킬와까지 중요한 상업도시들이 탄생했다.

계절풍은 한번 불면 6개월가량 지속되지만 바람의 전환이 급작스럽게 일어나는 것은 아니다. 남서 계절풍은 5월 말 인도 서해안에 비를 뿌리고, 7월에 가장 강하고 사나운 힘을 발휘한 뒤 점차 약화되다가 10월에 사라진다. 인도양에 노출된 항구들은 호우와 강풍의 영향을 많이 받으며, 태평양에서처럼 라니냐와 연관되어 강한 계절풍이 부는 해에는 대형 선박도 위험에 빠진다. 비가 내리는 40~50일간에 맑은 날은 얼마 되지 않는다. 대양을 항해하는 선원들에게는 달갑지 않다. 특히 덮개가 없는 화물선은 피해가 심하다.

북동 계절풍은 온화하고 안정적이며 강하지도 않고 밤이나 낮이나 예측 가능하게 불기 때문에 선원들에게 큰 위안을 준다. 11월에서 5월까지 다우선들은 이 미풍을 타고 페르시아만에서 인도까지 항해했고, 인도의 항구를 출발한 선박들은 메소포타미아로 혹은 더 서쪽의 아라비아 남해안을 따라, 인도양의 두 번째 커다란 팔에 해당하는 홍해 입구의 향료 산지인 소코트라섬으로 항해했다. 또한 상선들이 동쪽에서 인도에 도착할 때, 말레이반도와 동쪽의 곳들로 가는 중국의 정크선(junk. 바닥이 평평한 범선; 옮긴이) 같은 선박들은 4월부터 7월까지 벵골만을 가로질러 부는 남서 계절풍을 타고 인도의 항구를 출발했다. 그 바람을 타면 9월까지 베트남 해안과 남중국해로 들어갈 수 있었으며, 이후에는 남풍이 약해지고 북동 계절풍이 불었다. 북동 계절풍은 4월까지 지속되고, 이때부터 다시 한 주기가 시작되었다. 인도와 중국은 계절풍을 타고 해로로 로마와 이슬람 세계와 접촉할 수 있었다.

태평양의 무역풍처럼 계절풍의 유형도 전혀 일정하지 않았다. 인도양 일대에서 북쪽과 남쪽으로 이동하는 계절풍의 주기는 워낙 불규칙해 지금도 잘 이해되지 않고 있다. 바람이 남쪽으로 갈 때 에티오피아고원에는 많은 비가 내리지만, 바람이 북상하면 강우량이 줄고 10년이 넘는 긴 가뭄이 들었다. 온난기의 가뭄은 특히 심했다. 태평양 일대에 아직 기록으로 알려지지 않은 라니냐가 닥친 시기에는 더욱 두드러졌다. 10~13세기의 건기에 계절풍은 북쪽으로 이동했다. 앞에서 보았듯이 에티오피아와 동아프리카의 호수들에서는 강우량이 감소했다. 그래서 인도에 큰비가 내리고 남서 계절풍이 강하게 부는 동안 아프리카는 가뭄에 시달렸다. 역사가 이언 블랜처드(Ian Blanchard)에 따르면 북-남 운동은 천천히 움직이는 진자처럼 약 100~120년의 주기로 반복된다.[12]

온난기에는 인도양의 항해 조건이 까다로웠다. 태평양 먼 동쪽에서 라니냐가 오래 지속되면서 강력한 남서 계절풍이 육지 쪽으로 부는 탓에 인도 서해안으로의 접근이 상당히 위험했다. 홍해, 페르시아만, 인도양을 항해한 여러 국적의 선장들은 풍향이 바뀌면 해로를 조정했다. 상인들도 마찬가지로 강풍을 거슬러가느라 애쓰느니보다 홍해의 항구에서 나일강까지 육로로 이동하면 며칠을 절약할 수 있었다. 하지만 육로든 해로든 여행은 쉽지 않았다. 1513년 포르투갈의 여행가 토메 피르스(Thomé Pires)는 이렇게 썼다. "낮에는 … 해협에 뭍에서 바다로 바람이 강하게 부는 탓에 많은 배들이 침몰한다."[13]

중세온난기의 강한 남서 계절풍은 동쪽으로의 대양 항해를 가능케 했다. 그 덕분에 장거리 무역선들은 코끼리 상아가 풍부한 동아프리카 해안과 교역할 수 있게 되었다. 다른 곳에 연고가 있는 상인들의 항구 정착촌이 건설된 것은 그 때문일 것이다(아프리카 코끼리의 상아는 인도 코끼리의 상아보다 무르기 때문에 조각하기가 더 쉽다. 그런 탓에 인도에서도 혼수용 장식품의 재료로 아프리카 상아를 최고로 쳤다).

항해 여건은 더 위험했겠지만, 다우선 선장의 관점에서 온난기 인도양의 사정은 사하라 낙타 대상이 처한 사정과 비슷한 데가 있었다. 사막에 강우량이 약간 늘자 대상들은 물의 확보가 가능해진 사하라 한복판의 경로를 택했다. 반면 건기에는 서쪽의 대서양 쪽으로 경로를 옮겼다. 이렇게 낙타는 주인이 기후변동에 쉽게 적응할 수 있도록 해주었다. 다우선도 그렇게 행동했다. 선원들은 풍향의 변동을 끈기 있게 기다리고 가장 좋은 항로의 북-남 이동에 관한 정보에 유념하면서 순풍을 타고 항해했다. 그들은 바람이 바뀐

조건에 금세 적응할 수 있었으므로 온난기에도 인도양 무역을 중단하지 않았다. 자동차, 철도, 기선이 탄생하기 전에 육로와 해로를 통한 장거리 무역의 촉수는 변화에 대처하는 적응력이 무척 뛰어났다. 인도양에서는 선박들이 들르는 항구가 언제 침니로 막혀버릴지도 몰랐고, 안전하게 다니던 강어귀에 갑자기 해적들이 득시글거릴 수도 있었으며, 계절풍의 유형이 바뀔 가능성도 늘 있었다. 그럴 경우 상선들은 즉각 다른 곳과 교역했다.

*

나일강의 수위가 내려가고, 동아프리카에 가뭄이 들고, 남서 계절풍이 강하게 불고, 인도양의 항로가 바뀐다. 이 모든 현상의 궁극적인 원인은 '핫풀(Hot Pool)'이라고 불리는, 태평양 남서부에서 발생해 전 세계를 휩쓴 기후변동이었다.

앞의 장들에서 우리는 강우량과 온도의 변화를 다양하게 검토했다. 인도양에서 아주 먼 캘리포니아 샌타바버라해협에서 얻은 심해 표본은 500년경에서 1300년까지 긴 시기 동안 해수면 온도가 낮고 용승이 강력했다는 사실을 말해주는데, 이것은 엘니뇨의 대립물인 라니냐의 전형적인 현상이다(7장 참조). 태평양 중부의 팔미라섬에서 나온 고대 산호도 12세기의 라니냐 상태를 보여준다(10장 참조). 페루 해안에서 나온 심해 표본도 800년에서 1250년까지 라니냐와 비슷한 기후가 오래 지속되었음을 기록하고 있다. 에콰도르 안데스와 칠레 중부 저지대의 호수들도 900년에서 1200년까지 강한 엘니뇨의 전형적 결과인 홍수와 폭우가 적었다는 증거를 제공한다(9장 참조).

10~13세기 가뭄의 궤도는 당시 한랭건조했던 태평양을 가로질러 아시아와 인도양에 계절풍 기후를 가져오는 원천인 핫풀로 들어서고 있었다. 이 온난한 물의 저장소는 적도를 따라 동서로 약 1만 5천 km, 남북으로 약 2500km에 달한다. 말하자면 미국 면적의 4배에 해당하는 방대한 욕조가 생겨난 셈이다. 핫풀은 뉴기니와 사모아 사이에 적도 태평양 서부의 물을 저장하며, 그 긴 꼬리는 인도네시아 다도해를 거쳐 멀리 인도양으로 이어진다. 이것은 지구상에서 가장 온난한 물로서, 대기에 열기와 습기를 더해주며, 중국과 인도 같은 인근 육괴들의 기후에 영향을 미친다. 핫풀의 크기와 온도가 느리게, 주기적으로 변하는 현상은 엘니뇨의 강도와 긴밀하게 연관되지만 아직 그 원인은 거의 밝혀지지 않았다.

엘니뇨가 형성될 때 핫풀은 동쪽의 날짜변경선 가까이로 이동하며 강력한 고기압이 인도네시아 상공에 머문다. 이 고기압의 중심부가 계절풍을 지연시키고, 가뭄이 발생하고, 넓은 지역에 산불이 일어난다. 이런 현상은 1997~1998년의 대형 엘니뇨에서 잘 드러난 바 있다. 강력한 엘니뇨/남방진동은 동남아시아 대부분의 지역은 물론 남쪽 멀리 오스트레일리아와 뉴질랜드에서도 강우량을 감소시킨다. 1870~1900년 강력한 엘니뇨가 발생했을 때 오스트레일리아의 뉴사우스웨일스와 빅토리아는 황진(黃塵)지대로 변했고, 대규모 산불과 모래 폭풍이 며칠 동안이나 지속되었다. 수백만 마리의 양들이 죽었고 넓은 지역에 흉년이 들었다. 하지만 엘니뇨가 각기 다르듯이 그 결과도 매번 다르다. 게다가 아직 알려지지 않은 유라시아의 적설량 같은 수십 년 주기의 변동에 의해서도 영향을 받는다.

인도양의 기후는 늘 변동하는 태평양의 남방진동과 상호작용하지만, 완전히 독립적인 다른 변수들도 큰 차이를 낳는다. 남아시아와 동남아시아에서 계절풍이 불지 않는 현상과 강력한 엘니뇨 간에 직접적이고 확고한 연관성이 있다고 단언할 수는 없다. 그러나 엘니뇨/남방진동과 인도 가뭄의 연관성은 확실하다. 1870년부터 1991년까지의 기간 중 엘니뇨가 발생한 22년 가운데 20년은 가뭄이 닥치거나 평균강우량이 적었다. 그런 연관성이 과거에도 작용하지 않았다고 볼 이유는 없다.

그렇다면 10~13세기에 태평양 일대에서 연속적이지는 않더라도 확실히 지배적인 기후 유형이었던 지속적으로 한랭한 상태는 어떤 결과를 낳았을까? 한랭기와 라니냐 시기가 오면 핫풀은 서쪽으로 이동하며 날짜변경선에서 멀어진다. 이때 계절풍은 동남아시아와 동아시아로 마음껏 퍼져나가 많은 강우, 때로는 지나치게 많은 강우를 가져온다.

핫풀의 작동에 관해 우리는 아직 아는 게 거의 없지만, 해수면 온도가 조금만 달라져도 주변의 기후에 큰 변화를 초래하는 것은 분명하다. 대체로 라니냐 같은 한랭건조한 상태가 되면 남아시아와 동남아시아에 여름 계절풍이 강해지고 강우량이 많아지는데, 그 상관관계가 정확하거나 불변인 것은 아니다. 넓은 지역에 산재한 기후 자료에 따르면, 1000년부터 1350년까지는 더 다습했고 여름 계절풍이 더 강했다. 예컨대 오만의 어느 얕은 동굴에서 발견된 석순, 파키스탄 연해의 심해 표본, 중국 북동부 마이리에서 나온 꽃가루 화석 등이 그 점을 뒷받침해 준다.

그 350년의 기간 동안 인도에서는 큰 변화가 잇달았다. 북동부에서 이슬람 유목민이 침략했고, 델리에 이슬람 왕조가 창건되었으며, 불교가 축출되었다. 그러나 태평양에 라니냐 시기가 닥치면 대체로 계절풍이 많이 불고 연중 강우량이 많았다.

*

인도에서는 계절풍이 단지 기후의 문제만이 아니었다. 인도 아대륙 전체에 걸쳐 인간의 생존, 일상생활의 과정은 철저하게 우기와 건기의 두 계절에 따랐다. 우기에는 날씨가 온난다습하고 바다에서 내륙으로 부는 계절풍이 호우를 가져온다. 건기에는 북쪽에서 한랭건조한 공기가 내려온다. 쾌적한 겨울 이후 몇 주일 동안 혹독한 열기를 견뎌낸 사람들에게 여름 우기가 오는 때는 연중 절정의 시기다. 1886년 동인도회사의 에드워드 테넌트(Edward Tennant) 대령은 이렇게 썼다. "하늘은 맑고 푸른 게 아니라 우중충한 납색이다. … 어둠침침하고 무더운 날들이 이어지면서 서쪽 바다에 구름이 잔뜩 몰린다. … 이윽고 산악에서 번개가 치더니 바다 위의 구름을 가로지른다. 천둥이 울리면서 굶주린 땅에 우기가 시작된다."[14] 우기가 시작되는 날은 언제나 인상적이었다. 6세기의 작가 수반두(Subandhu)는 "공작이 황혼녘에 춤을 춘다"고 썼다.

인도의 여름 우기는 육지가 바다보다 더 빨리 태양열을 흡수하는 6월에 시작된다. 육지의 기단이 데워지고 팽창하고 상승한다. 공기가 올라가면 바다 쪽에서 한랭다습하고 무거운 공기가 그 빈 공간을 메운다. 바람이 남서풍으로 변해 바다에서 육지 쪽으로 불며 호우를 동반한다. 인도와 파키스탄 중부와 서부에는 이 여름 우기 석 달 동안 연간 강우량의 90%가 쏟아진다. 같은 기간에 남부와 북서부에는 연간 강우량의 50~75%가 내린다. 동남아시아의 반건조 지역에서 우기 강우량의 변동은 생사가 걸린 요소다. 하지만 문제는 강우량의 부족이 아니라 강우 시기다. 우기는 대홍수로 시작하지만 연중 나머지 기간에는 비가 더 이상 내리지 않는다. 농부에게 인도는 위험한 환경이며, 북중국도 마찬가지다(12장 참조).

1천 년 전 인도는 숲이 우거지고 토지가 불규칙하게 개간된 상태였다. 정치적 사건이나 전쟁으로 인해 한때 경작지였던 넓은 땅이 완전히 버려져 풀밭으로 변했다. 수천 년 전부터 인간의 개입은 자연 식생을 황폐화했다. 예를 들어 농부들이 관목숲을 개간하고 불을 놓지 않았다면, 서해안 일대는 열대 상록수림이나 건조한 열대 낙엽수와 가시나무 숲으로 덮였을 것이다. 1837년 영국의 측량사인 W. H. 사이크스(Sykes)는 뭄바이 주변의 시골에 관해 다음과 같이 썼다. "4월과 5월 건기에는 메마른 사막처럼 보인다. 하지만 우기가 닥치면 … 곡식이 가득한 들판으로 변한다."[15] 이렇게 강렬한 열기가 한참 동안 맹위를 떨치다가 불과 몇 달 동안 대부분의 비가 쏟아지는 극적인 환경에서 농부로 살아남으려면 인내심과 적응력, 기동성을 갖춰야 했다.

늘 그렇듯이 우리는 수백 년의 온난기 동안 유목민의 습격과 무차별 약탈을 견디며 땀 흘려 일했던 수많은 농부들의 운명에 관해 거의 알지 못한다. 그들의 거주지는 오래전에 사라졌고 많은 사람들이 침니가 두껍게 쌓인 강바닥에 깊이 묻혔다. 어디서나 그렇듯이 가뭄과 홍수는 당대의 역사 기록에서 무시되었다. 온난기가 상당한 격변기였다는 점을 감안하면 그리 놀랄 일도 아니다. 유럽이 중세 전성기로 접어들고 마야가 가뭄과 씨름하는 동안 인도는 이슬람과 조우했다. 현재 파키스탄에 속하는 반건조한 신드 지역에 처음 온 이슬람교도 군대의 지휘관은 별다른 인상을 받지 않았다. 그의 보고는 이렇다. "물이 별로 없고, 과일이 보잘것없고, 강도들이 판을 칩니다. 소수의 병력을 보내면 그들을 해치울 수 있겠지만, 많은 병력을 보내면 오히려 굶어 죽을 겁니다."[16] 수세기 동안 약탈을 노리는 침략군, 특히 아프가니스탄의 가즈니 왕국의 군대가 인도를 유린했다. 약탈한 부를 바탕으로 가즈니는 11세기에 이슬람 학문의 중심지로 발돋움했다. 침략은 결국 정복으로 이어졌다. 1206년 이후 이슬람교도 왕조들은 320년 동안이나 델리에서 지배했다. 1211년부터 1236년까지 통치한 술탄 샴스웃딘(Shams-ud-din)은 뛰어난 외교로 칭기즈칸을 막아냈다.

이런 사건들은 태평양 남서부가 한랭한 라니냐 상태에 오래 머물러 우기의 강우량이 많았던 시기에 일어났다. 하지만 농부들은 마음을 놓지 못했다. 태평양 남서부에서 엘니뇨/남방진동이 이동한 결과로 가뭄이 예고도 없이 몇 년 동안이나 닥칠 수 있었기 때문이다. 그러다가도 한랭한 상태가 되면 다시 우기의 강우량이 많아졌다. 이런 이유에서 오래전에 그랬듯이 이따금 가뭄으로 인한 심각한 굶주림이 발생했다. 우리에게는 후대의 증거밖에 없다.

온난기 이후에도 인도에는 자주 흉년이 들었다. 철도와 교통수단의 발달로 곡식 수송이 신속해지기 전까지 기근은 고질적인 현상이었다. 1344~1345년에 심각한 가뭄이 인도를 덮쳐 왕실마저 굶었다. 16세기 무굴 황제인 바부르(Babur)는 북인도에 관해 이렇게 썼다. "촌락은 물론 소도시도 순식간에 인구가 빠져나가고 새로 세워진다! 몇 년 동안 사람들이 거주했던 큰 도시도 주민들이 황급히 도시에서 나가버리고 나면 하루나 하루 반이면 흔적도 남지 않는다. 반면 새로 정착할 곳을 찾으면 굳이 수로를 파거나 둑을 쌓을 필요도 없다. 비가 농사를 전부 지어주기 때문이다."[17]

1629년과 1630년에 연이은 우기에도 강우량이 부족해지자 농촌 지역의 전체 인구가 감소했다. 수백만의 사람들과 가축들이 죽었다. 게다가 콜레라도 농촌을 덮쳤다. 1685~1688년에도 큰 가뭄이 닥쳤다. 한 세기가 지난 1770년에는 대기근이 들어 인구가 감소하고 벵골의 3분의 1이 파괴되었다. 1789년에도 남아시아 계절풍이 없었으며, 그로 인해 1790년에 오스트레일리아, 멕시코, 남아프리카에 심한 가뭄이 들었다. 1792년에는 첸나이 북부 일대에서 60만 명이 굶어 죽었다. 시신과 죽어가는 사람들이 콜카타 거리를 가득 메웠다. 이처럼 피해가 컸던 이유는 한 가지다. 18세기까지 인도의 대부분 지역은 위험성이 큰 건조농법에 의존했기 때문이다. 18세기까지 영구하천 부근 지역 이외에는 관개시설이 거의 없었던 것이다.

*

계절풍은 동남아시아의 화려한 크메르 문명에도 중요한 영향을 미쳤다. 푸난은 메콩강 하류를 뜻하는 중세 중국식 명칭이었다. 그 삼각주에는 높은 둑으로 둘러싸인 여러 부유한 왕국과 촌락이 있었는데, 중국인들은 여기서 청동, 금, 향료를 얻었다.[18] 온난기가 시작될 무렵 정치와 경제의 중심은 상류 방면 캄보디아 중앙의 분지인 톤레사프로 이동했다. '큰 호수'라는 뜻의 톤레사프는 건기에 형성된 넓고 얕은 호수로, 면적이 약 3천 km², 길이가 66km에 달한다. 같은 이름의 강이 이 호수와 메콩강을 잇고 있다. 8월에서 10월까지 우기에는 메콩강에 홍수가 들면서 강의 흐름이 역전되어 강물이 톤레사프로 흘러든다. 호숫물은 급속히 불어나 주변의 밭과 숲으로 흘러넘치고, 나중에는 면적 1만 6천 km²에 깊이 9m로 커진다. 톤레사프의 물고기는 호숫가의 물에 덮인 숲에서 번식해 물의 흐름을 따라 메콩강으로 들어간다. 10월 하순 홍수가 서서히 물러가면 수많은 물고기들이 진흙탕이 된 물목에 갇힌다. 톤레사프의 풍요한 환경은 벼농사를 짓는 농부들에게 낙원이었으며, 찬란하고 부유한 문명을 부양하기에 충분한 식량을 제공했다. 지역 지배자들은 수리 시설을 세우고 물 공급을 관리했다.

톤레사프는 수백 년 전부터 서로 경쟁하는 영주들의 싸움터였고 살벌한 전쟁이 벌어지는 무대였다. 그러나 802년 힘센 크메르 군주 자야바르만 2세는 경쟁자들을 물리친 뒤 앙코르를 세우고 힌두 신앙, 무력과 조공을 바탕으로 국가를 통합했다. 자야바르만은 신왕을 자처함으로써 왕국을 공고히 다졌고, 백성들은 그를 신처럼 섬겼다. 점점 중앙집권화되는 정부의 모든 자원은 신적인 군주를 숭배하는 데 사용되었다. 장군, 귀족, 사제, 나아가 평민까지 모두가 자신의 뜻을 꺾고 왕의 존재를 지상에서 불멸화하고 왕이 현세와 내세에서 신과 일체성을 유지하는 데 힘써야 했다. 자야바르만 2세는 45년간 통치했다. 그를 필두로 적어도 세 왕조가 크메르를 다스렸으며, 그 전성기는 중세온난기에 해당하는 900년에서 1200년까지의 긴 우기였다.

자야바르만 2세와 그의 후계자들은 힌두교의 창조신인 시바의 화신으로 자처했다. '바르만'이란 수호자라는 뜻이다. 그들의 치세에 긴밀하게 조직된 고위직 가문들의 관료제가 크메르의 모든 생활을 감독하고 소유한 토지를 농부들에게 경작시켰다. 농경은 길고 방대한 사원 건축을 부양하기에 충분할 만큼 식량을 생산했다. 건기를 맞아서는 왕국 전체가 동원되어 크메르 세계의 한복판에 위치한 인공 언덕 위에 더 웅장한 궁전과 사원을 지었다. 이 지역을 오늘날 앙코르라고 부른다.

크메르 지배자들의 사원은 이집트나 마야의 사원을 압도하는 규모다. 1113년에 즉위한 수리아바르만 2세는 4년 뒤부터 아름답고 경이롭고 웅장한 앙코르와트를 건설하기 시작했다. 이 놀라운 건축물의 모든 부분은 천상의 세계를 지상에 표현하는 역할을 한다. 중앙의 대륙은 '잠부드비파'라고 불리며, 그 한복판에 앙코르와트에서 가장 높은 탑인 우주의 산 '메루'가 우뚝 솟아 있다. 낮은 탑 4개는 메루의 낮은 봉우리들을 나타내며, 주변을 둘러싼 벽은 세계의 가장자리에 있는 산, 외부의 해자는 바깥 대양을 가리킨다. 길게 이어진 화려한 부조에는 수리아바르만이 관리들을 맞이하고, 중무장한 병사들의 호위를 받으며 코끼리를 타고 숲을 행진하는 모습이 묘사되어 있다. 날씬하고 관능적인 천상의 무희들이 낙원의 환희를 약속하는 춤을 춘다.

후대의 군주인 자야바르만 7세는 1181년에 앙코르톰 부근에 대규모의 새 수도를 건설했다. 그와 바로 다음의 후계자들은 막대한 지출을 서슴지 않았다. 그는 어머니를 위해 타프로엠 사원을 세웠다. 비문을 보면 이 사원의 건립을 위해 1만 2천 명의 인력이 동원되었고 농부 6만 6천 명이 그들을 부양했다고 되어 있는데, 이는 강력한 중앙집권적 왕국에서나 가능한 규모다. 산업화 이전의 모든 문명, 예컨대 이집트와 마야문명에서는 모든 것이 중앙으로 집중되었고, 지배자가 피지배자의 노동력을 통제했다. 크메르 제국은 그런 중앙집권의 극단적인 사례였다. 모든 인력과 물자가 신적인 왕과 그의 불멸성을 위해 바쳐졌다. 크메르 지배자들은 노동력과 곡식을 징수하고, 공물을 강요했으며, 막대한 비용과 백성들의 노동력을 들여 방대한 사원을 지었다. 그 결과 그들의 중앙집권 영토는 지속 가능성의 아슬아슬한 선상에 놓여 있었다.

왕국은 정교한 수리시설로 매년 우기에 내리는 빗물을 저장했다.[19] 홍수가 나면 호수 연안의 벼농사에 도움이 되었으나 빗물과 더불어 산악에서 내려오는 물도 통제해야 했다. 고고학자와 관광객은 앙코르와트를 비롯한 크메르 사원에 매료되었다. 그러나 과학자들이 크메르문명을 지탱한 방대한 수리시설에 대해 포괄적이고 상세하게 알게 된 것은 근년의 일이다. 앙코르 왕들이 대대적인 토목 사업을 지속하려면 쌀 수확이 연중 내내 보장되어야 했다. 이를 위해서는 물이 풍부해야 했고 대규모 관개시설이 필요했다. 1994년 우주왕복선 엔데버호에서 촬영한 레이더 사진은 북부 산악지대에서 두 개의 저수지로 물을 끌어들이는 대북부운하의 구조를 보여주었다('기후 고고학' 참조). 현재 롤런드 플레처(Roland Fletcher), 크리스토프 포티어(Christophe Pottier) 등이 이끄는 국제 조사단은 NASA 레이더 사진, 최첨단 GPS 기술, 초경량 항공기까지 동원해 과거에 거주지와 수조들이 작은 도로와 운하로 연결되어 있었던 1천 km²에 달하는 앙코르의 넓은 인공 풍경을 지도로 작성했다. '바라이'라고 불리는 3개의 큰 저수지가 세 강에서 흘러드는 물을 저장했다가 필요한 곳에 공급했다. 이 물은 사원의 제례용 웅덩이와 저장 시설로 보내지기도 했고, 운하를 통해 앙코르 남부의 논에도 공급되었다. 또한 저수지는 홍수를 막는 용도로 쓰였다. 75만 명으로 추산되는 전체 인구 가운데 10만~20만 명이 이 저수지를 통해 물을 공급받았을 것이다. 대다수 크메르인들은 개별적으로 우기에 물을 저장해 벼농사에 이용했다. 그러나 바라이는 또 한 가지 중요한 기능을 가지고 있었는데, 바로 물을 저장해 두었다가 흉년에 사용할 수 있도록 하는 기능이었다.

앙코르 제국은 15세기에 쇠퇴했고, 앙코르 도시 자체는 16세기 말에 버려졌다. 그 원인은 지금까지 열띤 논쟁의 대상이다. 교역로가 앙코르에서 멀어진 걸까? 사원을 건축하느라 국고가 파탄이 난 걸까? 불교의 힘이 힌두교의 신왕보다 커진 걸까? 그보다는 농업생산력의 쇠퇴가 결정적인 요인일 것이다. 건기에 운하가 침니로 막혀 물 공급이 어려워졌고, 대대적인 개간으로 토양이 훼손된 탓이다. 오늘날 주요한 강은 고대의 지표면에서 불과 5m 아래를 흐른다. 플레처가 지휘하는 대앙코르계획(Great Angkor Project)은 현재 운하와 수로를 조사하고 있다. 플레처는 앙코르문명이 성장할수록 수리시설도 점점 더 복잡해졌다고 주장한다. 오랜 세월을 거치며 수리시설은 갈수록 복잡해지고 커져 계절풍 지역에 불가피한 홍수와 가뭄에 대비하기 위한 정밀 검사가 불가능해졌다. 크메르가 조성한 환경은 취약하고 철저하게 인공적이었으며, 결국 웅장한 면모에 어울릴 만큼 지속적이지 못했다.

한랭한 라니냐 상태가 우세하면 여름 우기가 많은 비를 가져왔지만, 중세온난기가 소빙하기로 바뀌면서 기후 조건은 더 변덕스러워지고 엘니뇨와 가뭄이 잦아졌다. 결국 혹사당한 앙코르의 수리시설은 신왕의 탐욕스러운 요구에 부응하지 못했다. 문명은 한꺼번에 붕괴하지 않고 천천히 무너졌다. 사람들은 점점 뿔뿔이 흩어져 소규모 촌락을 이루었다. 앙코르의 웅장한 건축물들은 마야문명의 유카탄에서 물의 산이 그랬던 것처럼 황폐해졌다.

◀우주로 간 고고학▶

위성사진은 우주에서 과거를 바라보는 흥미로운 관점을 제시한다. 이 기술은 특히 고대의 토지 이용을 연구하고 오랜 기간 버려진 관개용 운하, 저수지 같은 특정한 설비나 시설을 찾는 데 유용하다. 지표면에서 발산되는 전자기 스펙트럼을 조사하는 데는 10가지 도구가 사용된다. 열적외선 다중스펙트럼 스캐너(thermal infrared multispectral scanner, TIMS)는 6채널 스캐너를 이용해 지상의 복사열을 대단히 정밀하게 측정한다. 토양과 침전물의 온도는 육안으로 보이지 않지만, TIMS로 토양 조직과 습도의 미세한 차이를 감지해 마야 저지대의 초목으로 뒤덮인 고대의 밭과 도로를 찾아낼 수 있다. 이 공중 이미지는 열대우림 환경에서 마야 농부들의 집약농경에 관해 지상에서는 알 수 없는 귀중한 정보를 제공한다.

종합 개구 레이더(synthetic aperture radar, SAR)는 지표면에 에너지 파장을 발사해 돌아오는 신호로 오랫동안 감춰졌던 지상의 특징을 알아낸다. SAR는 특히 1981년 우주 왕복선 컬럼비아호로 탐지된 앙코르와트 주변의 운하, 저수지, 도로 같은 직선형과 기하학적 특징을 발견하는 데 유용하다. 위성 도구들을 잘 짜 맞추면 운하 같은 구체적인 요소를 탐지할 수도 있다. 컬럼비아호는 사하라 사막 상공에서 숨어 있던 물길과 사막 한복판의 파묻힌 계곡을 찾아냈다. 현지를 조사해 좁은 골짜기를 발굴한 지질학자들은 놀랍게도 사하라의 물 사정이 지금보다 좋았던 20만 년 전에 사용된 돌도끼를 발견했다.

위성 이미지는 비용이 많이 들지만, 인간이 환경을 이용하는 방식에 관해 독특하고 예상치 못했던 측면을 큰 차원에서 보여준다. 뉴멕시코 차코캐니언의 푸에블로족은 협곡을 중심으로 정교한 도로망을 건설했다. 과거에는 아무도 그 도로망이 어디까지 뻗어 있는지 알지 못했다가 위성사진을 통해 600km가 넘는 미완성 도로를 알아낼 수 있었다. 우주에서 보지 않으면 찾을 수 없는 것이었다. 이 도로망이 왜 건설되었는지는 알 수 없지만, 목적지가 명확하지 않은 것으로 보아 서구적 의미의 '고속도로'는 아니다. 아마 지금은 사라진 모종의 상징성을 가지고 있었는지도 모른다.

중국의 슬픔

혼란이 불어나는 홍수처럼 전국을 덮치면

누가 그대를 위해 그 혼란을 바로잡아 주겠는가?

공자, 「논어」

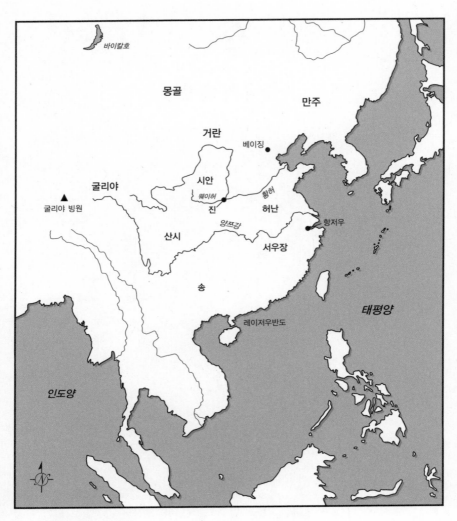

바이칼호

몽골

만주

거란

베이징

굴리야

시안

웨이허

황허

굴리야 빙원

진

허난

양쯔강

항저우

산시

서우장

송

태평양

인도양

레이저우반도

12장에 나오는 곳들

950년 ••

늦은 겨울, 북중국의 황허 유역. 살을 에는 듯한 찬 바람이 옷깃을 파고들어 눈조차 뜨기 어렵다. 농부들은 추위와 황사도 잊은 채 두꺼운 천으로 얼굴을 감싸고 메마른 땅에서 땀을 흘리고 있다. 흙을 갈고 흙덩이를 부수며 몇 시간 동안 쉬지 않고 일한다. 그들의 동작은 짐짓 굼뜨다. 마치 이 모든 노력이 헛수고라는 것을 아는 듯 체념의 표정이다. 지난해 여름은 무덥고 특별히 건조했던 탓에 기장 수확이 평년작을 크게 밑돌았다. 몇 달 동안 사람들이 굶주림과 이질로 죽어갔다. 그러나 바람은 누그러지지 않고 하늘은 우중충하다. 새로 갈아놓은 건조한 흙 위로 끊임없이 먼지가 쌓인다. 농부 한 사람이 어두운 낯빛으로 하늘을 올려다본다. 언뜻 봄비의 기미가 보인다. 앞으로도 굶주림은 계속될 것이다.

사람들은 황허를 '중국의 슬픔'이라고 부른다. 황허가 갑자기 범람하거나 긴 가뭄이 들면 수백만 명이 죽어갔기 때문이다. 길이 5464km로, 양쯔강에 이어 중국에서 두 번째로 긴 강이지만, 황허만큼 재해가 자주 일어나는 강은 드물다. 황허는 고비사막 남쪽의 쿤룬산맥에서 발원해 깊은 협곡 몇 개를 지나 흐르다가 오르도스사막을 가로지른 다음, 지질학자들이 황토라고 부르는 바람에 날리는 미세한 먼지로 덮인 넓은 평원 속에 움푹 파인 분지로 들어간다.[2] 여기서 강물에 미세한 침니가 대량으로 섞여 물 색깔이 누런 빛을 띤다. 길이 150km의 미로 같은 물길을 지나는 동안 강물이 운반하는 침니의 양은 갠지스-브라마푸트라강과 아마존강을 제외하고 세계에서 가장 많다. 불규칙한 우기와 극심한 가뭄이 빈발하는 면적 86만 5천 km² 황허 유역은 7천여 년 동안 인간에게 재앙을 가져다주었다. 이곳에 작용한 전 지구적 기후의 힘은 중세 중국의 운명에 지대한 영향을 미쳤다.

북중국에서는 계절풍과 그것을 추진하는 힘이 온난기의 기후를 형성한다. 늘 그렇듯이 온난기의 기후 기록은 대부분 표본 자료에서 나온다. 일단 문헌 기록은 꽤 있다. 100여 년에 걸쳐 일본과 한국 관리들은 벚나무의 개화 날짜를 기록했는데, 이 역사적 기록은 유럽에서 가장 긴 기록과 맞먹는다. 이런 기록과 자료를 조합한 결과 중국의 기후학자들은 동중국의 겨울 온도 그래프를 작성할 수 있었다. 그에 따르면 장기적 평균을 웃도는 수치를 보인 시기는 950년에서 1300년까지다.[3] 이곳에도 중세온난기가 있었던 것이다. 그러나 동아시아 대부분이 그렇듯이, 이 4세기 동안 주요한 기후 요소는 태평양 핫풀에서 발달한 계절풍이었다.

동아시아 계절풍은 남방진동, 엘니뇨, 라니냐와 밀접한 관계가 있다. 베이징 대학교의 왕사오우가 장기간 조사한 바에 따르면, 겨울에 엘니뇨가 열대 태평양 동부를 덥히면 다음에 오는 여름에 아열대 고기압이 발달해 서쪽으로 이동한다는 사실이 밝혀졌다.[4] 이 운동이 평소처럼 여름 계절풍이 북쪽 멀리 이동하는 것을 차단해 황허 유역은 적은 강우량 혹은 가뭄에 시달리게 된다. 1870년 이후 북중국 여러 관측소의 날씨 관측을 보면 엘니뇨와 광범위한 가뭄이 연관되어 있다는 것을 알 수 있다. 동아시아 계절풍은 양쯔강 중류와 하류에 갇혀버린다. 6월과 7월에 이곳에는 많은 비가 내리는 반

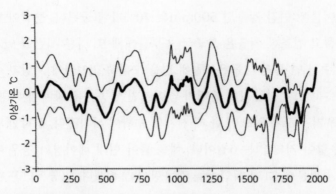

동중국의 겨울 기온, 1~1995년 짙은 선은 추정치이며, 양측으로 하나씩 표준편차를 보여준다. 역사 기록을 바탕으로 작성된 도표다.

면 북부에는 심한 가뭄이 닥친다. 그러나 남방진동이 일어나 태평양 상공에 한랭하고 건조한 라니냐가 일어나면, 아열대 고기압이 더 이상 계절풍의 북상을 차단하지 않으므로 북부에 여름 강우량이 많아지고 때로는 대규모 홍수가 발생하며, 남쪽은 건조해진다. 엘니뇨/남방진동과 관련된 계절풍이 일으키는 기후 차이가 워낙 큰 탓에 기원전 1000년 이후 3천여 년 동안 중국은 사실상 두 개의 지역으로 나뉘었다. 남중국에 가본 사람은 양쯔강 유역에서 번창하는 상업을 보고 크게 놀랐다. 반면 북부에서는 빈곤에 찌든 농부들이 불확실한 강우와 씨름했다(엄밀히 말해 엘니뇨/남방진동과 계절풍의 관계, 엘니뇨, 라니냐, 중국의 기후 조건의 관계는 상당히 복잡하고 아직 확실하게 이해되지 않았다).

중국 인구의 45%는 양쯔강 이북, 강우량의 변동폭이 해마다 30%에 달하는 지역에 살고 있다. 황허 유역은 5월에서 9월까지 더운 여름에 연간 강우량 500mm의 70%가 집중된다. 눈발이 날리는 춥고 건조한 겨울은 북중국 농부들에게 또 다른 시련을 안겨준다. 수천 년 동안 그들은 6월에 밀을 수확하고, 9월에 기장과 수수를 수확했다. 불규칙한 봄비가 끊어지면 밀농사를 망치게 된다. 여름 우기가 오지 않으면 한 해 전체의 수확이 사라진다. 심각한 달은 강우량이 거의 없는 6월이다. 예를 들어 현대 베이징의 경우 지난 55년 가운데 21년 동안 6월 강우량이 부족했다. 그중 5년은 비가 한 방울도 내리지 않았다. 불확실한 강우와 극단적 기후 때문에 황허는 풍년이 들었을 때조차 곡식농사를 짓는 농부들에게 위험한 환경이다. 모두가 계절풍에 운명을 맡기고 있다.

1천 년 전 중세온난기가 절정에 달했을 때는 북부의 온도도 다소 온난했다. 미국의 지리학자 조지 크레시(George Cressey)는 1934년에 "강우량만 적절하면 황토지대는 세계에서 가장 비옥한 곳이 될 수 있다"고 썼다.[5] 상세하게 알기 위해서는 기후 표본 자료에 의존해야 하는데, 이것은 극히 드물다.

그렇게 귀한 표본 자료가 반대편 중국, 열대 남부의 레이저우반도의 후광옌에서 나온다.[6] 이 폐쇄호가 위치한 지역은 연간 강우량의 90%가 4월부터 10월까지의 기간에 집중되며, 강우량은 서태평양 아열대 고기압의 위치와 강도에 의해 결정된다. 호수 침전물에 농축된 탄산염은 시대에 따라 크게 다른데, 아마 증발률과 강우량의 변동 때문일 것이다. 탄산염의 수치가 높은 것은 880년에서 1260년까지 후광옌에 건기가 닥쳤음을 말해준다. 이것은 동중국에 기록된 광범위한 저습 상태와 들어맞으며, 전 중국의 주요 호수의 수위 변화와도 일치한다.

중국의 가뭄은 전 지구적 연관성을 가진다. 여기서 북동쪽으로 수천 km 떨어진 오하이오 주립대학교에서 안데스 빙하 연구로 유명한 기후학자 로니 톰프슨(9장 참조)은 빙하의 면적이 5만 7천 km² 에 달하는 칭하이-티베트 고원의 굴리야 빙원 깊은 곳에서 여러 개의 표본을 채취했다.[7] 굴리야는 쿤룬산맥 서부에 있다. 2천 년의 과거를 담은 132m 깊이의 한 표본은 1075년에서 1375년까지 긴 건기가 있었고, 그 뒤 근 4세기 동안 습한 시기가 있었음을 말해준다. 톰프슨은 굴리야 가뭄이 일어난 시기가 거기서 2만 km나 떨어진 안데스 남부의 켈카야 빙원에 나오는 12~13세기의 대규모 가뭄과 거의 일치하는 것을 알고 큰 흥미를 느꼈다.

굴리야가 남아메리카, 아시아와 연관되는 반면, 중국 남동부 해안의 후광옌호에서 나온 표본은 남부의 기후변화에 관한 고해상도 기록을 전해주며, 또 다른 전 지구적 연관성을 시사한다. 자성(磁性) 과 티타늄 함유량의 변화를 조사하면 1만 6천여 년에 걸친 기후변화를 알 수 있다. 티타늄 함유량은 호수 침전물의 기록이며, 건조한 겨울 바람의 강도를 측정하는 자료로 이용된다.[8] 북반구가 온난기일 때는 여름 계절풍이 강했고 겨울 계절풍이 약했다. 엘니뇨 시기에 그렇듯이 열대수렴대가 남쪽으로 이동했을 때는 여름 계절풍이 약했고 강우량이 적었다. 후광옌 표본은 750~900년에 전반적으로 건조하고 한랭한 기후로 변동한 것을 보여준다. 이 시기는 대체로 건조한 가운데 세 차례의 장기 가뭄이 있었다.

놀랍게도 이 가뭄들은 8장에서 설명한 베네수엘라 연안 카리아코 해분의 심해 표본에 기록된 건기와 일치한다. 카리아코 기록에 나오는 장기 가뭄은 760년을 시작으로 820년, 860년, 910년 등 약 50년 간격으로 반복되었다. 카리아코 가뭄이 일어난 시기는 중국의 경우와 마찬가지로 열대수렴대가 남쪽으로 이동했을 때였으며, 팔미라섬의 산호를 통해 알려졌듯이 10세기 동태평양이 긴 라니냐 상태에 있을 때였다. 열대 태평양이 한랭한 라니냐 상태에 있으면 대개 북중국에 많은 비가 내리고 남중국은 건조해진다. 현지의 표본 자료에서도 그런 유형이 확인된다.

북중국인들에게 중세온난기는 따뜻한 기후를 가져다주었다. 그러나 동시에 수천 km 떨어진 곳에서 발달한 격렬한 기후 진동이 황허 유역에 긴 건기를 초래하거나 심한 폭우로 광범위한 침수를 초래한 시기이기도 했다.

*

황허 유역의 중세 농경을 저해한 요소는 갑작스러운 기후변화도 있었지만 예전 농부들이 저지른 잘못도 있었다. 황토는 미세하고 부드러운 흙으로, 균질적이면서도 기공이 많아 소를 이용한 단순한 쟁기와 삽으로도 충분히 경작이 가능했다. 이 지역에서 곡식 농경이 시작된 것은 적어도 7500년 전이었는데, 당시는 숲이 울창한 풍경이었고 여름의 우기와 겨울의 건기가 소규모 농촌의 살림에 큰 도움을 주었다. 강우량은 오늘날보다 많았으며, 가뭄은 3천여 년 동안 드물었다. 고고학적 조사 결과, 기원전 2000년 이전 시대의 인구가 밀집하고 번영을 이루었던 촌락 터가 수십 군데나 발견되었다.[9] 그 뒤 기원전 2060~기원전 1600년, 이 지역이 건조해진 시기에는 고고학적 유적의 수가 급격히 줄어든다. 인구밀도가 크게 감소하고 덜 비옥한 토지와 고지대는 버려졌다. 황허 유역 일대 여러 곳의 침니층에서 추출한 식물과 나무의 꽃가루를 분석해보면, 그 시기에 긴 가뭄과 인간의 일부 개간으로 인해 숲이 풀밭과 잡목 지대로 바뀌었음을 알 수 있다. 이후 2천 년 동안 건기가 지속되면서 농경이 크게 위축되었다. 그 대규모 재앙에서 살아남은 사람들은 메마른 환경 속에서 목축으로 선회했다. 지금으로부터 2천 년 전에 이르러서야 어느 정도 습한 환경이 회복되어 농경이 재개되었다.

4천 년 전의 기후변동은 천 년 단위의 장기적인 사건이었다. 그러나 북중국은 다습한 환경이었던 적이 없었으므로 곡식 농부들에게 낙원이었던 적은 한 번도 없었다. 그들의 삶은 예측 불가능한 여름 우기와 가뭄, 인간의 개간, 목축으로 크게 변형된 변덕스러운 환경에 달려 있었다. 기원전 2000년 이후 원시적 상(商, 갑골문으로 알려진 중국의 고대 왕조로, 은(殷)이라고도 한다; 옮긴이)문명이 황허와 그 지류인 웨이허 유역에서 번성하고 농업 인구가 증가하자, 남은 삼림마저 대규모로 파괴되어 사라졌다. 여름의 폭우가 경작된 언덕 사면을 씻어내려 강으로 실어갔고, 상처로 얼룩진 침식된 풍경만 뒤에 남았다. 수백 년에 걸쳐 강바닥에 침니가 쌓인 탓에 평원 일대에 여름의 범람이 더욱 심해졌다. 강의 경로도 고정되지 않고 제멋대로 변했다. 비가 많이 내리면 인근 촌락 지역이 매우 위험했다. 작은 관개수로와 가정용 우물이 많았으나 대형 사태에는 대비할 수 없었다. 농업생산량이 줄어든 것은 고지대에 밀집해 살아가는 농부들의 소규모 농경에 수천 년 동안 의존해왔던 정치경제에도 변화를 가져왔다.

황토 고지대와 양쯔강 삼각주가 독특한 이유는 토양이 비옥하기 때문이 아니라 재앙에 가까운 홍수와 가뭄이 빈발하기 때문이다. 역사적으로 잘 알려진 홍수와 가뭄이 그 점을 말해준다. 1천 년이 지난 19세기 후반과 20세기 초까지도 그런 사정은 거의 달라지지 않았다. 595년 황제 양견(수 문제)은 수도의 곡식이 부족해지자 궁정을 시안에서 허난으로 옮길 수밖에 없었다. 19세기에도 기록적인 가뭄이 있었을뿐더러 정치불안으로 더욱 피해가 컸다. 1877~1879년에는 산시성 인구의 3분의 1이 굶주림과 기근으로 인한 질병으로 죽었다. 1897~1901년에 또다시 큰 가뭄이 들어 전체 인구 850만 명 가운데 200만 명 이상이 죽었다. 미국의 언론인 프랜시스 니컬스(Francis Nichols)는 1901년 뉴욕 〈크리스천 헤럴드〉 특별 '기근 조사위원'의 자격으로 중국의 고대 수도인 시안을 방문했다.[10] 가뭄이 3년이나 끌었으나 산시성은 해안이 없고 산악으로 둘러싸여 있기 때문에 외부로부터 식량을 들여오기가 상당히 어려웠다. 황토는 "마르고 흰 가루로 변해 농작물이 바싹 말라 시들어 죽는다." 1898년 여름부터 1901년 5월까지 비가 한 방울도 내리지 않았다. 얼마 되지 않았던 농부들의 식량 비축분도 곧 동나버렸다. 우물과 강이 말라붙었다. 이 지역은 방대한 사막으로 변했다. 밀 가격이 몇 주일 만에 15배로 뛰었다.

밭이 말라붙자 수많은 농부들이 시안으로 이주했다. 1900~

1901년의 기간에만 30만 명이 이주했다. 성주가 성 안으로 들어오지 못하도록 막은 탓에 농부들은 강둑과 들판에 동굴을 파서 거주하고 거친 풀을 먹으며 연명했다. 니컬스는 시안 주변의 "비참하고 어두운 동굴"을 방문했다. 주민들이 오래전에 죽어 거의 텅 비어 있었다. 기근에 이어 이질과 콜레라가 덮쳤다. 재앙이 절정에 달했을 무렵 관리들은 하루 600여 구의 시신을 매장했다. 니컬스는 식인이 불가피했다고 말한다. "굶어 죽은 사람의 시신으로 만든 끔찍한 고기 완자가 주요 식품이 되어 1파운드당 미국 돈 4센트 정도에 팔렸다."[11]

시 당국은 베이징에서 자금을 지원받아 무료 급식소를 세웠지만, 굶주린 사람들을 먹일 식량 자체가 부족하다는 게 큰 문제였다. 사람들은 개와 고양이는 물론 말까지 잡아먹은 뒤 서서히 굶어 죽었다. 니컬스는 시골을 여행하고 이렇게 보고했다. "수백 m마다 보이는 촌락들은 전부 하얗고 나무 없는 사막과 같다. 이 사막이 북쪽, 동쪽, 서쪽으로 뻗어 있는데, 마치 나무 없는 바다처럼 보인다. 방대한 평원이 침묵에 잠겨 있었다. … 들판에 농부 한 사람 보이지 않았다. … 주민들이 모두 죽어 사방이 온통 침묵뿐이었다."[12]

홍수도 피해를 부추겼다. 1898년 초여름 우기에 폭우가 황허 유역을 강타했다. 강물이 둑을 넘어 서우장을 휩쓴 뒤 하류 쪽으로 멀리 흘러갔다. 2천여 개의 촌락과 7700km^{2}의 농토가 물에 잠겼다. 수많은 사람들이 도피하다가 강둑 사이에 갇혀 버드나무 이파리, 밀 이삭, 면화 씨를 먹으며 버텼다. 수만 명이 목숨을 잃었다. 1931년에 또다시 대규모 홍수가 발생해 약 370만 명이 죽었다.

이런 가뭄과 홍수가 일어난 것은 황허가 산업화 이전 시대 농경지로 사용되었을 때였다. 파괴의 주요 원인은 부적절한 관개시설, 빈약한 수자원 관리, 부패에 있지만 재앙의 조짐은 상존했다. 오늘날에는 피해가 더 커서 황허는 현재 수문학적 위기의 극단적 사례로 꼽힌다. 강은 수자원 공급의 기능을 거의 잃어버렸다. 1900년대 초반 강의 수위가 낮은 기간은 연중 약 40일이었다. 현재 그 시기는 200일로 늘었다. 황허는 여전히 유역의 인구 1억여 명에게 큰 고통을 안겨주고 있으며, 농사를 지을 환경은 물론이고 물고기가 서식할 수 있는 환경도 되지 못하고 있다.

*

850년 중국의 궁정. 화려한 옷차림의 몽골 칸이 이끄는 북방인들의 긴 행렬이 황제의 궁전으로 향하는, 밟아 다진 길을 따라간다. 엄숙한 표정의 중국 관리들이 국빈을 에워싸고 있다. 그들은 국경에서 사절단을 만나 수도까지 동행했다. 사람들이 말 등에 가득 실린 짐을 내린다. 물건들이 내려져 창고에 보관된 뒤 궁정 관리가 손님들에게 황제를 알현할 때 취해야 할 예법을 가르친다. 알현하는 날이 되자 칸과 그의 심복들이 호위를 받으며 황궁으로 간다. 그들은 차분한 태도로 예를 갖추고 상징적 서열을 인정하는 몸짓으로 황제 앞에 엎드려 머리를 조아린다. 손님들은 잠시 황제와 대화를 나눈 뒤 가죽과 말, 매를 선물로 바치고 그 대가로 황실에서 푸짐한 하사품을 받는다. 알현은 금세 끝난다. 엄중한 감시 속에서 사절단

은 3~5일 동안 중국 상인들과 교역할 권리를 얻었다.[13]

천명을 받아 제국을 다스리는 중국 황제는 질서 정연한 정부와 사회의 본보기를 확립하고, 외국인들에게도 '변화'를 권장했다. 중국문명권 바깥에 사는 '야만인'들은 황제의 고상한 행동을 거부할 수 없는 매력으로 받아들였다.

그것은 외국에 무관심한 중국식 자급자족적 제국이었다. 물론 현실은 훨씬 더 복잡하고 오랜 전통에 뿌리를 두고 있었다. 중국의 정주 사회와 북방 초원지대의 유목 사회는 수백 년 동안 복잡하게 상호작용해 왔으며, 폭력적으로 부딪치는 상황도 많았다.

호수와 얼음 표본에 기록된 건기가 9세기 동아시아에 닥쳤을 때 중국을 지배하고 있던 것은 당나라였다.[14] 300년에 걸친 당의 시대 (618~907년)에 중국문명은 전성기를 맞았다. 초기의 황제들은 장안 (지금의 시안)을 수도로 삼고 정복으로 제국을 장악한 뒤 육로와 해로를 통해 인도, 서남아시아와 교역했다. 유라시아를 가로지르는 실크로드는 크게 번영했다. 수천 명의 외국인이 살던 장안은 당시 세계 최대의 국제도시였다. 카슈미르와 네팔, 베트남, 일본, 한국은 당나라에 조공을 바쳤으며, 유라시아 유목민들은 황제를 '하늘의 카간'(중앙아시아에서 군주를 가리키는 용어; 옮긴이)이라고 불렀다. 당나라 황제들은 폭넓은 종교적 관용을 베풀었다. 그들이 통치하는 3세기 동안 불교가 중국 문화로 들어왔고, 인쇄술이 발명되었으며, 문학과 예술이 황금기를 누렸다. 당나라의 지배가 성공한 이유는 지역적 기반을 가지지 않은 훈련된 전문 관리들이 정부를 운영했기 때문이다. 그들은 대부분 학자-관료로서 정부와 백성들을 중재하는 역할을 했다.

8세기 중반에 들어 당나라는 카자흐스탄의 탈라스에서 아바스 칼리프에게 패배하면서 힘을 잃었다. 칼리프는 중앙아시아의 핵심 무역로를 통제하려 했다. 당나라는 결국 중앙아시아에서 쫓겨났고 중국은 몽골 지배기 전까지 다시 그곳을 되찾지 못했다. 9세기 후반에는 지방의 힘센 지배자들이 연속적으로 반란을 일으켜 중앙권력이 크게 약화되었다. 결국 907년에 당나라의 마지막 황제가 폐위되었다.

그러나 당나라의 가장 강력한 적은 춥고 건조한 환경, 강력한 겨울 계절풍, 비가 적은 여름이었을 것이다. 후대의 역사를 감안하면, 흉년과 굶주림이 사회혼란과 반란을 조장했다고 할 수 있다. 장안 인근의 황토지대에 가뭄이 지속되고 만연하자 당나라 정부는 중앙집권 체제를 유지할 힘을 잃었다. 지구 반대편의 마야문명이 심한 가뭄을 맞아 붕괴한 것과 마찬가지다. 수많은 사람들에게 식량을 공급하는 일은 당시 정부의 능력으로 도저히 감당할 수 없었다. 니컬스가 보았듯이 그런 위기는 20세기 벽두에도 중국의 이 지역을 무력하게 만들었다.

900년 이후 중국은 북중국 다섯 왕조와 남중국의 10개 왕국으로 분열되었다(역사에서는 5대 10국 시대라고 부르는데, 북중국의 다섯 왕조는 교체되는 형식으로 존재했고 남중국의 10개 왕조는 공존하면서 각축을 벌였다; 옮긴이). 야심 찬 지배자들이 눈 깜짝할 사이에 권좌에 올랐다가 순식간에 쫓겨났다. 그런 정치적 공백을 고려하면 시절이 좋았다 해도 정치적 상황은 어려웠을 것이다. 하지만 기후학적 결론을 믿

10세기경 중국 북부의 국경은 만리장성으로 엄격하게 구분되어 있지 않았다. 정주 농부들과 목축 유목민들 사이에 생태적 경계를 형성하며 평화롭게 공존하는 다층화된 지역이었다.

는다면 당시 북중국은 비정상적인 건기를 맞았고 길고 심각한 가뭄에 시달렸다. 흉년으로 인한 기근은 그렇잖아도 심상치 않았던 정주 농부들과 유목민들의 영토 다툼에 복잡한 변수들을 추가했다.

흔히 중국 북부의 국경은 만리장성으로 엄격하게 구분되어 있었다고 생각한다. 하지만 현실은 전혀 그렇지 않았다. 당나라는 북부 국경을 확정하지 않았다. 국경지대에는 요새, 군대 주둔지, 방어 시설을 갖춘 국경 행정구가 산재해 있었다(지금 보는 만리장성은 주로 1449년 명나라 때 축조되었다). 당나라는 국경에서 먼 지방의 강력한 군대로 지원하는 심층 방어를 취했다. 또한 국경 지구의 부족들과는 여러 가지 협정을 맺었다. 부족 지도자들은 독립성을 유지하면서 중국의 관직을 받았다. 많은 유력 부족들이 당나라 궁정을 받들었으나 끊임없는 교류를 한다고 해서 중국 한족이 되려 한 것은 아니었다. 그러기보다 그들은 중국의 궁정을 접하고 중국식 제도와 행정을 도입했는데, 이것은 후대에 그들에게 큰 도움이 되었다. 수백 년 동안 중국의 북쪽 국경은 정주 농부들의 환경과 목축만 가능한 환경 사이의 생태적 경계를 형성했다. 하지만 국경은 또한 서로 문화적·민족적 정체성이 다른 한족과 유목민이 평화롭게 공존하는 다층화된 지역이기도 했다. 당나라가 힘을 잃었을 때도 국경지대는 쉽게 넘나들 수 있는 곳이었으나 이내 군사 지도자들이 장악했다.

북아메리카 서부와 안데스에서는 온난기에 가뭄이 오래 지속되었는데, 굴리야와 후광옌의 표본에 따르면 동아시아도 마찬가지였다. 가뭄은 연속적으로 발생하지는 않았으나 주기적으로 반복되었으므로 북부 국경 부근의 황토지대에 위험한 충격을 가했다. 오랜 가뭄 끝에 갑자기 습한 해가 오면, 홍수가 건조한 들판을 덮쳐 관개 시설을 삽시간에 망쳐놓기 일쑤였다. 중세온난기 수백 년 동안에는 기후와 강우량이 극단적으로 변화하는 때가 많았다. 아마 지구상에서 가장 변화가 심한 곳이었을 것이다. 이런 가뭄과 홍수의 변덕은 정치와 전쟁의 분야로 퍼져나갔다. 그러나 농부와 유목민은 지배자와 군대가 어떤 행동을 하든 상관없이 기후에 운명을 맡기고 가까스로 생존했다.

*

중세 기후의 극단적 변화는 유라시아 동부의 유목민들과 정주 지역에 사는 사람들 사이의 복잡한 관계에도 영향을 미쳤다. 가장 강력한 부족 집단은 아주 오랜 역사를 가진 기마민족 거란이었다.[15] 다른 유목민들처럼 그들의 삶도 어느 정도 스텝의 강우량과 사막 펌프의 작동에 의존했다. 가뭄기에 그들은 물 사정이 나은 곳과 정주할 터전을 찾아 남쪽으로 이동했다. 840년대 이후 건기를 맞아 당나라의 힘이 약화되었을 때 거란은 인근 부족들을 격파한 다음 남쪽의 강성한 국가들로 눈길을 돌렸다. 처음에 거란은 정주 지역을 기습하고 일시적으로 침략한 뒤 북쪽으로 돌아오는 것에 만족했다. 이 활동이 스텝의 가뭄으로부터 어느 정도나 영향을 받았는지 알 수 없지만, 유목민의 오랜 역사로 판단해보면 대규모 침략은 확실히 목초가 부족한 건기에 일어났다.

당나라가 붕괴하고 국경지대에서 군벌들 간의 경쟁이 치열해질 무렵 거란도 통합을 이루었다. 906~907년에 야율아보기가 대칸에 오르면서 거란은 야심 찬 원정에 착수했다. 그로부터 20년 뒤 그들은 몽골과 만주의 패자가 되었다. 거란의 짜임새 있는 왕국은 국경 부근에 중국인들을 위한 도시, 다양한 산업과 정주 농경지대가 있었고, 중국식과 유목 생활방식이 섞인 형태를 취했다. 유목 생활의 유형이 변하고 있었다. 이렇게 농부와 목축민이 점차 상호의존하면 기후가 변덕스러운 시기에 유용한 안전장치가 될 수 있었다.

야율아보기는 926년에 죽고 요, 하, 금 같은 나라들이 뒤를 이으면서 끊임없는 전란과 다툼이 벌어졌다(요나라는 거란의 뒤를 이은 나라가 아니라 거란이 야율아보기의 사후에 중국식으로 지은 국호다; 옮긴이). 그러나 이러한 정치·군사적 사건과 잡다한 지배자들의 배후에는 정주 지역 생존 농업의 가혹한 경제적 현실이 있었다. 진나라의 기록을 보면, 기장과 쌀의 연간 생산량은 약 9천만 석(1석은 약 60ℓ)이었다. 그 가운데 10분의 1이 토지세로 정부에 돌아갔다. 일인당 평균 곡식 소비량은 1년에 약 6석이었으므로 풍년이 들어야만 전 인구가 제대로 먹고 사는 정도였다. 잉여식량을 비축해 가뭄기에 백성들에게 배급할 수 있는 여력은 없었다. 북중국에서는 식량 공급이 안정되지 못했으며, 한 해 두 차례 쌀을 수확하는 양쯔강 유역의 비옥한 환경에 자리 잡은 남송 왕국도 마찬가지였다.[16]

진나라 지배자들은 불안정한 식량 상황을 잘 인식하고, 관개 작업을 통해 경작지의 면적을 늘리고자 했다. 또한 그들은 언덕 사면을 계단식으로 만들어 농업생산량을 증대하려 했다. 하지만 이 두 가지 조치는 예상치 못한 결과를 빚었다. 특히 계단식 토지를 조성하는 계획은 심한 삼림개간과 급속한 토양 침식을 초래했는데, 황허 유역에 특히 심각한 영향을 미쳤다.

농업생산량은 풍년을 맞아도 일정하지 않았다. 그러므로 온난기의 건기는 북중국의 정치적 상황에 큰 충격을 주었을 것이다. 당대의 역사 기록에는 가뭄이나 자연재해 같은 것이 보이지 않는데, 그것은 당연하다. 농민들은 글을 몰랐고, 군벌, 황제, 야심 찬 관리들의 목적에 대해 '배경 잡음'이나 다름없는 존재였다. 하지만 여름 우기가 일정하지 않았기 때문에 북부 국가들은 남부의 남송으로부터 쌀을 수입해야 했다. 이미 수백 년 전부터 그런 상황이었다. 육로 운송은 느리고 신뢰할 수 없었으므로 곡식을 수로로 운송할 수밖에 없었다. 연안의 해로는 해적과 폭풍 때문에 위험했다. 최선의 방책은 엄청난 비용이 들지만 양쯔강과 황허를 잇는 내륙의 운하였다.

　운하 건설은 기원전 486년부터 시작되었다. 6세기 후반과 7세기 초의 수나라 지배자들은 예전에 건설된 부분들을 이어 붙여 양쯔강 하류 일대의 곡창지대와 서쪽의 수도인 뤄양을 연결했다. 이렇게 호수, 운하 들을 얼기설기 이어 만든 대운하는 현재까지 수에즈운하와 파나마운하보다 긴 세계 최장의 인공 수로로 남아 있다. 이미 10세기경에 이 운하에는 수문, 물을 공급하는 호수, 측수로(유속이 빠른 곳에서 수운을 돕기 위해 운하와 평행한 방향으로 설치한 수로; 옮긴이)가 있었다. 전성기인 15~16세기에 대운하는 총연장 2500km에 24개의 수문, 교량 60개를 갖추고 있었으며, 매년 40만 톤의 곡식을 운송했다.

　수백 년 동안 북중국과 황토지대는 남중국으로부터의 식량 공급에 크게 의존했다. 산업화 이전 시대에 북중국은 국가 체제가 잘 조직되었고 행정이 효율적이었지만, 걸핏하면 식량 공급과 식량 생산자를 파괴하는 긴 가뭄과 갑작스러운 홍수를 극복하지는 못했다. 북중국은 1천 년 전에도 매우 취약했으며, 황허 유역은 오늘날에도 재앙에 매우 취약하다.

13

조용한 코끼리

나는 코끼리 떼가 울창한 원시림을 헤치며 달리는 것을 보았다.
··· 마치 세상의 끝에서 약속이 있는 것처럼 급히 달려간다.

이사크 디네센,
「아웃 오브 아프리카」[1]

평화롭게 풀을 뜯는 코끼리는 전혀 위험해 보이지 않지만 공격해오는 코끼리는 흉포하기 이를 데 없다. 기후도 이와 마찬가지다. 긴 건기는 우리 안의 조용한 코끼리일 뿐이지만 이 짐승이 우리 문을 박차고 나오면 그 흉포한 변화는 예측이 불가능하다.

마음속으로 ••

  건조한 풍경을 떠올려보라. 내게는 40여 년 전 중앙아
프리카의 11월이 마치 어제처럼 생생하다. 무더위가 기승을 부리
던 몇 주일 동안 메마른 지평선에서 이글거리는 태양이 솟아올랐
다. 하늘에는 구름 한 점 없었다. 그림자가 짧아지면서 기온이 상
승했다. 맑고 파란 타원형의 하늘이 바싹 마른 땅에서 나온 복사열
을 반사했다. 이따금 돌풍이 불어와 초원지대를 휩쓸었다. 사람이
나 짐승이나 할 것 없이 서늘한 그늘을 찾아 나무 밑이나 처마 밑
으로 기어들었다. 소들은 고개를 수그린 채 꼼짝하지 않고 시원한
저녁이 오기만을 기다렸다. 농부들은 땅이 갈라진 밭에서 시들어
가는 옥수수를 체념의 시선으로 바라보고 있었다. 한달 전 폭우가
쏟아졌을 때 비가 더 올 줄 알고 심은 옥수수였다. 해가 가라앉으
면서 기온이 낮아지고 있다는 착각에 빠져든다. 하지만 여전히 기
온은 한밤중에도 30℃가 넘는다. 기아가 지평선 위로 언뜻 모습을
드러낸다.

  어느 모로 보나 다음 세기에는 지금보다 가뭄이 훨씬 더 심할 것
이다.

  이 책을 위해 연구하는 동안 나는 1천 년 전 특별히 온난한 환경
을 맞아 기온이 상승하고, 농업 방식이 크게 변화한 증거, 사람들이
대양을 항해하며 번영을 누렸던 증거를 광범위하게 찾기를 기대했
다. 앞의 장들에서 나는 풍부한 수확으로 활기에 넘쳤던 유럽을 조
사했다. 또한 북유럽 항해가들이 북대서양을 건너 극지방의 이누이

트족과 짧은 접촉을 가지는 것도 살펴보았다. 거기까지는 좋았다. 그러나 유라시아 스텝, 서아프리카 사헬, 남북아메리카를 여행할 때 나는 역사를 변화시킨 대규모의 긴 가뭄들과 마주쳤다.

나는 방금 '긴' 가뭄이라고 말했다. 1천 년 전의 건기는 기간이 한두 해가 아니라 수십 년이었다. 예를 들면 중세 캘리포니아 시에라네바다산맥의 가뭄은 현대의 가뭄보다 훨씬 길어 수십 년 동안 지속되었다. 앞에서 보았듯이 반세기에 달하는 긴 가뭄은 미국 남서부 푸에블로족의 삶을 크게 변화시켰다. 가뭄은 네브래스카와 대평원에까지 퍼졌다.

미국 남서부는 원래 건조한 지역이지만 북아메리카에서 가뭄에 시달리는 곳은 여기만이 아니다. 미국 동해안의 허드슨강 하류 피드몬트 늪지에서 나온 꽃가루 표본은 800년에서 1300년까지 가뭄기였다는 것을 말해준다. 강어귀에까지 염분이 들어올 정도였다. 오늘날 같은 지역에 비슷한 가뭄이 든다면 수백만 명의 사람들이 물 부족에 시달릴 것이다. 인근 뉴욕주의 포킵시처럼 허드슨강에서 물을 얻는 그 일대의 외곽 도시들에 물을 원활하게 공급하지 못하게 될 것이다.[2]

남쪽 멀리 중앙아메리카에서 마야 도시들은 중세 가뭄에 고통을 겪고 안데스문명은 티티카카호가 말라버리고 해변의 강 유역에 비가 내리지 않는 상황에 처했다. 전 지구적 관점에서 보면, 중세온난기는 중세가뭄기라고 바꿔 불러야 할 듯싶다.

*

　기후학의 혁명은 약 30년 전에 심해 표본, 얼음 표본, 산호, 나이테 같은 자료들에서 기후 기록을 추출하는 기술이 과학의 본류로 들어오면서 본격화되었다. 엘니뇨/남방진동에 관한 연구가 폭증할 무렵에는 위성 관측과 컴퓨터 모델이 기후학에 사용되기 시작했다. 1980년대부터 기후학자들은 인간이 초래한 지구온난화에 주목했는데, 이미 1860년 이후 지속적인 온난화의 기록이 충분히 전해지고 있었다. 갑자기 과거 2천 년간의 기후변화가 많은 사람들의 관심을 끌었고, 인간이 초래한 온난화가 과학적 현실이자 주요한 정치적 쟁점으로 대두되었다. 이와 관련해 우리는 지구온난화에 대한 관심을 일깨워준 앨 고어(Al Gore)에게 감사해야 할 뿐 아니라, 기온 상승, 극단적인 기후적 사건, 해수면 상승이 인류가 곧 당면하게 될 사실이라는 것에 대한 대중의 의식이 커졌음을 고마워해야 한다.[3]

　이런 맥락에서 중세온난기는 금세 온난화 논쟁에서 큰 중요성을 가지게 되었다.

　"우리는 전에도 이런 일을 겪었다." 지구온난화를 지지하는 사람이든 반대하는 사람이든 이구동성으로 하는 말이다. 도쿄에서 스칸디나비아까지 온갖 주장과 반론이 제기되었다. 과학자, 언론인, 활동가 들은 중세온난기가 급속히 온난해지는 오늘날의 세계보다 더 온난했는지를 놓고 말씨름을 벌였다. 나이테를 비롯한 여러 가지 증거가 제출되면서 온난기의 온도에 관한 논쟁은 한없이 격화되었다.

중세온난기는 아직 명확한 실체가 드러나지 않았지만, 이제 우리는 휴버트 램의 시절보다 훨씬 더 잘 알고 있다. 많은 근거에 따르면, 중세온난기가 아주 오래 지속된 것은 아니지만 1000년에서 1200년까지 지구상의 일부 지역, 특히 중국, 유럽, 북아메리카 서부 등지에서는 온도가 몇 °C가량 더 높았다.

오늘날 중세온난기에 큰 관심을 가지는 것은 충분히 이해할 수 있는 일이다. 인간 활동으로 인해 그린란드의 빙상이 녹고, 해수면이 상승하고, 폭우가 증대하는 위협적인 현상이 빈발하고 있기 때문이다. 그린란드 빙상의 일부가 녹아 멕시코 만류로 흘러든다면 어떻게 될까? 유럽이 1만 2천 년 전처럼 빙하기로 빠져들고, 극지의 꽃 이름을 딴 영거 드리아스(Younger Dryas)라는 기후변동을 겪게 될까? 빙상이 녹은 결과로 해수면이 한 세기마다 0.3m나 상승한다면 저지대 지방과 태평양 환초는 어떻게 될까?

이런 염려들은 전적으로 정당한 것이며, 다음 세대에는 이를 해결하려는 강력한 정치적 의지가 필요할 것이다. 하지만 우리는 온난화와 해수면 상승에 지나치게 사로잡힌 나머지 가뭄이라는 더 큰 위험을 간과하기 쉽다. 왜 그럴까? 2004년 동남아시아의 지진해일과 그 이듬해의 허리케인 카트리나가 가져온 대파괴는 극단적 기후사건, 특히 홍수에 대한 두려움을 고조시켰다. 빙하기 이후 가장 온난한 두 해에 닥친 그 두 사건은 온난기가 더도 덜도 아닌 폭우를 뜻한다는 메시지를 전달했다. 여기서 우리는 또 다른 현실을 명심해야 한다. 장차 심각한 가뭄에 시달릴 가능성이 높은 지역은 주로 개발도상국들의 세계라는 점이다.

*

바위가 많은 여울목에서 잠베지강의 물결이 일렁이는 소리가 들렸다. 멀리서 모시 오아 투냐, '천둥을 울리는 연기'라고 불리는 빅토리아 폭포가 우르릉거렸다. 울창한 관목숲이 개간지를 에워쌌고, 머리 위로 나무들이 아치를 그리고 있었다. 마른 이파리들이 오후의 열기 속에서 부드럽게 바삭거렸다. 사방에 아무도 없고 나 혼자뿐이었다. 그때 갑자기 땅바닥이 흔들리며 나뭇가지가 부러지는 소리가 요란하게 들렸다. 순간 나는 소규모 코끼리 떼의 한복판에 들어갔다는 것을 깨달았다. 그 거대한 짐승들은 눈에 보이지 않았으나 근처에 있었다. 아직 내 존재를 눈치채지 못한 듯했다. 나는 발끝으로 살금살금 걸어 숲에서 벗어났다. 잠베지강에 이르렀을 때 뒤를 돌아보았다. 커다란 수코끼리 한 마리가 여울에 두 발을 담근 채 귀를 펄럭이며 나를 바라보았다. 코끼리는 꼼짝도 하지 않은 채로 내가 조심스럽게 물러나는 모습을 지켜보고 있었다.

코끼리는 아무런 소리도 없이, 눈에 띄지도 않게 다가올 수 있다. 코끼리가 왔다는 사실을 알고 나면 피하기에는 너무 늦다.

『1984년』으로 유명한 소설가 조지 오웰(George Orwell)은 1930년대 미얀마에서 경찰관으로 일할 때 저잣거리에서 사나운 코끼리 한 마리와 마주쳤다. 멀리서 보면 "평화롭게 풀을 뜯는 코끼리는 소처럼 전혀 위험해 보이지 않았다." 하지만 그 짐승은 사람을 죽였다. "미친 코끼리는 미친 개처럼 죽여야만 했다."[4] 오웰은 코끼리의 양면성이 보여주는 섬뜩한 대조에 큰 충격을 받았다. 가뭄도 마찬가지다. 유럽을 벗어나 연구를 진행하면서 나는 가뭄이 중세온난기의 숨은 원흉이라는 것을 알았다. 긴 건기는 기후의 교실 안에 있는 조용한 코끼리에 해당한다. 그러나 그 짐승이 문을 박차고 나오면 남방진동의 예측 불가능한 변화가 일어난다.

　지난 20년간 엘니뇨/남방진동에 대한 연구가 집중적으로 이루어진 결과, 엘니뇨와 라니냐는 지역적인 현상이 아니라 계절 변화에 버금가는 세계적 현상이며, 전 지구적 기후변화에서 가장 강력한 요인 중의 하나라는 사실이 밝혀졌다. 대형 엘니뇨/남방진동은 페루 해안에 폭우와 홍수, 캘리포니아에 호우를 가져오며, 대서양에서 열대 폭풍과 허리케인이 발생하는 빈도수를 줄인다. 또한 동남아시아와 오스트레일리아, 중앙아메리카와 브라질 북동부, 열대 아프리카 일부에는 큰 가뭄을 초래한다. 그보다 덜 두드러지지만 장기적인 경우가 많은 라니냐도 그에 못지않게 파괴적이며, 폭넓은 지역에 가뭄을 가져온다. 중세온난기에도 엘니뇨의 한랭건조한 누이인 라니냐가 한번 발생하면 오랜 기간 존속했다.

*

　중세온난기가 지금보다 온난했는지, 만약 그렇다면 그 이유가 무엇인지에 관해서는 여전히 논란 중이다. 현재 우리의 온난기는 이 책에서 다룬 온난기만큼 오래되지는 않았지만, 꾸준하고 명백할 뿐더러 하향 추세가 전혀 보이지 않는다. 1천 년 전의 상황과 달리 인구가 많아졌고 생산력도 증대했으므로 그 추세는 더 빨라질 수 있다. 한 가지 사실은 분명하다. 만약 1천 년의 기후 역사가 지금 되풀이된다면—지구가 더 온난해지는 것은 차치하더라도 — 인간이 환경의 힘에 얼마나 취약한지 깨닫게 될 것이다.

그러나 온난기를 전 지구적 견지에서 살펴보면 그 폭넓은 가뭄은 사뭇 충격적이며, 우리의 앞날에 관해 냉철한 메시지를 전한다. 온난기는 건기를 연장하고 수많은 사람들을 죽음으로 내몬다. 가뭄이 전 지구적 온난화와 연관된 조용하고 은밀한 살인자라는 증거는 점점 많아지고 있다. 희생자의 수는 충격적이다. 2006년 다년간에 걸친 가뭄으로 케냐, 소말리아, 에티오피아, 에리트레아에서 무려 1100만 명이 심각한 기아의 위기에 처했다. 나이지리아의 국제열대농업연구소는 2010년이면(이 책은 2008년에 쓰여졌다; 편집자) 사하라 이남 아프리카에서 전 인구의 3분의 1에 달하는 3억 명이 심한 가뭄으로 인한 영양실조에 걸릴 것이라고 추산한다[5](가뭄기에 굶주림 자체로 죽는 사람은 많지 않다. 대부분 열악한 생활조건으로 이질 같은 질병이 확산되어 사망한다. 예를 들어 오늘날에도 불결한 위생과 식수 부족으로 해마다 160만 명의 어린이들이 죽어가고 있다).

장기적인 미래는 더 충격적이다. 영국의 권위 있는 해들리 기후변화센터의 연구에 따르면, 1990년대에 전 지구적 가뭄이 25%나 증가해 인구를 크게 감소시켰다.[6] 이 연구소에서 온실가스 방출이 미래의 건기에 어떤 영향을 미칠지에 관해 컴퓨터로 분석한 결과는 대단히 놀랍다. 현재 극단적인 가뭄은 지표면의 3%에 영향을 미치고 있다. 온난화가 지속되면 이 수치는 30%로 증가하며, 심각한 가뭄에 시달리는 인구는 현재의 8%에서 40%로 치솟게 된다. 가뭄을 겪는 전 세계 토지도 현재의 20%에서 50%로 상승한다. 그런 다음에 연구소는 온도 변화의 주범으로 간주되는 온실가스의 영향을 배제하고 컴퓨터 모델을 작성했다. 그 결과 인간 활동으로 인한 온난화가 없다면 가뭄의 변화 폭은 상당히 작으리라는 사실이 드러났다.

UN 환경계획은 현재 물 부족에 시달리는 인구를 29개국의 4억 5천만 명으로 추산한다.[7] 2025년이 되면 전 세계 인구 가운데 점점 수자원이 고갈되는 지역에 사는 주민의 수는 무려 28억 명에 달할 것이다. 현재 세계 인구의 20%는 안전하고 깨끗한 식수를 제대로 공급받지 못하고 있다. 열대 아프리카에서 오염된 물은 에이즈보다도 무서운 킬러다. 예측되는 가뭄이 실제로 닥친다면 미래의 희생자는 기하급수로 늘어날 것이다. 가뭄으로 최대의 충격을 받게 될 사람들은 건조한 지역에 살고 있는 사람들이다. 110여 개국에 걸쳐 약 10억 명이 그 인구에 해당한다. 또한 가장 심한 타격을 받는 사람들은 자급 농부들, 특히 열대 지역의 농부들이다. 아프리카의 총 고용 인구 가운데 70%는 오로지 강우량에만 의존하는 소규모 농경에 종사하고 있다.

1980년대 이후 해마다 아프리카에서 식량 비상사태가 발생하는 횟수는 거의 3배로 늘었다. 현재 사하라 이남 아프리카에서 3명 중 1명이 영양실조에 시달린다. 나이지리아 연구소의 2010년도 계획은 이제 막 시작되고 있다. 장차 가뭄으로 인한 재앙은 이 준비 작업을 쓸모없게 만들 것이며, 열대 아프리카 인구의 절반 이상에게 영향을 미칠 것이다.

페루는 또 다른 충격적인 사례다. 열대 지역 최대의 빙하 산맥인

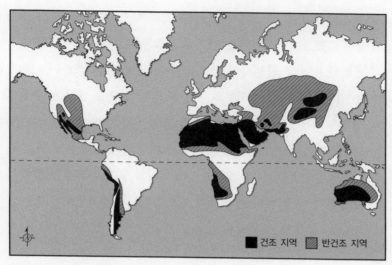

오늘날 세계의 건조 · 반건조 지역

코르디예라 블랑카는 온도 상승으로 급속히 녹고 있다. 기후 자료
의 보고인 페루 남부의 켈카야 빙원은 1960년대보다 3배나 빠른
속도로 해마다 60m씩 물러나고 있다. 전반적으로 볼 때 페루 안데
스는 1970년 이후 빙하 지역을 최소한 22%나 상실했다. 페루 인구
2700만 명의 3분의 2는 해안에 사는데, 이 지역의 물은 전체 공급
량의 2%밖에 되지 않는다. 1천 년 전 지금보다 훨씬 적은 인구를
위해 치모르의 지배자들은 긴 가뭄에 대비하는 관개 작업을 단행했
다. 그러나 현대의 후손들은 도시와 빈민가에 인구가 많고 농촌이 사
막으로 둘러싸여 있는 상황에서 과거처럼 대처할 수 없는 형편이다.

가뭄은 막대한 경제적 대가를 요구한다. 1934~1940년에 미국
의 대평원을 휩쓴 악명 높은 황진 가뭄은 한 세대 전체에 상처를 남

겼다. 350만 명이 그 지역을 떠났다. 많은 사람들이 장티푸스 같은 질병에 걸렸으며, 더 위험한 암이나 심장 질환 같은 장기적 악영향도 있었다. 하지만 희생자 수가 얼마나 되는지 정확히 알 수는 없다. 1950~1956년 미국 중서부의 가뭄은 심한 열파로 많은 농부들에게 타격을 주었고, 어떤 지역에서는 농작물이 50%나 감소하기도 했다. 1987~1989년에 발생한 가뭄은 미국의 36%를 휩쓸었는데, 황진의 영향권은 70%가 안되었으나 390억 달러의 피해를 발생시켜 그때까지 미국 역사상 최대의 피해를 준 자연재해로 기록되었다. 건조한 상태는 서부에서 대규모 들불을 일으켰으며, 미시시피강 상류의 수위가 가뭄으로 낮아져 하상 운송에도 큰 지장을 초래했다. 미래의 대규모 기후 재앙이 얼마나 큰 피해를 가져올지 예상할 수 있게 해주는 것은 2005년의 허리케인 카트리나다. 이 허리케인은 지금까지 810억 달러의 피해를 냈고 현재도 그 수치가 올라가고 있다.

역사는 가뭄이 오래전부터 특히 열대 지역에 큰 피해를 주었음을 말해준다. 사막의 가장자리와 반건조한 환경에서 펌프 효과가 작동하면 강우량이 줄어 동물과 인간을 물 사정이 나은 가장자리로 밀어낸다. 19세기 가뭄의 분석이 그 점을 생생하게 보여준다. 역사가 마이크 데이비스가 추산한 바에 따르면, 19세기에 엘니뇨가 닥치고 우기가 오지 않은 것 때문에 주로 열대 지역의 농부들이 최소한 2천만~3천만 명이나 죽었다. 이 수치는 19세기에 온갖 전란으로 죽은 사람들의 수보다도 많다. 빅토리아 시대의 기근도 비교적 잘 기록되어 있는데, 데이비스가 지적하듯이 다른 역사가들은 무시하는 경우가 많다. 그 이유는 희생자들이 대부분 글을 알지 못했고 그들의 삶이 기록되지도 못했기 때문이다.[8]

이전 시대 기근의 사망률은 중세온난기의 사망률처럼 역사에 전해지지 않는다. 소빙하기로 접어드는 시점에 큰비가 내렸던 1315~1321년에는 얼추 150만 명의 중세 유럽인들이 기근이나 기근 관련 질병으로 사망했을 것으로 추측된다. 황허 유역의 중국 농민, 안데스 해안 강 유역의 농부, 미국 남서부의 인디언도 인구가 밀집한 촌락, 소도시, 푸에블로에서 초보적인 위생 상태로 살았기 때문에 피해가 컸다. 20세기의 경험은 비교의 기준을 마련해준다. 1907년 중국의 기근은 약 2400만 명을 죽음으로 몰고 갔다. 1941~1942년의 가뭄은 300여만 명의 목숨을 앗아갔다. 1965~1967년 우기가 실종된 결과로 기근이 닥쳐 150만 명의 인디언이 죽었다. 1921~1922년 우크라이나와 볼가강 일대를 휩쓴 가뭄으로 25만 명에서 500만 명이 희생되었다. 이 모든 재앙은 지구 인구가 지금보다 훨씬 적었을 때 일어났다. 인구가 희박한 사헬지역에서도 1972~1975년과 1984~1985년 두 차례의 가뭄으로 60여 만 명이 죽은 것을 고려하면, 오늘날의 상황에서 가뭄이 농업 인구에게 어떤 피해를 줄지는 충분히 상상이 가능하다.

이 책을 쓰기 전까지 나는 1천 년 전 세계 대부분의 지역에서 인간 사회가 얼마나 탄력적이었는지 깨닫지 못했다. 중세온난기에 세계 인구의 상당 부분은 5천 년 전 최초의 문명이 탄생했던 것과 같은 건조한 환경에서 살고 있었다. 도시의 규모가 한결 작았고 인구도 수백만 명이 아니라 수만 명에 불과했으므로 기후변동을 이겨내기가 더 쉬웠다. 농업적으로 한계 상황에 사는 모든 사회는 기후변동에 대처하는 방식을 개발했다. 미국 남서부의 푸에블로족은 먼 공동체와 친족적 연계를 맺고 가뭄에 대비했다. 마야는 촌락·도시별로 물을 저장했다. 페루 해안의 치무족 지배자들은 정교한 운하망을 건설해 관개용수를 공급했다. 서아프리카 나이저 분지의 만데 농부들은 갑작스러운 기후변화에 대처하기 위한 복잡한 사회적 장치를 개발했으며, 캘리포니아 인디언들은 옥수수를 저장하고 이웃에 의지해 식량 부족 사태에 대비했다.

이런 사회들, 아울러 이 책에서 살펴본 여러 사회들은 모두 가뭄에 취약했다. 인도와 중국을 비롯해 대다수 사회들은 특별하게 예외적인 우기를 맞으면 강풍에 흔들리는 나무처럼 기후의 타격을 받아 휘청거렸다. 북중국의 황토지대처럼 풍년이 든 해에도 홍수가 경작지를 침수시키는 바람에 기근이 만성화되는 지역도 있었다. 대체로 1천 년 전의 인간 사회들은 지금 우리보다 덜 취약했다. 그러나 사회가 임계점에 도달하면 가뭄기에 도시 주민과 비농업 인구를 부양할 수 없게 되며, 농업 경제는 토지를 소모하고 다변화의 기회를 잃는다. 멕시코와 과테말라의 남부 저지대에 있었던 마야는 이에 대한 극적인 사례다. 여기서는 고질적인 전쟁, 경직된 통치, 환경오염, 가뭄이 한데 얽혀 수십 개 도시와 요충지에 치명타를 가했다. 대영주들이 몰락하고, 국가 기관이 해체되고, 사람들은 1천 년 전의 자급농경 촌락으로 뿔뿔이 흩어졌다. 우리는 캄보디아의 웅장한 앙코르와트와 앙코르톰을 보고 감탄하지만, 마야처럼 크메르도 근근이 자급자족 상태를 유지했다.

빅토리아 제국의 힘이 절정에 달했던 19세기에는 군함을 보내겠다는 위협이 강력한 외교적 수단이었고 통신과 운송의 기술 — 전신, 증기, 철도 — 이 중세보다 훨씬 더 발달했다. 당시 형성되기 시작한 글로벌 경제는 주로 곡식 가격을 기반으로 했다. 하지만 중세온난기와 같은 취약성은 천 배로 커졌다. 마이크 데이비스는 적게 잡아 2천만~3천만 명이 희생되었다고 추산했는데, 충분히 일리가 있다. 알려지지 않고 기록되지 않은 역사의 측면은 상상을 불허한다. 그 시대에는 세계 인구 가운데 계절풍의 영향을 받는 반건조한 지역에 사는 사람들이 지금보다 훨씬 적었다.

21세기 초 현재 한계농업지역에 사는 인구는 2억 5천만 명이다. 이들은 엘니뇨/남방진동과 제멋대로 행동하는 남방진동이 초래한 가뭄의 직접적 위험에 노출되어 있다. 이에 대한 사례는 많다. 몇 가지만 들어보자. 브라질 북동부는 지금까지 대규모 가뭄에 여러 차례 시달렸으며, 그 대부분은 엘니뇨가 원인이었다. 인도네시아와 오스트레일리아도 엘니뇨/남방진동 가뭄의 영향하에 있다.

오늘날 전 세계적으로 가뭄에 취약한 사람들의 수는 엄청나며, 개발도상국만이 아니라 애리조나, 캘리포니아, 서남아시아 같은 인구가 밀집된 지역에도 많다. 1천 년 전의 건기로 미루어보면, 더 온난한 미래의 가뭄은 더 길고 심할 것이다. 온실가스가 아니더라도 긴 가뭄의 영향은 한 세기 전보다 지금이 훨씬 더 파괴적이다.

가뭄은 흉년을 부르고 목초지를 없앤다. 또한 가뭄은 강을 완전히 말려버리고 작은 시내를 건조하게 만든다. 물은 인간의 생명줄이다. 물은 농업과 목축에 필요하고, 과거에 인간이 사냥하던 동물에게도 중요하며, 식수로도 소중하다. 캘리포니아 남부의 추마시 인디언이 가뭄기에 큰 고통을 겪은 이유는 식량이 부족해서가 아니라 — 물고기가 풍부했다 — 맑은 물이 부족했기 때문이다. 그들은 어장에 몰려들어 점점 줄어가는 수원지 부근의 촌락에 밀집해 살면서 오염된 식수를 마셨으므로 불결한 위생으로 인한 질병의 공격을 받았다. 19세기 후반 영국이 통치하던 인도의 빈민구호소도 그랬고, 고대 지중해 동부의 도시들도 마찬가지였다.

*

온난화가 빨라지면서 인간에게 닥칠 위험은 더 커지고 있다. 오늘날 우리는 빗물, 강과 호수, 급격히 감소하는 지하수로부터 산업적인 차원에서 물을 확보한다. 우리는 주로 바깥에서 가져온 물에 의존한다. 이를테면 강이나 우물 같은 수원지에서 수도를 통해 물을 끌어들이는 식인데, 결국 언젠가는 말라버릴 것이다. 캘리포니아의 경우 냉정하게 따져보면 지난 700년간이 빙하기 이후 가장 습한 시기였다. 가뭄도 겪었으나 1천 년 전 시에라네바다산맥에 닥쳤던 것과 같은 가뭄은 아니었다.

현재 우리는 빙하기 이후 유례가 없이 긴 온난화를 경험하고 있다. 이 온난화는 가뭄을 초래할 게 확실하다. 장기적 가뭄과 물 부족은 미국의 로스앤젤레스, 피닉스, 투손 같은 대도시들은 물론이고 작은 도시들까지 괴롭힐 것이다. 네브래스카에서 텍사스까지 8개 주에 물을 공급하는 방대한 지하수층인 오갈랄라 대수층은 매년

1500억 *l* 이상의 속도로 고갈되고 있다. 팽창하는 라스베이거스가 네바다 외곽의 목장들로부터 물을 사들이려 한다는 소문이 나도는 것을 생각하면 앞으로 얼마나 버틸 수 있을지 의심스럽다. 장차 대수층의 물이 말라버려 라스베이거스 거리의 호텔들조차 물 부족에 시달리는 날이 오지는 않을까? 물의 견지에서 볼 때, 1천 년 전과 같은 긴 가뭄이 다시 닥칠 경우 미국 서부의 운명은 불을 보듯 뻔하다.

UNESCO에 따르면 지구상에는 민물 수원지가 많지만 분포가 불균등하다. 그러나 더 자세히 살펴보면 관리 부실, 제한된 자원, 환경변화 때문에 세계 인구의 5분의 1가량이 안전한 식수를 확보하지 못하고 있음을 알 수 있다. 기본적인 위생을 누리지 못하는 인구는 40%에 달한다. UNESCO가 개략적으로 추산한 바에 따르면 11억 명이 식수를 공급받지 못하며, 약 26억 명이 기본적인 위생이 결여된 환경에서 살고 있다.[9] 이 인구의 절반 이상은 중국과 인도에 살고, 열대 아프리카에도 수백만 명이 있다. 이 수치는 물의 과잉이나 부족을 포함한 자연재해가 상승하는 시기를 기반으로 한다. 또한 UNESCO에 따르면 2030년에 세계는 식량이 55%나 더 필요해지게 된다. 바꿔 말해, 이미 모든 민물의 70%를 인간이 소비하는 상황에서 더 많은 물이 공급되어야 한다는 의미다. 그때가 되면 도시인구도 크게 늘어난다. UNESCO 조사단은 2030년이면 전 인구의 3분의 2가 도시에 거주할 것이고 그 가운데 20억 명은 빈민가에 살 것이라고 추산한다. 도시 빈민은 깨끗한 물과 위생이 부족한 상태로 살게 될 것이다.

중세온난기는 우리 시대에 미묘한 경고를 교훈으로 전한다. 1천 년 전 온난기와 건기에 세계 각지를 돌아보면 인간 사회가 극히 다양했음을 알 수 있다. 대부분의 사회들은 다변적인 경제·사회·정치적 연계를 통해 상호연관을 맺고 있었다. 글로벌 경제가 생겨나던 시기의 육로와 해로를 따라가보면 상호연관성과 상호의존성이 지속적인 정치적 현실로 자리 잡은 세계를 보게 된다. 당시 사람들은 대체로 위험을 감지하는 안목을 가지고 신중하게 살았다. 이제 눈을 돌려 우리 대다수가 급속히 성장하는 대도시에 사는 미래를 보자. 많은 사람들이 수위가 상승하는 바다나 강에 인접해 살고 있다. 5등급 허리케인이나 대형 엘니뇨가 닥치면 단 몇 시간 만에 수십억 달러의 피해가 발생한다. 엄청나게 많은 사람들이 피난해야 하는데, 그 취약성의 비용은 아무리 부유한 정부라 해도 감당할 수 없을 만큼 막대하다. 산업사회일수록 오히려 그 규모 때문에 온도 상승이나 해수면 상승 같은 장기적 기후변화에 훨씬 더 취약하다.

인간의 견지에서 볼 때 지금 우리는 지구온난화의 당면한 위기에 처해 있다. 단기적인 처방이 아니라 진정으로 국제적이고 장기적인 차원에서 대규모 개입이 필요한 시점이다. 우리는 아직 먼 후손을 위한 계획을 세우지 않고 있지만, 바로 그것이야말로 우리 세대와 차세대에게 필요한 일이다. 단기적인 미봉책을 발표하고 지구온난화와의 싸움에 크게 기여했다고 주장하고 싶은 정치적 유혹이 드는 것도 사실이다. 하지만 안타깝게도 단기적인 사고에 의존할 수 있는 시기는 이미 지났다. 가뭄과 물은 금세기와 다음 세기에 대단히 중요한 쟁점으로 떠오를 것이다. 우리는 우리 자신만이 아니라 미래의 세대들을 배려하는 이타적 결정을 내리는 습관을 가져야 한다. 아직까지는 장기적 미래에 대비하는 행동보다 일시적 만족과 다음에 올 선거를 중시하는 분위기지만 최근 새로운 정치·사회적 사고가 생겨나고 있다. 이 장기적 사고에는 개발도상국의 위기에 처한 사람들을 위한 대규모 투자가 포함되어야 한다.

지금 우리는 다른 지역을 배려할 여유를 갖지 못하고 당장 우리 코앞에 닥친 가뭄만을 생각한다. 하지만 1천 년 전의 온난기는 가뭄이 전 지구적 문제라는 점을 보여준다. 오늘날 우리는 모두 상호 연관되어 있다. 중세온난기의 경험은 가뭄이 어떻게 사회를 불안정하게 만들고 붕괴시키는지 보여준다. 오늘날 그 파괴적인 힘은 다른 지역으로 쉽게 파급될 수 있다. 더 나은 삶을 얻기 위해 지금까지 라틴아메리카 인구 수백만 명이 미국 국경을 넘었다. 굶어 죽을 것이냐, 먹고살 것이냐를 놓고 선택해야 한다면 많은 사람들이 제 발로 고향을 떠날 것이다. 미래학자들은 앞으로의 전쟁이 하찮은 민족주의, 종교, 민주주의 이념이 아니라 물 때문에 벌어질 것이라고 말한다. 물은 세상 어느 것보다도 중요하며, 석유보다 비싸질 것이기 때문이다. 아마 그 예상이 옳을 것이다.

우리는 언제까지나 그 문제를 초연하게 여길 수 있을까? 해들리 기후학자들이 예측한 가뭄이 닥친다면 오늘날의 희생자는 얼마나 될까? 마이크 데이비스가 밝힌 19세기의 희생자 수를 훨씬 뛰어넘는 엄청난 재앙일 것이다. 예를 들어 지금도 통제가 불가능할 만큼 무수한 사람들이 굶주림과 가뭄을 피해 대규모로 국경을 넘어 이주하고 있지 않은가? 그런 인구 이동은 단지 가능성의 차원에 머물지 않는다.

우리는 그 사람들이 여전히 생존의 수준에서 살아가며, 중세의 기술로 흙을 통해 생계를 이어가고 있다는 점을 잊기 쉽다. 우리에게는 더 이상 자비로운 무시로 일관할 여유가 없다. 만성적 가뭄의 장기적 위험은 전 인류를 연관시키기 때문이다. 게다가 그 연관 방식을 지금 우리는 막 이해하기 시작했다. 예전에 펴낸 책에서 나는 산업사회를 초대형 유조선에 비유한 바 있다.[10] 이 유조선은 천천히 운전해야 하며, 멈추고 난 뒤에도 몇 km나 더 간다. 그 책에서 나는 우리 사회가 빤히 보이는 기후상의 위험신호를 무시한다고 힐책한 바 있다. 다행히도 새 세대의 과학과 앨 고어부터 대학생들까지 폭넓은 환경운동가들 덕분에 지구온난화는 정치적 쟁점이 되었고 많은 사람들의 관심사로 자리 잡았다. 하지만 가뭄의 코끼리를 여전히 거의 무시하는 태도는 충격적이며, 대단히 두렵다.

역사는 언제나 우리 곁에 있으면서 우리를 위협하거나 격려하고 때로는 선례를 보여준다. 1천 년 전의 온난기는 우리가 자연 세계의 주인이었던 적이 없다는 사실을 일깨워준다. 우리는 기껏해야 변덕스러운 현실에 적응할 수 있을 따름이다. 크메르와 마야의 예가 보여주듯이 자연을 지배하려 하면 할수록 위험한 구렁텅이로 빠질 가능성이 커진다. 그런 현실을 겸허하게 받아들이고 미래에도 우리가 자연의 주인이 될 수 없다는 사실에 당황하지 말아야 한다. 주인의 지위에 오르려는 시도를 중단해야 한다. 1천 년 전의 사람들은 인간의 가장 큰 자산이 바로 기회를 잘 포착하고 새로운 상황에 적응하는 능력이라는 것을 보여준다. 우리는 변화하는 자연 세계의 주인이 아니라 자연의 충실한 협력자임을 잊지 말아야 한다.

* 감사의 말

　이 책은 고대의 기후변화에 관해 10여 년간 생각하고 써온 글의 정점에 해당한다. 이 책은 아직 거의 알려지지 않은 주제를 다루며, 여러 언어로 쓰인 학술문헌에 산재된 정보를 포함한다. 나는 고고학, 역사, 고기후학이 얽힌 까다로운 조각그림 맞추기를 놓고 나 자신만의 종합적 그림을 완성하고자 했다. 물론 이 책의 결론과 정확성에 대한 책임은 내게 있다. 틀림없이 익명의 독자들이 이 책의 크고 작은 오류를 기꺼이 지적해줄 것이다. 그분들에게 미리 감사를 드린다.

　이 책을 위해 연구하는 동안 여러 전문가들의 도움을 얻었다. 모두들 정중하게 자문에 응해주었고, 놀랄 만큼 즉각 회신을 보내온 경우도 많았다. 나의 끈질긴 청탁을 진지하게 받아들여준 그들에게 깊이 고마움을 전한다. 내가 신세를 진 모든 이들을 언급하기는 불가능하지만 적어도 몇 사람은 밝혀야 할 듯싶다. 레이드 브라이슨, 로지언 다리고, 캐럴 크럼리, 로널드 플레처, 마이클 글랜츠, 마이클 글래스고, 존 존슨, 더그 케넷, 이언 린지, 로드릭 매킨토시, 조지 마이클스, 댄 페지, 마크 로즈, 버넌 스카버러, 크리스 스카, 스콧 스타인, 스탠 월퍼트 등이 그들이다.

　샌타바버라의 셸리 로웬코프는 나를 열렬히 지지해 주었고 글

쓰기를 도와주었다. 그는 어려운 순간에 여러 차례 도움을 주었고 내게 늘 큰 힘을 주었다. 스티브 브라운은 훌륭한 솜씨로 지도를 그려주었다. 빌 프루트는 특히 이 책의 초기 단계에 많은 도움을 주었다. 나의 대리인인 수전 래비너는 모든 일의 튼튼한 구심점이었다.

피터 지나와 케이티 헨더슨은 집필이 가장 중대한 단계에 이르렀을 때 편집상의 지침을 주었다. 어찌 보면 이 책은 내 책이 아니라 그들의 책이다. 그들의 냉철하고 명민한 비판 덕분에 집필의 최종 단계를 무사히 넘길 수 있었다. 깊이 감사드리는 바이다.

마지막으로, 늘 그렇듯이 집필 기간 동안 즐거운 관용을 베풀어준 나의 애완동물 레슬리와 애너에게도 감사의 뜻을 전한다. 실은 고양이가 나의 관심을 바라며 키보드 위에 앉아 있는 탓에 5분이 더 걸렸다. 내 주변의 삶은 언제나 유쾌하다.

브라이언 페이건

샌타바버라, 캘리포니아

* 주

이 책에 설명된 사회들에 관한 문헌은 지금도 방대하게 축적되어 있고 계속 늘고 있으나, 현재는 그보다 고대와 현대의 기후변화에 관한 출판이 주류를 이룬다. 새 학술지와 서적은 나날이 간행되고 있다. 대부분은 전문적인 문헌이므로 이 책과는 거의 무관하다. 다음의 주는 2007년 중반의 문헌 현황을 보여주는데, 심층 연구를 원하는 독자들에게 유용한 참고문헌이 될 것이다.

책머리에

1 '기후'와 '날씨'를 혼동하지 않도록 하라. 기후란 날짜와 계절에 따라 장기간에 걸쳐 축적된 결과를 가리킨다. 날씨는 특정한 순간의 기온, 구름의 양, 강우량, 복사열 등의 변수들로 본 대기의 상태를 가리킨다. 바꿔 말해 기후는 누적된 경험이고 날씨는 한순간의 상태다.

2 램이 말하는 '중세온난기'는 그가 중세 온난화라고 인식한 시기를 나타내는 일반적인 용어로 사용된다. 많은 기후학자들은 당연히 그 용어가 전 지구적 타당성을 가지고 있는지를 의문시한다. 용어의 정의가 명확하지 않은데다 그 시기의 기후 조건은 다양했기 때문이다. 그래서 '중세이상기후'라는 용어를 쓰는 학자들도 있다. 혼동을 피하기 위해 나는 '중세온난기'라는 용어로 통일해 사용했으며, 반드시 온난하지 않았던 시기들까지 포함했다. 전문가들은 트집을 잡을 수도 있겠지만, 어쨌든 '중세온난기'라는 말은 사용하기 편하고 널리 알려져 있다. 이 주제에 깊은 관심을 가진 학생들은 이 용어에 약간 문제가 있다는 사실을 잘 알 것이다.

3 Brian Fagan, *The Little Ice Age*(New York: Basic Books, 2000).

4 Mike Davis, *Late Victorian Holocausts*(New York: Verso, 2001), 서문.

1_온난화의 시대

1 Hubert Lamb, *Climate History and the Modern World*(London: Methuen, 1982), 173쪽.

2 Bruce C. Campbell, "Economic Rent and the Intensification of English

Agriculture, 1086~1350"에서의 논의. Grenville Astill과 John Langdon 엮음, *Medieval Farming and Technology*(Leiden: Brill, 1997), 225~50쪽에 수록되었다. 이 책의 글들은 중세 농업, 수확량, 기술 변화에 관한 정보의 보고다.

3   탐보라 화산 폭발에 관해서는 다음 책을 보라. Henry Stommel과 Elizabeth Stommel, *Volcano Weather: The Story of 1816, the Year Without a Summer*(Newport, R.I.: Seven Seas Press, 1983).

4   George S. Philander, *Is the Temperature Rising?*(Princeton: Princeton University Press, 2000), 125쪽.

5   맘즈베리의 윌리엄(1096경~1143)은 잉글랜드 남서부 맘즈베리의 수도사이자 비드 (Bede)에 버금가는 중세 역사가였다. 그의 주저로는 449년부터 1127년까지 잉글랜드 왕들의 역사를 다룬 *Gesta regum Anglorum*과 그 이야기가 이어지는 *Historia novella* 가 있다. 당대 역사를 다룬 5권에 포도밭에 관한 이야기가 나온다.

6   Lamb, *Climate History*, 10장.

7   Hubert Lamb과 Knud Frydendahl, *Historic Storms of the North Sea, British Isles and Northwestern Europe*(Cambridge, Eng.: Cambridge University Press, 1991).

8   Emmanuel Le Roy Ladurie, *Times of Feast, Times of Famine: A History of Climate Since the Year 1000*. Barbara Bray 옮김(Garden City, N.Y.: Doubleday, 1971).

9   Lamb, *Climate History*, 10장.

10 헤러워드(1070년경 활동)는 초기 잉글랜드 역사에서 잘 알려지지 않은 위대한 인물이 다. 그는 1062년 색슨 왕인 참회왕 에드워드에 의해 추방되었다가 1066년 이후 돌아왔 으나 아버지가 죽고 동생이 살해되고 노르만 영주가 그의 집을 차지한 상황이었다. 그는 곧바로 세력을 규합해 정복왕 윌리엄에게 맞섰다. 1070년에는 덴마크 군대의 도움을 받 아 피터버러 대수도원을 약탈하는 전과를 올렸다. 윌리엄이 덴마크 군대에게 뇌물을 먹 여 본국으로 귀환하게 한 뒤에도 헤러워드는 엘리를 거점으로 항전을 계속했다. 윌리엄 이 마침내 그의 요새를 점령하자 헤러워드는 도망쳐 은신했다. 그 뒤의 소식은 전해지지 않았다.

11 Lamb과 Frydendahl, *Historic Storms*, 34쪽. Brian Fagan, *Fish on Friday: Feasting, Fasting, and the Discovery of the New World*(New York: Basic Books, 2006), 101쪽.

12 M. E. Mann, R. S. Bradley, M. K. Hughes 엮음, "Global Surface Temperature Patterns and Climate Forcing over the Past 6 Centuries," *Nature* 392(1998), 779~87쪽. M. E. Mann, R. S. Bradley, M. K. Hughes, "Northern Hemisphere

Temperatures During the Past Millennium: Inferences, Uncertainties, and Limitations," *Geophysical Research Letters*, 26권 6호(1999), 759~62쪽.

13 Intergovernmental Panel on Climate Change, *Climate Change 2001: The Scientific Basis*(Cambridge, Eng.: Cambridge University Press, 2001).

14 National Research Council, *Surface Temperature Reconstructions for the Past 2,000 Years*(Washington, D.C.: National Academies Press, 2006), 1쪽 부근.

15 National Research Council, *Surface Temperature Reconstruction of the Past 2,000 Years*(Washington, D.C.: National Academies Press, 2006), 그림 S-1에서 발췌. 본 문에서 누락된 온도 곡선은 이 문헌에 나와 있다. 각각의 선들은 조금씩 다르며, 시간을 거슬러갈수록 불확실성과 제약이 커진다. 그러나 전반적으로 지난 1100년 동안, 특히 4세기 동안과 150년간 꾸준한 온난화가 진행되었음을 보여준다. 중세온난기의 온도 변화는 기후 조건이 끊임없이 변했음을 말해준다.

16 Lamb, *Climate History*, 169~70쪽에서 얻은 정보.

2_'빈민의 외투'

1 Tertullian, *De Anima*, 1권, XXX.210.

2 이 시기의 전반적인 설명은 William Jordan, *Europe in the High Middle Ages*(New York: Viking, 2001)에 있다. 여기서 나는 이 저작을 광범위하게 이용했다.

3 Kenneth Clark, *Civilization: A Personal View*(New York: Harper & Row, 1969), 23쪽.

4 인구: Jordan, *Europe*, 7~10쪽.

5 Bruce C. Campbell, "Economic Rent and the Intensification of English Agriculture, 1086~1350," Grenville Astill과 John Langdon 엮음, *Medieval Farming and Technology*(Leiden: Brill, 1997), 225쪽에 수록.

6 중세 농경 기술은 대단히 복잡하므로 일반화하기는 어렵다. 간략한 설명: Georges Comet, "Technology and Agricultural Expansion in the Middle Ages: The Example of France North of the Loire," Astill과 Langdon, *Medieval Farming*, 11~40쪽.

7 이 문단은 Campbell, "Economic Rent," 233쪽 부근을 참조했다.

8 Jordan, *Europe*, 16~17쪽을 전거로 했다. 인용문은 17쪽에 있다. 서더크에 관해서는 Martha Carlin, *Medieval Southwark*(Rio Grande, Oh.: Hambledon, 1996), 250~51쪽을 보라.

9 Michael Williams, *Deforesting the Earth: From Prehistory to Global Crisis*

(Chicago: University of Chicago Press, 2003)는 이 주제에 관한 중요 저작이다. 중세 삼림개간에 관한 설명은 이 저작을 참조했다.

10 토지 개간: Grenville Astill, "Agricultural Production and Technology in the Netherlands, c. 1000~1500," Astill과 Langdon, *Medieval Farming*, 89~114쪽.

11 Williams, *Deforesting*, 105쪽.

12 이 가설은 Williams, *Deforesting*, 5장과 내가 직접 목격한 아프리카 중부 자급 농부들의 삼림개간 경험을 참조로 했다.

13 이교도: Williams, *Deforesting*, 122쪽에서 인용.

14 Williams, *Deforesting*, 111쪽.

15 Jean Leclercq, *The Love of Learning and the Desire for God: Study of Monastic Culture*. Catherine Misrahi 옮김(London: S.P.C.K., 1978), 60쪽.

16 James Westfall Thompson, *An Economic and Social History of the Middle Ages, 300 to 1300*(New York: Century, 1908), 611쪽에서 인용.

17 이 대목에 관해서는 Fagan, *Fish on Friday: Feasting, Fasting, and the Discovery of the New World*(New York: Basic Books, 2006), 3, 4, 7장에서 일차 자료를 찾을 수 있다.

18 Fagan, *Fish on Friday*, 5, 6장.

19 William Chester Jordan, *The Great Famine*(Princeton: Princeton University Press, 1996)에 이 재앙에 관한 탁월한 설명이 있다.

20 Martin Bouquet 외 엮음, *Receuil des Historiens des Gaules et de la France* (1738~1904) 21: 197에서 인용.

21 페스트에 관한 최근의 설명: John Kelly, *The Great Mortality*(New York: HarperCollins, 2005).

3_신의 도리깨

1 Ch'ang Ch'un, *The Travels of an Alchemist Recorded by His Disciple Li Chih-Ch'ang*. Arthur Waley 옮김(London: Routledge, 1931), 104쪽.

2 John Trevisa가 번역한 Bartholomew the Englishman의 *Latin Encyclopaedia*. R. Barber, *The Penguin Guide to Medieval Europe*(London: Penguin Books, 1984), 30쪽 참조. 현재 유럽과 아시아의 전통적 경계선은 우랄산맥이다.

3 칭기즈칸을 다룬 책은 무수히 많다. 특히 Leo de Hartog, *Khan: Conqueror of the World*(London: I. B. Tauris, 1989)는 설명이 명료하다. George Lane, *Genghis Khan and Mongol Rule*(Westport, Conn.: Greenwood Press, 2004)도 참조하라.

4 J. A. Boyle 옮김, *Tarikh-I Jahan Gusha*. 이 내용은 *The History of the World Conqueror*(Manchester: Manchester University Press, 1997), 105쪽에서 볼 수 있다.

5 *The Chronicle of Novgorod*에서 발췌한 부분은 http://www.fordham.edu/halsall/source/novgorod1.html에서 찾을 수 있다. 인용문은 1238년의 항목에 있다.

6 Boyle, *History*, 105쪽.

7 아타 말리크 조와니(주바이니, 1226~83)는 어릴 때부터 몽골 궁정에서 지냈다. 나중에 그는 역사가가 되었고 1260년경에는 바그다드의 총독으로 부임했다. 그는 현장에서 사건을 직접 목격했기 때문에 그의 서술은 상당한 신빙성이 있다.

8 Maria Shahgedanova 엮음, *The Physical Geography of Northern Eurasia*(New York: Oxford University Press, 2002)는 중앙아시아 환경에 관한 전문적 요약을 담고 있다. 스텝에 관해서 나는 Alexander Chibilyov, "Steppe and Forest-Steppe," 248~66쪽에 의지했다.

9 Willem van Ruysbroeck, *The Mission of Friar William of Rubreck: His Journey to the Court of the Great Khan Möngke, 1253~1255*(London: Hakluyt Society, 1990), 118쪽.

10 연구의 요약은 E. M. Lavenko와 Z. V. Karamysheva, "Steppes of the Former Soviet Union and Mongolia," R. T. Coupland 외, *Natural Grasslands: Eastern Hemisphere and Résumé Ecosystems of the World*, 8b권(London: Elsevier, 1979), 3~60쪽에 있다.

11 말의 사육에 관한 훌륭한 요약: David W. Anthony, "The 'Kurgan Culture': Indo-European Origins, and the Domestication of the Horse: A Reconsideration," *Current Anthropology*, 27권, 4호(1986), 291~313쪽.

12 스키타이에 관한 좀 낡았으나 유용한 설명: Tamara Rice, *The Scythians*(London: Thames & Hudson, 1957).

13 Herodotus, *The Histories*. Robin Waterfield 옮김(Oxford, Eng.: Oxford University Press, 1998), 4:127, 277쪽.

14 이 부분은 Blanchard, "Cultural and Economic Activities in the Nomadic Societies of the Trans-Pontine Steppe," *Annual of Medieval Studies at CEU*, 11권(2005)을 이용했다.

15 Melvyn C. Goldstein과 Cynthia M. Beall, *The Changing World of Mongolia's Nomads*(Berkeley: University of California Press, 1994)에는 중대한 정치적 변화의 시기를 맞은 현대 몽골 유목민 생활에 관한 훌륭한 요약과 멋진 사진들이 있다.

16 Elena E. Kuz'mina, "Stages of Development of Stock-Breeding Husbandry and

Ecology of the Steppes in the Light of the Archaeological and Palaeoecological Data(4th Millennium BC~8 Century BC)." Bruno Genito 엮음, *The Archaeology of the Steppe: Methods and Strategies*(Naples: Instituto Universitario Orientale, 1994), 44권, 31~72쪽.

17 *Chronicle of Novgorod*, 1230; http://www.fordham.edu/halsall/source/novgorod1.html 참조.

18 Rosanne D'Artigo 외, "1738 Years of Mongolian Temperature Variability Inferred from a Tree-Ring Width Chronology of Siberian Pine," *Geophysical Research Letters*, 28권, 2호(2001), 543~46쪽.

19 Lane, *Genghis Khan*, 45쪽.

20 Robert Cowley 엮음, *What If?*(New York: Berkeley Trade, 2000).

4_무어인의 황금 무역

1 익명의 저자, *Toffut-al-Alabi*(12세기). H. R. Palmer, *Sudanese Memoirs: Being Mainly Translations of a Number of Arabic Manuscripts Relating to the Central and Western Sudan*(Lagos, Nigeria: Government Printer, 1928), 2권, 90쪽에서 인용.

2 Roderick J. McIntosh, "Chasing Dunjugu over the Mande Landscape: Making Sense of Prehistoric and Historic Climate Change," *Mande Studies*, 6권(2004), 11~28쪽. 내가 설명한 기후 시나리오는 주로 이 중요한 논문에 의거했다. 또한 다음 문헌도 참고하라. Robin Dunbar, "Climate Variability During the Holocene: An Update," Roderick J. McIntosh, Joseph A. Tainter, Susan Keech McIntosh 엮음, *The Way the Wind Blows: Climate, History, and Human Action*(New York: Columbia University Press, 2000), 45~88쪽.

3 Sharon E. Nicholson, "Recent Rainfall Fluctuations in Africa and Their Relationship to Past Conditions Over the Continent," *The Holocene*, 4권(1994), 121~31쪽. 또한 S. E. Nicholson과 J. P. Grist, "A Conceptual Model and Interdecadal Timescales," *International Journal of Climatology*, 21권(2001), 1733~57쪽도 참조하라.

4 Gerald Haug 외, "Southward Migration of the Intertropical Convergence Zone through the Holocene," *Science*, 293권(2001), 1304~7쪽.

5 Herodotus, *The Histories*. Robin Waterfield 옮김(Oxford: Oxford University Press, 1998), 3:32.

6　로마가 서아프리카까지 갔다는 추측에 관해서는 학술 논쟁이 끊이지 않지만, 설령 그랬
　　다고 해도 접촉은 잠시에 그쳤을 것이다. 사하라 무역 전반에 관한 권위 있는 요약은 E.
　　W. Bovill, *The Golden Trade of the Moors*, 개정판(London: Oxford University
　　Press, 1968), 121쪽 참조.

7　낙타는 기원전 1500년경에 아라비아에서 처음 사육되었으나 그로부터 수백 년 뒤에야
　　널리 사용되었다. 결정적인 것은 안장이었다. 처음에 낙타 몰이꾼은 낙타의 궁둥이에 안
　　장을 얹고 앉았다. 막대기로 낙타를 조종했는데, 지면에 너무 가까워 낙타의 큰 장점인
　　높이를 활용하지 못했다. 그러던 중 기원전 5세기경 낙타의 혹에 얹을 수 있는 단단한 북
　　아라비아 안장이 개발되어 500년간 널리 사용되었다. 이제 낙타를 탄 사람은 짐을 약간
　　싣고서도 안장 위에서 검이나 창으로 싸울 수 있었다. 이 북아라비아 안장이 워낙 좋았
　　던 탓에 수백 년 동안 서남아시아에서는 바퀴 달린 수레도 사용되지 않았다. 고전적인
　　연구: Richard W. Bulliet, *The Camel and the Wheel*(Cambridge, Mass.: Harvard
　　University Press, 1975).

8　Ian Blanchard, *Mining, Metallurgy and Minting in the Middle Ages*, 1권(Stuttgart:
　　Franz Steiner, 2001), 156쪽에서 인용.

9　더 상세한 논의는 앞의 책, 91~102쪽 참조.

10　같은 책, 153~54쪽.

11　Nehemiah Levetzion, *Ancient Ghana and Mali*(London: Methuen, 1973), 189쪽.

12　Bovill, *Golden Trade*, 81쪽에 따르면, 1900년경 밤부크에서는 그 2배 크기의 금괴가
　　나왔다고 한다.

13　Roderick J. McIntosh, *The Peoples of the Middle Niger: The Island of Gold* (Oxford,
　　Eng.: Blackwell, 1988), 257~59쪽.

14　같은 책, 267~81쪽.

15　같은 책, xv쪽.

16　이 부분은 McIntosh 외, *The Way the Wind Blows*, 141~80쪽에 실려 있는 Roderick J.
　　McIntosh, "Social Memory in Mande"에 크게 의존했다. 또한 나는 McIntosh,
　　*Peoples of the Middle Niger*와 McIntosh 외, *The Way the Wind Blows*, 181~92쪽에
　　실려 있는 Téréba Togola, "Memories, Abstraction, and Conceptualization of
　　Ecological Crisis in the Mande World"도 참조했다. 모두 훌륭한 문헌 목록을 싣고
　　있다.

17　Susan K. McIntosh, *Prehistoric Investigations in the Region of Jenne, Mali*, 2권
　　(Oxford, Eng.: British Archaeological Reports, 1980). 또한 같은 저자의 "Results
　　of Recent Excavations at Jenné-Jeno and Djenné Mali," *Proceedings of the 11th*

Panafrican Congress of Prehistory and Related Studies, Bamako(Bamako: Institut des Sciences Humaines, 2005), 115~22쪽도 보라.

18 R. McIntosh, "Social Memory in Mande," McIntosh 외, *The Way the Wind Blows*, 141~80쪽.

19 알모라비데는 이슬람교의 알무라비툼 종파에 속하는 집단이었다. 이들은 11세기에 이븐 야신과 아부 바크르의 지휘 아래 사하라 서부에서 성전을 벌였고 쿰비를 점령했다. Nehemiah, Levetzion, *Ancient Ghana and Mali*(London: Methuen, 1973)과 Bovill, *Golden Trade*, 7장을 참조하라.

5_이누이트족과 바이킹

1 Magnus Magnusson과 Herman Palsson 엮음, *The Vinland Sagas: The Norse Discovery of America*(London: Penguin Books, 1965), 55쪽.

2 일반적으로 캐나다 북극권 주민들을 '이누이트'족, 알래스카와 베링해 일대의 주민들을 '에스키모'라고 부른다. 여기서 나는 이 관행에 따랐다.

3 알래스카와 시베리아 사람들이 사용하는 '에스키모'라는 말은 알공킨 인디언들이 '날고기를 먹는 사람'을 가리키는 말이었다고 한다(혹은 '해안에 사는 사람'이라는 뜻이라는 설도 있다). 어떤 사람들은 이 말을 경멸적으로 여긴다. 그래서 캐나다인들은 보통 '이누이트'라는 말을 쓰는데, 현지 언어로 '인간'이라는 뜻이다. 이 책의 취지를 위해 나는 Robert McGhee의 실용적인 용법에 따랐다. 즉 '이누이트'는 알래스카 북부, 북극권 캐나다, 그린란드에 사는 모든 에스키모를 가리킨다. 그들은 전부 이누크티투트라는 언어를 공통적으로 사용한다. Robert McGhee, *The Last Imaginary Place: A Human History of the Arctic World*(Oxford, Eng.: Oxford University Press, 2006), 104쪽.

4 일반 독자를 위해 북유럽인들의 항해를 가장 잘 요약한 책은 William W. Fitzhugh와 Elisabeth I. Ward 엮음, *Vikings: The North Atlantic Saga*(Washington, D.C.: Smithsonian Institution Press, 2000)이다. 이 책은 그 주제에 관한 모든 측면의 엄정한 글들과 아주 좋은 참고문헌을 수록하고 있다.

5 Kirsten Seaver, *The Frozen Echo*(Stanford: Stanford University Press, 1996)는 북유럽 그린란드에 관해 널리 인용되는 문헌이다.

6 이 유적의 설명은 Brian Fagan, *Ancient North America*, 제4판(London: Thames & Hudson, 2004), 1장에 있다.

7 Magnusson과 Palsson, *Vinland Sagas*, 99쪽.

8 베링해협의 사냥 문화는 내 책 *Ancient North America*, 8장과 9장에 요약되어 있다. 이

책과 더불어 McGhee의 *Last Imaginary Place*도 보라. 상당히 전문적이고 완벽한 분석은 Owen K. Mason, "The Contest Between the Ipiutak, Old Bering Sea, and Birnik Polities and the Origin of Whaling During the First Millennium A.D. Along Bering Strait," *Journal of Anthropological Archaeology*, 17권(1998), 240~325쪽에서 볼 수 있다.

9 Mason, "Contest," 250쪽 부근의 논의를 보라.

10 Helge Larsen과 E. Rainey, "Ipiutak and the Arctic Whale Hunting Culture," *Anthropological Papers of the American Museum of Natural History*, 42권 (1948).

11 에크벤에 관해서는 McGhee, *The Last Imaginary Place*, 218~19쪽을 보라.

12 Mikhail Bronshtein과 Patrick Plumer, "Ékven: L'Art Préhistorique Béringien et l'Approache Russe de l'Origine de la Tradition Culturelle Esquimaude," *Ékudes/Inuit/Studies*, 19권, 2호(1995), 5~59쪽.

13 McGhee, *The Last Imaginary Place*, 119쪽 부근.

14 Robert McGhee, *Ancient People of the Arctic*(Vancouver: University of British Columbia Press, 1996)은 투니트 문화를 잘 설명해준다.

15 Moreau Maxwell, *The Prehistory of the Eastern Arctic*(New York: Academic Press, 1985), 222쪽.

16 Heather Pringle, "New Respect for Metal's Role in Ancient Arctic Cultures," Science, 277권(1997), 766~67쪽.

17 Therkel Mathiassen, "Archaeology of the Central Eskimos, the Thule Culture and Its Position Within the Eskimo Culture," *Report of the Fifth Thule Expedition, 1921~1924*(Copenhagen: Glygenclalski Boghandel, Nordisk Forlang, 1927).

18 McGhee, *The Last Imaginary Place*, 121쪽 부근의 논의.

19 Robert McGhee, "Contact Between Native North Americans and the Medieval Norse: A Review of Evidence," *American Antiquity*, 49권(1984), 4~26쪽.

20 스크랠링족에 관해서는 McGhee, *The Last Imaginary Place*, 99쪽 참조.

21 이 부분은 Seaver, *The Frozen Echo*에 의거했다.

22 Brian Fagan, *The Little Ice Age*(New York: Basic Books, 2000), 1장.

6_대가뭄의 시대

1 Malcolm Margolin 엮음, *The Way We Lived*(Berkeley: California Historical

Society and Heyday Books, 1993), 125쪽.

2 Scott Stine, "Extreme and Persistent Drought in California and Patagonia During Mediaeval Time," *Nature*, 369권(1994), 546~49쪽.

3 Celine Herweijer 외, "North American Drought of the Last Millennium from a Gridded Network of Tree-Ring Data," *Journal of Climate*, 20권, 7호(2007), 1353~76쪽. 이 중요한 논문은 넓은 지역에 걸친 가뭄의 증거를 설명한다. 나는 이 논문으로부터 큰 도움을 받았다.

4 같은 곳.

5 그레이트베이슨 고고학의 요약은 Brian Fagan, *Ancient North America*, 제4판 (London: Thames & Hudson, 2004), 12장에 있다. 또한 Donald L. Grayson, *A Natural History of the Great Basin*(Washington, D.C.: Smithsonian Institution Press, 1993)도 보라. 중세온난기 가뭄의 영향에 관해서는 Terry L. Jones 외, "Environmental Imperatives Reconsidered: Demographic Crises in Western North America During the Medieval Climatic Anomaly," *Current Anthropology*, 40권, 2호(1999), 137~70쪽을 보라.

6 C. Melville Aikens, *Hogup Cave. University of Utah Anthropological Papers*, 92권 (1970).

7 Kurt Repamshek, "Shelter from the Prehistoric Storm," *American Archaeology*, 11권, 1호(2007), 26~32쪽.

8 그레이트베이슨의 아메리카 원주민 집단들에 관해서는 William C. Sturtevant 엮음, *Handbook of North American Indians*, 11권: Great Basin, Warren L. d'Azevedo 엮음(Washington, D.C.: Smithsonian Institution, 1986)을 보라.

9 http://danr.ucop.edu/ihrmp/oak27.htm.

10 Lowell J. Bean, *Mukat's People: The Cahuilla Indians of Southern California* (Berkeley: University of California Press, 1972) 참조.

11 http://sealevel.jpl.nasa.gov/science/pdo.html 참조.

7_생존을 위한 이동

1 Alfred L. Kroeber, *Handbook of the Indians of California*(Washington, D.C.: Bureau of American Ethnology, 1925), 524쪽.

2 Travis Hudson, Jan Timbrook, M. Rempe, *Tomol: Chumash Watercraft as Described in the Ethnographic Notes of John P. Harrington*(Los Altos and Santa Barbara, Calif.: Ballena Press and Santa Barbara Museum of Natural History,

1978), 22쪽.

3 도토리의 영향에 관한 유용한 요약: Mark A. Basgall, "Resource Intensification Among Hunter-Gatherers: Acorn Economies in Prehistoric California," *Research in Economic Anthropology*, 9권(1987), 21~52쪽.

4 Sarah Mason, "Acorntopia? Determining the Role of Acorns in Past Human Subsistence," John Wilkins, David Harvey, Michael Dobson 엮음, *Food in Antiquity*(Exeter, U.K.: University of Exeter Press, 1995), 112~36쪽.

5 Beverly R. Ortiz가 Julia Parker에게 한 이야기, *It Will Live Forever: Traditional Yosemite Acorn Preparation*(Berkeley: Heyday Books, 1991). Walter Goldschmidt, "Nomlaki Ethnography," *University of California Publications in America Archaeology and Ethnology*, 42권, 4호(1951), 303~443쪽도 참조하라.

6 Pat Mikkelsen, William Hildebrandt, Deborah Jones, "Toolstone Procurement and Lithic Production Technology, California," Michael Moratto 엮음, *Archaeological Investigations PGT-PG&E Pipeline Expansion Project, Idaho, Washington, and California.* 4권(Pacific Gas Transmission Company에 제출한 보고서, Portland, Oregon, 1994), 8장. 캘리포니아 교역 전반에 관해서는 Brian Fagan, *Before California*(Lanham, Md.: Rowman and Littlefield, 2003), 7장 참조.

7 http://danr.ucop.edu/ihtmp/oak27.htm 참조.

8 Elizabeth Weiss, "Drought-Related Change in Two Hunter-Gatherer California Populations," *Quarternary Research*, 58권(2002), 393~96쪽.

9 이 부분은 Douglas J. Kennett, *Behavioral Ecology and the Evolution of Hunter-Gatherer Societies on the Northern Channel Islands, California*(Berkeley: University of California Press, 1998)을 참조했다.

10 Douglas J. Kennett과 James P. Kennett, "Competitive and Cooperative Responses to Climatic Instability in Coastal Southern California," *American Antiquity*, 65권(2000), 379~95쪽.

11 Fagan, *Before California*, 14장에 요약되어 있다.

12 Jeanne Arnold 엮음, *Origins of a Pacific Coast Chiefdom*(Berkeley: University of California Press, 2001)은 샌타크루즈섬에 관한 기본 문헌이다.

13 Patricia M. Lambert와 Phillip L. Walker, "Physical Anthropological Evidence for the Evolution of Social Complexity in Coastal Southern California," *Antiquity*, 65권(1991), 963~73쪽.

14 송곳에 관해서는 Arnold, *Origins*에 설명되어 있다.

15 Tessie Naranjo, "Thoughts on Migration by Santa Clara Pueblo," *Journal of Anthropological Archaeology*, 14권(1995), 247~50쪽.

16 차코캐니언에 관한 문헌은 무척 많다. 널리 읽히는 것으로는 Brian Fagan, *Chaco Canyon: Archaeologists Explore the Lives of an Ancient Society*(New York: Oxford University Press, 2005)가 있다. Steve Lekson 엮음, *The Archaeology of Chaco Canyon: An Eleventh-Century Pueblo Regional Center*(Santa Fe: School of American Research, 2006)도 참조하라.

17 Gwinn Vivian, *Chacoan Prehistory of the San Juan Basin*(San Diego: Academic Press, 1990), 432쪽 부근.

18 Gwinn Vivian, "Chaco Roads: Morphology," *Kiva*, 63권, 1호(1997), 7~34쪽.

19 이 부분은 Mark D. Varien과 Richard H. Wilshusen 엮음, *Seeking the Center Place: Archaeology and Ancient Communities in the Mesa Verde Region*(Salt Lake City: University of Utah Press, 2002)에 의거했다.

8_'물의 산'의 지배자들

1 Dennis Tedlock 옮김, *Popol Vuh: The Mayan Book of the Dawn of Life*(New York: Touchstone, 1996), 71쪽. *Popol Vuh*는 원래 마야 상형문자로 된 창조에 관한 책으로, 아메리카 원주민 문학의 걸작이다. 키체족은 과테말라 고지에 살고 있다.

2 Gerald H. Haug 외, "Climate and the Collapse of Maya Civilization," *Science*, 299 권(2003), 1731~35쪽.

3 David A. Hodell 외, "Possible Role of Climate in the Collapse of Classic Maya Civilization," *Nature*, 375권(1995), 391~94쪽.

4 Tedlock, *Popol Vuh*, 64쪽.

5 마야문명에 관한 문헌은 많이 있다. 가장 널리 읽히는 것은 Michael D. Coe, *The Maya*, 제7판(London: Thames & Hudson, 2005)이다.

6 이 부분은 Vernon L. Scarborough, "Ecology and Ritual Water Management and the Maya," *Latin American Antiquity*, 9권 2호(1998), 135~59쪽에 의거했다. 같은 저자의 더 포괄적인 저작인 *The Flow of Power: Ancient Water System and Landscapes*(Santa Fe: SAR Press, 2003)도 보라.

7 엘미라도르에 관해서는 Ray Matheny, *El Mirador, Petén: An Interim Report*(Provo, Ut.: New World Archaeological Foundation Papers, 1980)를 보라.

8 R. T. Matheny 외, *Investigations at Edzná Campeche, Mexico.* 1권, 1부: *The Hydraulic System*(Provo, Ut.: New World Archaeological Foundation Papers,

1983).

9 티칼에 관해서는 P. D. Harrison, *The Lords of Tikal: Rulers of an Ancient Maya City*(New York: Thames & Hudson, 1999)를 보라. 고고학과 상형문자에 의거해 마야문명을 설명한 Linda Schele과 David Freidel, *A Forest of Kings*(New York: William Morrow, 1990)는 잘 알려져 있으나 논쟁적인 책이다.

10 85헥타르라는 추산치는 테우아칸 부근 칠라크의 현대 관개시설에 대한 연구에서 나왔다. G. C. Wilken, *Good Framers*(Berkeley: University of California Press, 1987).

11 Schele과 Freidel, *Forest*, 280~81쪽에 의거한 시나리오다.

12 Patricia McAnany, *Living with the Ancestors: Kinship and Kingship in Ancient Maya Society*(Austin: University of Texas Press, 1995).

13 고대 마야문명의 붕괴를 다루고 있는 문헌은 무척 많다. David Webster, *The Fall of the Ancient Maya*(London: Thames & Hudson, 2002)에서 훌륭한 요약을 볼 수 있다.

14 Schele과 Freidel, *Forest*, 8장.

15 코판의 붕괴에 관한 탁월한 설명은 David L. Webster 외, *Copán: The Rise and Fall of an Ancient Maya Kingdom*(New York: Wadsworth, 1999)과 E. Wyllis Andrews IV와 William L. Fash, *Copán*(New York: James Currey, 2005)에서 볼 수 있다.

16 페텍스바툰 계획과 마야문명에 관한 일반적인 설명은 Arthur Demarest, *The Rise and Fall of a Rainforest Civilization*(New York: Cambridge University Press, 2005)을 보라.

9_조직화된 오아시스

1 예수회 선교사이자 학자였던 Bernabé Cobo 신부(1580~1657)는 페루에서 61년 동안 살면서 1653년에 *Historia general de las Indias*라는 주요 저작을 완성했는데, 앞의 절반만 전해진다. 그는 관찰력이 뛰어났다. 그의 저작은 초기 페루와 그 주민들에 관한 일차 자료다. 인용글은 Roland Hamilton 옮김, *Inca Religion and Customs*(Austin: University of Texas Press, 1990), 123쪽에 실려 있다. 잉카 왕실 미라에 관한 Cobo의 관찰은 치모르의 지배자들에게도 응용할 수 있다.

2 오카(Oxalis tuberosa)는 전분이 많은 식용 뿌리 식물로 안데스 일대에 널리 자생하며 색깔도 여러 가지다. 울루쿠(Ullucas tuberosus)와 똑같이 서늘한 기후에서도 잘 자란다. 둘 다 얼리거나 말려 먼 곳까지 운송이 가능하다.

3   Epharim Squier, *Travels in Peru*(New York: Harpers, 1888), 110쪽.

4   L. Thompson 외, "A 1500-Year Tropical Ice Core Record of Climate: Potential Relations to Man in the Andes," *Science*, 234권(1986), 361~64쪽.

5   Alan Kolata, "Environment Thresholds and the 'Natural History' of an Andean Civilization," Garth Bawdon과 Richard Martin Reycraft 엮음, *Environmental Disaster and the Archaeology of Human Response*(Albuquerque: Maxwell Museum of Anthropology, 2000), 195~212쪽.

6   티와나쿠 가뭄에 관한 요약은 Brian Fagan, *The Long Summer*(New York: Basic Books, 2004), 12장을 참조하라.

7   Scott Stine, "Extreme and Persistent Drought in California and Patagonia in Mediaeval Time," *Nature*, 369권(1994), 546~49쪽.

8   Scott Stine과 M. Stine, "A Record from Lake Cardiel of Climate Change in Southern South America," *Nature*, 345권(1990), 705~8쪽.

9   Michael Glantz, *Currents of Change*(New York: Cambridge University Press, 1996)는 엘니뇨를 알기 쉽게 설명해준다. Brian Fagan, *Floods, Famines and Emperors: El Niño and the Collapse of Civilizations*(New York: Basic Books, 1999)도 참조하라.

10 이 문헌은 Mary Van Buren, "The Archaeology of El Niño Events and Other 'Natural' Disasters," *Journal of Archaeological Method and Theory*, 8권, 2호(2001), 129~49쪽에 요약되어 있다.

11 B. Rein 외, "A Major Holocene ENSO Anomaly During the Medieval Period," *Geophysical Research Letters*, 31권, 10호(2004), L17211쪽. 에콰도르에 관해서는 Christopher M. May 외, "Variability of El Niño: Southern Oscillation activity at Millennial Timescales During the Holocene Epoch," *Nature*, 470권(2002), 162~65쪽을 보라.

12 가상의 시나리오지만, 400년경 람바예케 계곡 아래쪽의 시판에 매장된 두 모체 지배자의 화려한 유물을 토대로 하고 있다. Walter Alva와 Christopher Donnan, *The Royal Tombs of Sipán*(Los Angeles: UCLA Fowler Museum of Cultural History, 1993).

13 안데스 고고학과 역사에 관한 가장 좋은 전반적 요약은 Michael Moseley, *The Incas and Their Ancestors*, 제2판(New York: Thames & Hudson, 2000)을 보라.

14 Michael Moseley와 Kent C. Day 엮음, *Chan Chan: Andean Desert City*(Albuquerque: University of New Mexico Press, 1982)는 신뢰할 만한 보고다.

15 Moseley, *Incas*, 256쪽에 나온 수치.

16 이 부분은 Van Buren, "Archaeology"와 더 전문적인 문헌에 의거했다.

10_무역풍을 거슬러

1 T. Gladwin, *East Is a Big Bird*: *Navigation and Logic on Puluwat Atoll*(Cambridge, Mass.: Harvard University Press, 1972), 87쪽.

2 라파누이의 붕괴에 관한 설명은 Jared Diamond, *Collapse*(New York: Viking, 2005), 2장을 보라. 이스터섬 고고학에 관한 요약: Paul Bahn과 John Flenley, *Easter Island, Earth Island*(London: Thames & Hudson, 1992).

3 Ben Finney, *Voyage of Rediscovery*: *A Cultural Odyssey through Polynesia* (Berkeley: University of California Press, 1994), 3쪽.

4 Edwin Clark 외, "Evidence for a Medieval Warm Period in a 1100-Year Tree-Ring Reconstruction of Past Austral Summer Temperatures in New Zealand," *Geophysical Research Letters*, 29권, 14호(2002), 12(1)~12(4)쪽.

5 Patrick D. Nunn, "Environmental Catastrophe in the Pacific Islands Around A.D. 1300," *Geoarchaeology*, 16권, 7호(2000), 715~40쪽.

6 Kim M. Cobb 외, "El Niño/Southern Oscillation and Tropical Pacific Climate During the Last Millennium," *Nature*, 724권(2003), 271~75쪽. 또한 Kim M. Cobb, Christopher D. Charles, David E. Hunter, "A Central Tropical Pacific Coral Demonstrates Pacific, Indian, and Atlantic Decadal Connections," *Geophysical Research Letters*, 18권, 11호(2001), 2209~12쪽도 참조하라.

7 B. Rein 외, "A Major Holocene ENSO Anomaly During the Medieval Period," *Geophysical Research Letters*, 31권, 10호(2004), L172211. Christopher M. May 외, "Variability of El Niño: Southern Oscillation Activity at Millennial Timescales During the Holocene Epoch," *Nature*, 470권(2002), 162~165쪽.

8 James Beaglehole, *Captain James Cook*: *A Life*(Stanford: Stanford University Press, 1974), 178쪽.

9 James Beaglehole 엮음, *The Journals of Captain James Cook on His Voyages of Discovery*(London: Hakluyt Society, 1968), 354쪽.

10 Patrick Vinton Kirch, *On the Road of the Winds*(Berkeley: University of California Press, 2000)는 라피타와 태평양 고고학을 전반적으로 설명한다.

11 Finney, *Voyage*, 3장의 논의.

12 Beaglehole, *Journals*, 154쪽의 주.

13 내가 이용한 논의에 관해서는 Finney, *Voyage*를 참조하라.

14 Terry L. Hunt와 Carl P. Lipo, "Late Colonization of Easter Island," *Science*, 311권 (2006), 1603~6쪽. 또한 Atholl Anderson 외, "Prehistoric Maritime Migration in the Pacific Islands: An Hypothesis of ENSO Forcing," *The Holocene*, 16권, 1호 (2006), 1~6쪽도 참조하라.

11_날치의 바다

1 *Christian Herald*의 Louis Klopsch, 1900년. Mike Davis, *Late Victorian Holocausts* (New York: Verso, 2001), 170쪽에서 인용되었다. Davis는 19세기 후반 열대 지역의 기근을 탁월하게 분석했는데, 이 장에서의 논의는 그에게 힘입은 바가 크다.

2 J. E. Scott, *In Famine Land*(New York: Harper Brothers, 1904), 2~3쪽.

3 Julian Hawthorne, *The Memoirs of Julian Hawthorne, Edited by His Wife, Edith Garrigues Hawthorne*(New York: Macmillan, 1938), 295쪽. Hawthorne보다 몇 달 앞서 기근 지역에 체류했던 로이터의 특별 기근 위원 Francis Merewether가 *A Tour Through the Famine Districts of India*(London: A. D. Innes, 1989)에서 희생자들을 생생하게 묘사한 것은 당시 사람들에게 큰 충격을 주었다.

4 Julian Hawthorne, "India Starving," *Cosmopolitan*, 23권, 4호(1897), 379~82쪽에서 인용.

5 '나일로미터'라는 말은 1798년 나폴레옹의 원정에 동행했던 프랑스 학자들이 19세기 초에 붙인 이름이었을 것이다.

6 William Popper, *The Cairo Nilometer: Studies in Ibn Taghri Bardi's Chronicles of Egypt*, 1권(Berkeley: University of California Press, 1951) 참조. 나일로미터 는 가볼 만한 곳이지만 일반적인 관광 명소에서 좀 멀다. 카이로에서 택시로 쉽게 갈 수 있다.

7 Fekri Hassan, "Environmental Perception and Human Responses in History and Prehistory," Roderick J. McIntosh, Joseph A. Tainter, Susan Keech McIntosh 엮음, *The Way the Wind Blows: Climate, History, and Human Action* (New York: Columbia University Press, 2000), 121~40쪽. 더 논쟁적인 문헌으로 는 R. S. Herring, "Hydrology and Chronology: The Rodah Nilometer as an Aid in Dating Interlacustrine History," J. B. Webster 엮음, *Chronology, Migration and Drought in Interlacustrine Africa*(New York: Africana, 1979)가 있다.

8 D. Verschuren, K. R. Laird, B. F. Cumming, "Rainfall and Drought in Equatorial East Africa During the Past 11000 Years," *Nature*, 403권(2000), 410~14쪽.

9 Graham Connah, African Civilizations: *An Archaeological Perspective*, 제2판 (Cambridge, Eng.: Cambridge University Press, 2001). 6장에는 동아프리카 해안에 관한 권위 있는 설명이 있다.

10 W. H. Schoff 엮음, *The Periplus of the Erythraean Sea: Trade and Travel in the Indian Ocean by a Merchant of the First Century*(New York: Longmans Green, 1912), 57절. 알렉산드리아 출신의 그리스 선장 히팔로스는 기원전 1세기에 아라비아에서 인도까지 한 철에 항해하고 돌아왔다. 그는 아라비아 해안을 따라가다가 "항구의 위치와 바다의 특성을 관찰한 끝에 대양을 가로지르는 항로를 발견했다." 이후 북서 계절풍은 '히팔로스 바람'이라고 부르게 되었다.

11 요한계시록 18:12.

12 Ian Blanchard, *Mining, Metallurgy and Minting in the Middle Ages*(Stuttgart: Franz Steiner, 2001)에서 상세히 논의된다.

13 같은 책, 127쪽.

14 Ralph Abercromby, *Weather: A Popular Exposition of the Nature of Weather Changes from Day to Day*(London: Kegan Paul, 1887), 234쪽에서 인용. 바로 뒤에 나오는 수반두의 인용문은 "Khushwant Singh, The Indian Monsoon in Literature," Jay S. Fein, Pamela L. Stephens 엮음, *Monsoons*(New York: John Wiley, 1987), 45쪽에 있다.

15 변화하는 환경과 농경에 관한 논의는 Sumit Guha, *Environment and Ethnicity in India 1200~1991*(Cambridge University Press, 1999), 2장을 보라. W. H. Sykes, "Special Reports on the Statistics of the Four Collectorates of the Dukhun," *Reports of the Seventh Meeting of the British Association for the Advancement of Science*(1837), 226쪽에서 인용.

16 Stanley Wolpert, *A New History of India*(New York: Oxford University Press, 2000), 105쪽에서 인용.

17 Annette S. Beveridge 엮음, *Babur Nama*("Memoirs of Babur") (Delhi: Oriental Books, 1970), 488쪽. 1526년부터 1530년까지 무굴제국을 통치했던 바부르는 '힌두스탄의 주인'이라고 불렸다. 그는 델리 몽골 술탄을 완전히 패퇴시킨 티무르 군주였다. '무굴'이란 몽골을 가리키는 페르시아어다.

18 이 부분의 일반적 논의는 Michael Coe, *Angkor and the Khmer Civilization*(London: Thames & Hudson, 2003)과 Charles Higham, *The Civilization of Angkor*(Berkeley: University of California Press, 2004)에 의거한다.

19 이 부분은 Roland Fletcher, "Seeing Angkor: New Views on an Old City," *JOSA*,

32~33권(2000~2001), 1~27쪽에 의거한다. 또한 Richard Stone, "The End of Angkor," *Science*, 311권(2006), 1364~68쪽도 보라.

12_중국의 슬픔

1   Confucius, *Analects*, 18편. 영역문은 http://classics.mit.edu/Confucius/analects.html에 있다.

2   황토를 뜻하는 영어 단어 'loess'는 '푸석하다'라는 뜻의 독일어 löss 혹은 lösch에서 나왔는데, 빙하로부터 바람에 날려온 먼지를 가리킨다. 황토는 미국 중부와 북서부, 유럽 중부와 동부, 중국 북동부에서 빙상이 물러가면서 대량 침전되었다. 북중국의 농경에 관해서는 Philip C. C. Huang, *The Peasant Economy and Social Change in North China*(Stanford: Stanford University Press, 1985) 참조.

3   Q.-S. Ge, J.-Y. Zheng, P.-Y. Zhang, "Centennial Changes of Drought/Food Spatial Pattern for Eastern China over the Last 2000 Years," *Progress in Natural Science*, 11권, 4호(2001), 280~87쪽. 또 National Research Council, *Surface Temperature Reconstructions for the Past 2000 Years*(Washington, D.C.: National Academies Press, 2006), 41쪽도 보라.

4   Wei-Chyung Wang과 Kerang Li, "Precipitation Fluctuation over a Semiarid Region in Northern China and the Relationship with El Niño/Southern Oscillation," *Journal of Climate*, 3권(1990), 769~83쪽.

5   George Cressey, *China's Geographic Foundations: A Survey of the Land and Its People*(New York: McGraw-Hill), 84~85쪽.

6   Guoqiang Chu 외, "The 'Mediaeval Warm Period' Drought Recorded in Lake Huguangyan, Tropical South China," *The Holocene*, 12권, 5호(2002), 511~16쪽.

7   Lonnie G. Thompson, "Climate Changes for the Past 2000 Years Inferred from Ice-Core Evidence in Tropical Ice Cores," Philip D. Jones, Raymond S. Bradley, Jean Jouzel, *Climatic Variations and Forcing Mechanisms of the Last 2000 Years*(New York: Springer, 1996), 281~96쪽.

8   Gergana Yancheva 외, "Influence of the Intertropical Convergence Zone on the East Asian Monsoon," *Nature*, 445권(2007), 74~77쪽.

9   Cheng-Bang An 외, "Climate Change and Cultural Response around 4000 cal yr B.P. in the Western Part of Chinese Loess Plateau," *Quaternary Research*, 63권, 3호(2005), 347~52쪽.

10 Francis H. Nichols, *Through Hidden Shensi*(New York: Scribners, 1902).

11 같은 책, 229, 231쪽에서 인용.

12 같은 책, 242, 245쪽에서 인용.

13 Morris Rossabi, 엮음, *China Among Equals*(Berkeley: University of California Press, 1983), 2쪽의 머리말을 토대로 한 시나리오.

14 당나라에 관해서는 Herbert Franke와 Denis Twitchett 엮음, *The Cambridge History of China*, 6권(Cambridge, U.K.: Cambridge University Press, 1994), 1~42쪽의 서론을 보라.

15 거란에 관해서는 Denis Twitchett와 Klaus-Peter Tietze, "The Liao," Franke와 Twitchett, *The Cambridge History*, 6권, 43~153쪽을 보라.

16 Herbert Franke, "The Chin Dynasty," Franke와 Twitchett, *The Cambridge History*, 6권, 292쪽의 수치.

13_조용한 코끼리

1 Isak Dinesen(Karen Blixen), *Out of Africa*(New York: Random House, 1938), 15쪽.

2 D. C. Pederson 외, "Medieval Warming: Little Ice Age, and European Impact on the Environment During the Last Millennium in the Lower Hudson Valley, New York," *Quaternary Research*, 63권, 2호(2005), 238~49쪽.

3 Al Gore, *An Inconvenient Truth*(Emmaus, Pa.: Rodale Books, 2006).

4 George Orwell, "Shooting an Elephant"(1936). http://www.online-literature.com/orwell/887/에서 볼 수 있다.

5 http://www.ita.org에는 각종 기록을 포함해 상세한 정보가 있다.

6 해들리 연구는 공인된 파머가뭄지수(PDSI)를 이용해 가뭄의 정도를 측정한다. "Modelling the Recent Evolution of Global Drought and Projections for the 21st Century with the Hadley Center Climate Model," *Journal of Hydrometeorology*, 7권, 5호(2006), 1113~25쪽.

7 http://www.unep.org는 UN 환경계획의 홈페이지로, 최신의 통계 수치를 제공한다.

8 Mike Davis, *Late Victorian Holocausts*(New York: Verso, 2001), 서문.

9 UNESCO 제2차 세계 물 개발 보고서(2005)에 나온 수치.

10 Brian Fagan, *The Long Summer*(New York: Basic Books), 252쪽.

뜨거운 지구, 역사를 뒤흔들다

1판 1쇄 인쇄 2022년 3월 3일
1판 1쇄 발행 2022년 3월 10일

지은이 브라이언 페이건
옮긴이 남경태

펴낸곳 씨마스21
펴낸이 김남인

총괄 정춘교
편집 윤예영
디자인 이기복, 곽상엽
마케팅 김진주

출판등록 제 2020-000180호 (2020년 11월 24일)
주소 서울특별시 강서구 강서로33가길 78
내용문의 02-2268-1597(174)
팩스 02-2278-6702
홈페이지 www.cmass21.co.kr
이메일 cmass@cmass21.co.kr

ISBN 979-11-974302-7-5(03900)